《甬城系列文史合集》编委会

主　任　　毕东华
副主任　　吴军良　袁建树　国　宇
　　　　　　刘良飞　郁利祥　池　逊
编　委　　戴亚珍　陈绍旗　梁德明
　　　　　　金昌卿　俞　琼

The Millennium of Ningbo

甬城千年

宁波市海曙区政协文史委 编

《甬城千年》编撰委员会

主　任　　毕东华
副主任　　国　宇
编　委　　梁德明　金昌卿　王国宝　唐佐助　林国聪
　　　　　　释传道　林永国　蔡馨洰

主　编　　国　宇
执行主编　王国宝

政协第五届宁波市海曙区文史委员会

主　任　　梁德明
副主任　　金昌卿　王国宝
委　员　　陈建东　周祎阳　陈　臣　陈洪波　林国聪

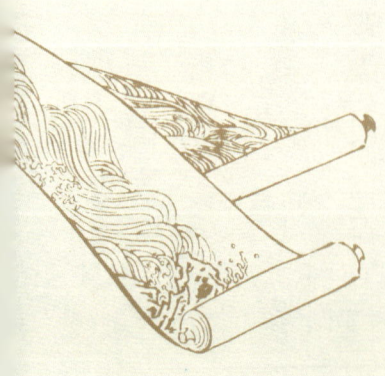

序　言

毕东华

近年来，宁波市海曙区政协先后编撰出版了《甬城街巷》《甬城老字号》《甬城藏书楼》《甬城古港》等文史专辑，它们各自独立成册又一脉相承。如果说街巷肌理是甬城的历史文脉，那么老字号就是她的名片印象，藏书楼是她的气质品位，古港则是她的精神风骨。"甬城"系列文史专辑的相继出版发行，在存史、资政、团结、育人方面持续发挥着积极作用，获得了业界的一致好评，引起了社会的广泛关注。

为进一步打造"甬城"系列文史专辑品牌，宁波市海曙区政协恪守资政存史、继往开来之初心，精心谋划、用心打磨，再次推出"甬城"系列又一力作——《甬城千年》文史专辑。

唐开元二十六年（738），析越州置明州，以境内四明山为名，宁波自此成为一个独立的行政区域。唐长庆元年（821），刺史韩察始筑明州城，由此开启了宁波波澜壮阔的千年建城历程。唐末，刺史黄晟筑明州罗城，周长二十八里，以原明州城为子城，周长四百二十丈（宋时尺寸），奠定了古代宁波城市的空间形态。嗣后，历宋、元、明、清直至民国，宁波城毁的千余年间，无论城墙城门

如何兴废更替,子城位置一直是宁波历代州府治所,罗城墙基未曾移位。宁波海曙,千年府城,名副其实!

随着明州的独立建置,子罗双城相继修筑与古代宁波经济社会持续发展,宁波古城的里坊街巷、官署衙门、寺庙宫观、亭台楼榭、民宅名第、河道古桥、水利设施、港区码头、市舶仓储、市集聚落等设施不断兴建。然而,岁月流逝,人世变迁,这些承载先人们汗水智慧和酸甜苦辣的记忆,如今或湮没于地下,或残存于地表,或只见于文献,或消逝在历史长河中……

幸运的是,宁波考古工作一直走在全国前列,自新中国成立以来,考古部门开展的与宁波古城相关的发掘项目多达40余项。经过几代考古人经年累月一铲一锹地剥茧抽丝,抢救保护了一大批珍贵的文化遗产和数万件的文物标本,有效发挥了考古补史、证史、纠史乃至改写历史的独特作用。幸运的是,以天一阁为代表的宁波藏书传统绵延传承至今,数以万计的古籍珍本尤其是自宋代以来较为完备翔实的地方志文献,为研究宁波提供了得天独厚的文史支撑。千年甬城,必将因不断揭秘的考古发现而更显悠久厚重,也必将因持续深入的历史研究而愈发脉络清晰。

习近平总书记强调:"历史文化遗产不仅生动述说着过去,也深刻影响着当下和未来;不仅属于我们,也属于子孙后代。保护好、

传承好历史文化遗产是对历史负责、对人民负责。我们要加强考古工作和历史研究,让收藏在博物馆里的文物、陈列在广阔大地上的遗产、书写在古籍里的文字都活起来,丰富全社会历史文化滋养。"保护好、传承好历史文化遗产,加强考古和历史研究,塑造甬城特有的风貌和气质,为千年甬城的有机更新和可持续发展提供历史借鉴和文化自信,宁波市海曙区政协责无旁贷!

此次《甬城千年》的编撰出版,通过考古成果的挖掘、整理、阐释与文献史料的摘录、梳理、解读,系统探索、深度回溯千年甬城的人文底蕴与历史根脉,续写"甬城"系列文史专辑的崭新篇章,并以此向为甬城考古事业和文史研究做出贡献的同志致谢!

是为序。

PREFACE

By Bi Donghua

The Chinese People's Political Consultative Conference (CPPCC) of Haishu District in Ningbo has successively published a series of historical and cultural books in recent years, such as *Street Views in Ningbo*, *Ningbo Time-Honoured Brands*, *Private Libraries in Ningbo*, *The Ancient Port of Ningbo*, etc. These books are independent but also come down in one continuous line. Ningbo takes the streets as its historical and cultural network, the time-honoured brands as its certifications, the private library as its temperament and the ancient port as its spirit. The publications of the "*Ningbo*" series have been highly praised and extensively focused for their positive influences on history preservation, politic assistance, society unity and public education.

In order to build the "*Ningbo*" series as a historical and cultural collection brand, CPPCC of Haishu District in Ningbo with its original aspiration of history preservation, politic assistance, inheritance and exploitation, has made a great effort to present another historical and cultural book – *The Millennium of Ningbo*.

In the 26th year of Kaiyuan Period of Tang Dynasty (738), Mingzhou was established by separating from Yuezhou. It was named after the Siming Mountains within its territory and became an independent administrative region. In the first year of Changqing Period of Tang Dynasty (821), the governor Han Cha started to build the Ningbo city, which marked the

beginning of an epic and a thousand year's long construction history of Ningbo city. In the end of Tang Dynasty, the governor Huang Sheng built the outer city of Mingzhou which was 18 *Li* (a length unit in ancient China) in circumference. The original Mingzhou city became the inner city, which was 420 *Zhang* (a length unit in ancient China) in circumference (the size was recorded in Song Dynasty). The spatial form of ancient Ningbo city has thus been established. During the following dynasties, until the destruction of the city wall in the Republic of China (1912 – 1949), the location of the inner city where the prefecture government located remained the same. In addition, the foundation of the outer city wall had never been moved, though the form of the city wall and the location of the wall gates had some changes. Haishu District of Ningbo is indeed a political centre of the city with one thousand year history.

Thanks to the independent administration, the successive construction of double city walls and the continued development of economy and society of ancient Ningbo, the infrastructures of the ancient city had been increased such as the streets, living communities, government offices, temples, manors, bridges, rivers, water conservancy facilities, ports, docks, warehouses, markets, etc. However, these facilities which represented the wisdom, efforts and memories of our ancestors finally have been buried, or left as ruins on the ground, or only exist as traces in historical documents, or disappear in the long river of history…

Fortunately, the archaeological works in Ningbo have always taken the lead in China. Since the founding of new China, the archaeological institutes have

conducted over 40 excavations which related to the ancient urban Ningbo. Thanks to the dedication of generations of archaeologists, a large amount of precious cultural heritages and artefacts have been protected, which play a unique and important role in completing, providing, correcting and some even rewriting the history. Moreover, the book-collecting tradition in Ningbo which represented by Tianyi Meseum Library has been inherited over generations. Tens of thousands of ancient books, especially the comprehensive local chronicles since Song Dynasty provide rich resources for historical and cultural research of Ningbo. The city with a thousand years history would be more legendary due to continuously revealed archaeological discoveries and on-going historical researches.

President Xi Jinping once emphasized, "The historical and cultural heritage does not only tell the past vividly, but also influences the present and the future. It not only belongs to us, but also belongs to the future generations. Therefore a better protection and inheritance of the historical and cultural heritage is our responsibility to the history and people. We must strengthen the archaeological work and historical studies, as well as bring lives to the cultural relics in the museum, the heritage on the ground and the texts in the books to enrich the culture and history for the whole society." To protect and inherit the historical cultural heritages, to strengthen the archaeological and historical researches, to sculpture the unique characteristic of the city, and to provide the historical references and cultural confidence for organic renewals and sustainable development of Ningbo is the indispensable responsibility of CPPCC of Haishu District in Ningbo.

The purpose of this publication is by excavating, organizing, interpreting the archaeological results, and by recording, analyzing, deducing the historical documents to systemically explore and exploit the humanity and history of the old city that have existed for a thousand years , as well as to present another new chapter for *Ningbo* series. More importantly, we would like to take this opportunity as an acknowledgement to the ones who devoted to Ningbo archaeological and historical work.

This serves the preface.

目 录

序　言 001

明州设立之前的三江口 003
明州府城的最初选址 010
唐宋时期的明州子城与罗城 020
从和义门瓮城遗址看元代庆元城的毁与建 030
明清时期的宁波府城 040
民国时期宁波拆城始末 048
宁波鼓楼：千年丽谯今犹在 056
回望千年：明州罗城（望京门段）遗址 064

丝路越千年：宁波旧城海交史迹寻踪 077
宁波旧城内的古船遗迹 087
从宋代常平仓到元代永丰库 096
渔浦码头遗址发掘始末 105
宁波钱业会馆 112

多元并存：宁波旧城宗教建筑遗迹	119
前世今生天宁寺	127
闲说唐东塔	136
天封塔下——重现天日的地宫与塔基	141
老庙重生：记宁波府城隍庙的修缮	150
妈祖信俗在宁波	157
天一阁：从私家藏书楼到城市故宫	167
孔庙遗址与宋代明州（庆元）官学	175
新出土"效实中学"界碑考	184
钱公辅与月湖众乐亭	197
魂兮归去：祖关山墓葬群	202
宁波塘河的历史演变与人文景观	211
西塘河与石拱桥	220
大西坝：浙东运河上的甬城门户	230
旧时甬城水网	238
宁波府《浚复城河三喉碑记》解读	248
水则碑与长春塘	256
伏跗室永寿街历史文化街区	267
秀水街区历史文化遗存考查	273
再"见"效实巷	282
鄞江古镇：宁波城市之根	291
新庄古村记忆	302
主要参考文献	313
后　记	323

CONTENTS

Preface —————————————————————————————— 001

Sanjiangkou Before the Establishment of Mingzhou ————————— 003
The Initial Location Choice of Mingzhou Prefectural City ——————— 010
The Inner City and Outer City of Mingzhou in Tang Dynasty and Song Dynasty
————————————————————————————————— 020
The Establishment and Destruction of Qingyuan City in Yuan Dynasty from the View of Heyimen Gate Barbican Site ——————————————— 030
The Prefectural City of Ningbo in Ming Dynasty and Qing Dynasty ——— 040
The Demolition of Ningbo City Wall in the Republic of China Era ——— 048
The Drum Tower of Ningbo: The Magnificent Building with the Millennium History ————————————————————————————— 056
Looking Back on the Last One Millennium: The Outer City Wall (Wangjingmen Gate Section) Site of Mingzhou ————————————————— 064

The Maritime Silk Road over One Millennium: The Traces of Maritime Trades and Communications in Old City of Ningbo ————————————— 077
Remains of Ancient Ships in the Old City of Ningbo ————————— 087
From the Changping Warehouse in Song Dynasty to Yongfeng Warehouse in Yuan Dynasty ——————————————————————————— 096
The Whole Excavation of Yupu Port Site ——————————————— 105
The Qianye Hall of Ningbo ———————————————————— 112

Multiple Elements Co-exist: The Relics of Religious Constructions in Old City of Ningbo	119
The Past and Present of Tianning Temple	127
A General Talk of Tangdong Tower	136
The Underground of Tianfeng Tower — The Underground Palace and Tower Base Unearthed	141
The Old Temple Revival: A Record of the Renovation of City Town God's Temple in Ningbo	150
The Mazu Belief in Ningbo	157

Tianyi Museum: From a Private Library to the City Museum	167
The Confucian Temple Site and the Official School in Mingzhou(Qingyuan) in Song Dynasty	175
The Discussion of the Newly Unearthed Boundary Tablet with Inscription of "Xiaoshi Zhongxue"	184
Qian Gongfu and the Zhongle Pavilion on Yue Lake	197
May the Souls Rest in Peace: The Zuguanshan Cemetery Site	202

The Historical Development and Cultural Landscape of Canals in Ningbo	211
The Xitang Canal and the Stone Arch Bridge	220
The Daxi Dam: The Gate of Ningbo on the Grand Canal in East of Zhejiang	230
The Water Network of Ningbo in the Ancient Times	238
The Interpretation of *The Tablet Inscription of Three Waterways Dredging* in Ningbo Prefecture	248
The Water Level Measurement Tablet and Changchun Pond	256

The Fufushi Yongshou Street Historical and Cultural Block	267
The Investigation of the Cultural Relics in Xiushui Historical and Cultural Block	273
The Reappearance of Xiaoshi Alley	282
Yinjiang Ancient Town: The Root of Ningbo City	291
The Memory of Xinzhuang Ancient Village	302

Main Reference	313
Afterword	323

明州设立之前的三江口

文 许超

唐玄宗开元二十六年(738),江南东道采访处置使齐澣奏请于鄮县设明州,在今宁波地区终于形成了一个独立稳定的统县级政区。80余年后的穆宗长庆元年(821),浙东观察使薛戎又以明州"北临鄞江,城池卑隘"为由,请移州城于鄮县,而将鄮县置于旧城南部的地势较高地块。通常认为,从这一年起,明州就正式稳定在了今宁波市区三江口一带。长庆元年(821)也被认为是明州城建城的起点。明州设立前的三江口面貌,我们很难利用文献再做深入考证。然而地不爱宝,几十年来,随着在市区三江口一带考古工作的开展和资料累积,明州设立前的古文化面貌也渐为人知,以下试作考察。

一

1955—1956年,浙江省文管会主持了宁波火车站祖关山古墓葬的考古发掘工作。这次发掘是宁波地区考古工作开始的标志。1973—1975年,当时的宁波市图书文物馆主持了和义路地块、东门口地块的考古发掘工作，这是对明州城的首次考古发掘。此后，随着大规模城市建设的展开，宁波地区的城市考古工作也陆续实施。截至目前，已开展各类考古发掘项目近50个。考古发掘的对象涵盖了古代明州城（宁波）的城墙水系、衙署街道、宗教塔寺、码头船场、坊巷墓葬等多项内容。在这些考古发掘工作中，发现有不少汉唐时期的遗存（图一），明州设立之前的三江口也逐渐展露真容。

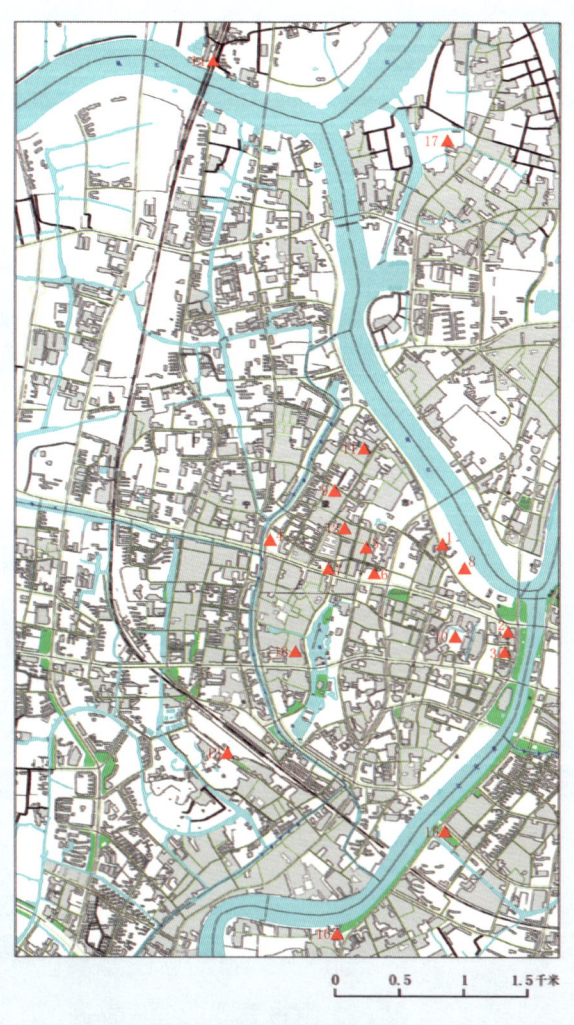

图一：三江口一带汉唐遗存分布图

20世纪70年代，位于长春路与中山路路口东南侧的望京大厦建造时，曾发现有东汉晚期以来的陶罐、盆、瓷罐、壶、洗、钟、水盂、碗以及圜钱、五铢钱等遗物，遗址面积在600平方米以上。1975年，在孝闻街与西河街路口的西南方，曾发现有东汉时期的水井，出土有当时的板瓦、罐、壶等遗物，遗址可见面积约500平方米。

1995年，在对国宁寺东塔遗址进行考古发掘时，在第⑨文化层出土了越窑青瓷铺首衔环四系罐、灯盏、盘口壶残片及带联珠纹、水波纹、点褐彩等装饰的瓷片，时代为晋代（图二）；在第⑩文化层出土了砖块、绳纹板瓦、印窗棂纹瓷罍、泥质灰陶小口弦纹圜底罐等器物，时代为东汉。

1997年，在对唐宋明州子城进行考古发掘时，第⑤层唐代文化层以下虽然未做发掘，但仍发现较多汉晋时期的罍、罐、碗、盏等器物。

2001—2002年，在对鼓楼东侧的永丰库遗址进行考古发掘时，第⑩文化层虽然多出唐代遗物，但也发现有半两钱、五铢钱，东汉的印纹硬陶罍、弦纹红陶罐、东晋盘口壶、钵等汉晋时期遗物（图三）。

2011年，在对孝闻巷地块的考古发掘中，第⑤文化层为汉六朝文化层。笔者观摩了该遗址出土的遗物标本，主要见有泥质黑陶罐、盆、釜、泥质

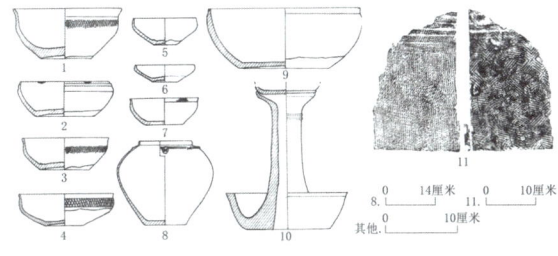

图二：国宁寺东塔遗址出土的汉晋时期遗物

1—4、9.青瓷钵 5—7.青瓷盏 8.青瓷四系罐 10.青瓷灯盏 11.汉瓦拓片

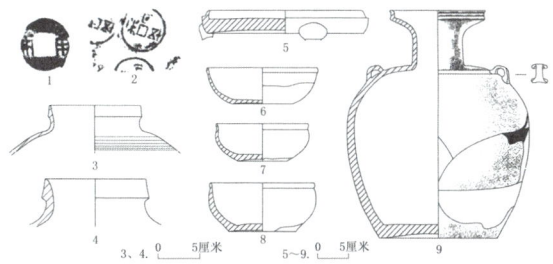

图三：永丰库遗址出土的汉晋时期遗物

1.半两钱拓片 2.五铢钱拓片 3.红陶罐 4.灰陶罐 5.青瓷三足砚 6、7.青瓷钵 8.黑釉瓷钵 9.青瓷盘口壶

红陶罐、釉陶壶、饰斜方格纹或水波纹的青瓷罐、洗以及砖块、绳纹板瓦等建筑构件。

2011年，在对尚书街地块的考古发掘显示，第⑤—⑦文化层为汉六朝时期文化层，这一时期的遗迹主要有灰坑、沟。出土遗物中，陶器（釉陶）类器物主要见有罐、钟、形似陶仓模型的小瓶、盆等类，瓷器类器物主要见有罐、盘口壶、碗、钵、狮形烛台等类（图四）。纹样有水波纹、弦纹、叶脉纹、网格纹、钱纹等类，建筑构件则见有云纹、人面纹瓦当、筒瓦、板瓦、砖块等，纹饰多样（图五）。

2016—2017年，在对西门口地块的考古发掘中，在发掘西区第⑥文化层、东区第⑧文化层时均发现有汉六朝时期遗物，证实其为汉六朝时期文化层。笔者考察了该遗址出土的遗物标本，汉六朝时期遗物主要见有泥质陶罐、罍、釉陶罐残片以及砖块、筒瓦、板瓦等建筑构件（图六）。在2019年度的考古发掘中，还发现有汉六朝时期人工堆筑高台1处，高台之

图四：尚书街遗址出土的汉晋时期遗物

1.泥质灰陶弦纹罐　2.硬陶双系罐　3.泥质灰陶盆　4.硬陶瓶　5.青瓷片　6、7.酱釉钱纹罐　8.青瓷双系罐　9.青瓷盆　10、11.青瓷钵　12.青瓷狮形烛台

图五：尚书街遗址出土的建筑构件纹饰的拓片

1、2.云纹瓦当 3.人面纹瓦当 4.筒瓦表面纹饰 5、6.砖块侧面铭文与纹饰 7.砖块平面纹饰

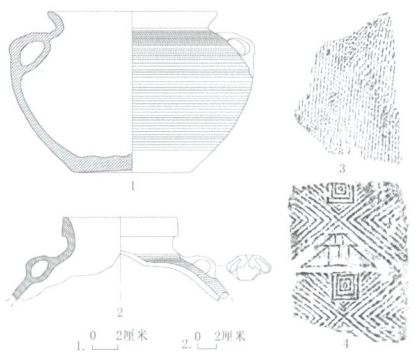

图六：西门口地块考古发掘出土的汉六朝时期遗物

1、2.泥质灰陶弦纹罐 3.绳纹筒瓦 4.砖块平面纹饰

上分布有灰坑21处。有些坑底见有植物铺垫痕迹（图七），有的坑内还发现有竹编圆筐（图八）。这些遗迹布局紧凑、排列整齐、种类丰富，疑为一处经过精心规划的汉六朝作坊遗址。

历年来，在三江口一带的考古工作中共发现历史时期墓葬200余座，其中时代明确的考古项目主要有：1955—1956年，浙江省文物管理委员会为配合萧穿铁路（现萧甬铁路）工程建设在宁波火车站（祖关山）、老龙湾、钟家埭、青林渡等地开展古墓群的清理工作，共清理战国至唐代墓葬127座，其中汉六朝时期墓葬73座。宁波火车站墓葬内涵丰富，遗憾的是

图七：西门口地块考古发掘灰坑H81坑底的植物茎叶

图八：西门口地块考古发掘灰坑H85的竹编圆筐

1956年台风吹垮了存放墓葬出土标本的标本室，造成了不可挽回的损失。姚仲源在《浙江汉、六朝古墓概述》中曾使用过这批墓葬的部分材料。笔者也曾前往浙江省文物考古研究所查阅发掘资料，发掘者已经将这批墓葬做了分期，共分为七期，其中汉代墓葬分为四期，共66座，占半数以上。值得注意的是，在这批墓葬中没有更早的土墩或石室土墩墓，时代最早的战国晚期墓葬皆为竖穴土坑墓，部分器物如陶钫壶等可能施有彩绘，为典型的楚式器物（图九）。1966—1967年，在平整道士堰、周宿渡、祖关山、大禹王庙等土地中，共发掘两汉墓葬65座。此外，2014年在月湖西区二期的考古发掘中，也清理出东汉墓葬1座。

二

从考古发掘材料来看，汉六朝时期的三江口一带存在着一个大型聚落。这一聚落的范围，东起永丰库遗址，西至西门口。由于月湖西区墓葬的发现，其南侧边界当不过天一阁一线，北侧濒临余姚江。尚书街、西门口、孝闻街一带出土的云纹、人面纹瓦当以及板瓦、筒瓦、砖块等建筑构件表明，这一聚落曾有较高等级的建筑，聚落的核心区应该位于尚书街一带。而火车站所处的祖关山、老龙湾一带，应当是这一聚落的主要墓葬区。

这一聚落是何性质呢？唐李吉甫所撰《元和郡县志》卷二六《明州余姚》载："句章故城，在州西一里。"唐代明州子城范围也已被考古发

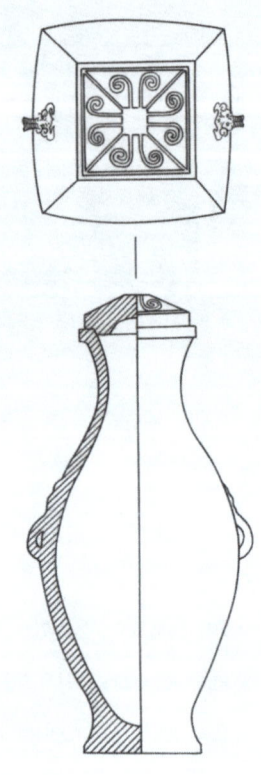

图九：宁波火车站墓地出土的陶钫壶

掘确认，其西至呼童街西侧，州西一里之地正是现在的西门口、西河街、尚书街一带。那么这一聚落当为句章城了。

南宋《乾道四明图经》认为，明州城的修筑始于东晋，并引夏侯曾先之说为证："刘牢之筑以塞三江之口。"又进一步指出："西城外有城基，上生竹筱，俗曰筱墙，即故基也。"今西门口以西约五百米处有筱墙巷，只是这一带的考古工作还不曾开展，无法进一步求证。《宋书》也提到，在隆安四年（400）"十一月，刘牢之复率众东征，恩退走。牢之屯上虞，使高祖戍句章城。句章城既卑小，战士不盈数百人，高祖常被坚执锐，为士卒先……五年春，孙恩频攻句章，高祖屡摧破之……"刘牢之虽然不曾在今宁波境内抵御孙恩，但他当时作为北府兵统帅，筑城一事系于其名下也是可以理解的。从尚书街、西门口、孝闻街一带的考古发现来看，筑城之事当非向壁虚构，文献中关于在三江口一带筑城的记载也显示，筑城与孙恩之乱有关。

市区三江口一带两汉六朝时期遗址出土的各类遗物，与在江北慈城王家坝村一带发现的汉晋时期句章城所出遗物内容一致。比如，在建筑材料上的云纹瓦当、板瓦、筒瓦、泥质陶器中的束颈弦纹罐、瓷器中的钱纹罐等，都是汉晋时期的典型器物，说明这两处遗址在这一阶段是并立的。这两处遗址的不同之处在于，三江口一带尚未发现明确的春秋战国时期的地层堆积，周边也未见有石室土墩墓这类典型的越人墓葬。因此，从聚落的产生来看，具有一定的突然性，它并不是在春秋战国以来传统越人聚居区的基础上产生的。如果做一个大胆推测，笔者认为这一聚落的性质可能是秦汉统一后的一处汉人殖民点。结合《元和郡县图志》中句章位于"州西一里"的记录，以及《乾道四明图经》引夏侯曾先的相关记载，笔者以为东晋晚期因孙恩之乱，句章已迁治于此。三江口一带汉晋时期遗存的发现，也说明在句章迁治之前这里就已存在一定规模的聚落，为句章迁治奠定了基础。

附记：本文插图中图二、图三采自相关发掘简报与报告，图四、图五、图六中相关素材由王光远先生、王新天先生提供，图七、图八由林国聪先生、王新天先生提供，图九为浙江省文物考古研究所发掘材料，特此说明并致谢忱！

明州府城的最初选址

文 许超

唐玄宗开元二十六年（738），明州设立，这是宁波地区形成的第一个独立而又稳定的统县级政区。在具体考察明州设立之后治于何处之前，我们首先要阐明：为什么说明州的设立，是宁波地区第一个独立而稳定的统县级政区形成的标志？

秦汉以来，在今天的宁绍平原设立过余姚、句章、鄞、鄮四县，属会稽郡管辖。在经历了三国、两晋、南北朝长时期的分裂对立之后，隋朝重新统一南北方，并对行政区划做了一番调整，余姚、句章、鄞、鄮四县并为句章一县。隋末天下大乱，618 年李渊称帝，建立唐朝，年号武德，此时的江南地区仍处在割据状态。武德四年（621），杜伏威讨平李子通，尽有江东、淮南之地。也就是在这一年，改句章为鄞州，余姚为姚州，在义乌县设置稠州，在永康县设置丽州，在信安县设置衢州，在临海县设置海州，改永嘉郡为括州，析桐庐置分水。武德六年（623），辅公祏造反。七年（624），李唐平定辅公祏叛乱，废姚州。八年（625），废鄞州为鄮县，废丽州为永康县，废分水县。武德年间，这一系列眼花缭乱的州县改置，显然是出于统一战争的需要，鄮州短暂的置废，自然也不例外。因此，我们认为，直至738年明州设立，宁波地区才最终形成了独立而稳定的统县级政区。

明州设立之后的治所，历史文献中众说纷纭，有认为位于汉六朝时期的古鄮县，也就是今阿育王山之西、鄮山之东的鄞州五乡宝幢一带；也有文献记载在小溪，也就是今海曙区鄞江镇一带；还有一种观点认为在今老城区三江口。我们认同第三种观点，也就是明州在设立之初，便治于今三江口一带。

一

今天的宁波地区北邻杭州湾，西隔四明山与绍兴接壤，南部穿过天台山余脉与台州相连，东隔东海与舟山群岛相望。宁波境内陆域河流纵横交错，湖泊星罗棋布，境内水系主要为由奉化江、余姚江、甬江构成的甬江水系。奉化江和姚江分别发源于四明山南北两侧，两江接纳众多支流后于市区三江口汇流，再由镇海口注入东海。

对宁波地区地质研究的成果表明，这里曾经历了一段沧海桑田的变迁历程。距今约7000年前，受全新世海侵影响，宁绍平原被海水淹没，宁波地区处于浅海、海湾、河口的位置，只有零星的岛屿和半岛，类似现在的舟山群岛，矗立于海面之上。距今约7000年前后是海平面变化与地貌演化的重要转折时期，受多种因素的影响，尤其是这一时期的气候处于全新世适宜期，东亚夏季风强盛，雨水充沛，流域侵蚀作用强，大量的沉积物向河流下游运移，充填河口，淤积形成三角洲平原和冲积平原。宁波地区因此进入大规模的区域成陆时期，沉积物堆积加厚，陆地逐渐向海洋方向推进，海岸线东撤。到距今约6000年前，宁波平原大部分露出海面，海岸线东退至今余姚城区、镇海区骆驼街道和江北区三官堂一带，甬江河口就位于今三官堂附近。距今约4000年前，海水退出宁波平原，甬江河口东移至镇海招宝山一带。宁波地区现代河流的分布、海岸线的展布和港湾格局基本定型（图一）。

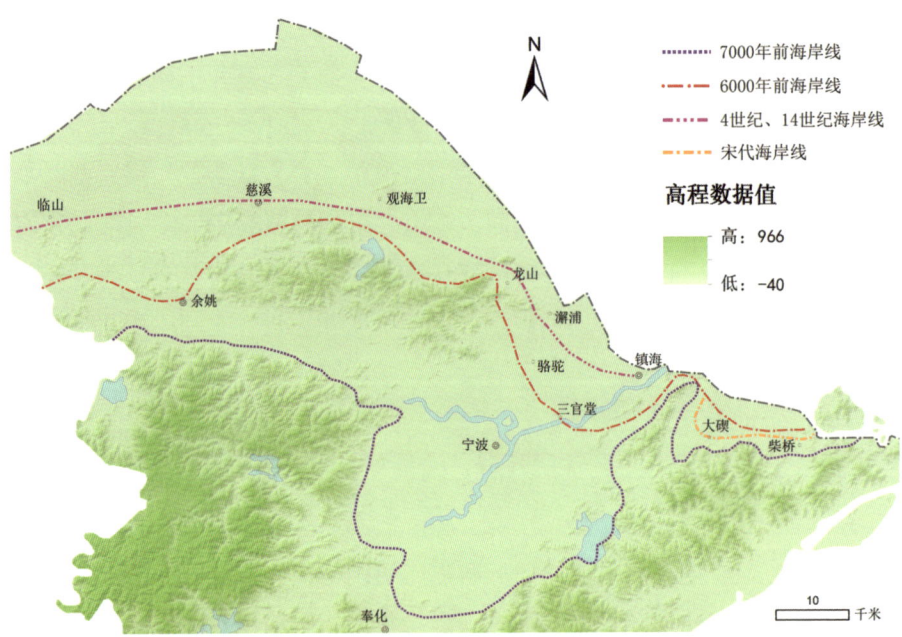

图一：宁波地区 7000 年以来的海岸线变迁图

受海陆变迁的影响，进入这一历史时期后，宁波地区最早的人类活动就出现在了平原南北两侧的山区。如在南部山地鄞州横溪的钱岙一带，发现商代中晚期至战国时期的遗址；在北部环翠屏山一带，发现有大量商周时期的土墩石室墓葬和人类生活遗址。随着海岸线的退却，先民的生产生活空间也随之得到拓展。进入秦汉，终于在姚江谷地和山前地带形成了余姚、鄞、鄮、句章四县的格局。在此四县的周边，分布有大量的墓葬和窑址（图二）。

其中，余姚县位于姚江谷地西端，扼守着宁波平原通往当时钱塘江南岸中心城市——山阴（今绍兴）的咽喉。鄞、鄮、句章三县则呈鼎足之势，互为犄角。鄮县处于由宁波平原跨象山港前往温台地区的孔道之上，鄞县则位于小浃江上游，辐射了今天的整个鄞东平原。汉六朝时期的浙东地区，地广人稀，社会经济处于较低的水平，这里成为移民的迁入地。如刘宋时期，"山阴县土境褊狭，民多田少，（孔）灵符表徙无赀之家于余姚、鄞、鄮三县界，垦起湖田"。

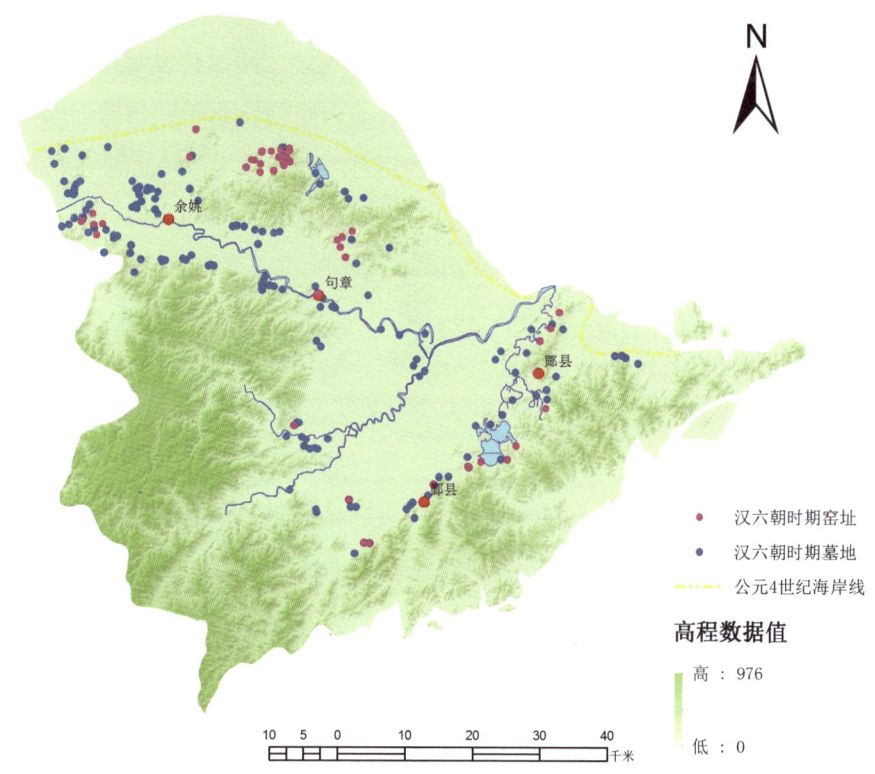

图二：宁波地区汉六朝时期主要遗存分布

二

入唐以来，随着宁波地区经济社会的发展，当需要设立一个能够统领宁波平原继续提升区域地位的州城时，原鄞、鄮、句章、余姚诸县在空间区位上显然都偏隅一方，无力胜任。今天的宁波三江口一带，作为整个宁波平原的地理中心，余姚江、奉化江在此地汇流形成更为广阔的辐射空间，沿甬江而下出海，对于海上交通的拓展更具有得天独厚的便利条件。因此，明州治所择址于三江口，具有无可比拟的区位优势。同时，汉六朝时期，三江口一带聚落成长，也为明州设立奠定了经济基础。

文献中也有明州设立之初便治于三江口的明确记载。《宝庆四明志》

云:"武德四年,废句章县,析置鄞州。八年,废鄞州为鄮县,隶越州。……当时县治乃今州治,非古鄮治矣。开元二十六年,即鄮县置明州,鄮为附郭县。长庆元年,刺史韩察请于朝,以县治为州治,而于旧州城近南高处置县。"《宝庆四明志》指出,武德八年(625)废鄞州为鄮县时,县治就已经位于今市区三江口一带,其最有力的证据就是《鲍郎庙记》中圣历二年(699)徙祠的记载。庙记一般铭刻于石碑之上,有利于长期保存,因而我们认为这条记载是可信的。而长庆元年(821)的移城,只是发生于三江口一带州、县治所的互换。

实际上,早在长庆元年(821)明州移城之前,今宁波市老城区范围内已建有众多的祠庙、寺观等建筑,如灵应庙、开元宫、开元寺、太平兴庆寺、紫极宫、纯孝庙、至圣文宣王庙等,这从一个侧面反映了当时三江口一带的繁华景象。而开元二十六年(738)之后,寺、庙、宫、观的集中出现,也是明州初治于此的有力佐证。

三

文献中明州初治于"古鄮城""小溪镇"的说法又是如何产生的呢?

《乾道四明图经》称:"(明州)旧治鄮县,今阿育王山之西,鄮山之东,城郭遗址犹存。代宗大历六年三月,海寇袁晁作乱于翁山,而鄮久弗能复,乃移治鄞。鄞东去鄮城才三十里……穆宗长庆元年,浙东观察使薛戎上书,明州北临鄞江,地形卑隘,请移郡于鄮县置,其元郡城近南高处却安县。从之。而移否莫得而知。"长庆元年(821)移城之事,《旧唐书》载:"三月丁酉朔,浙东奏移明州于鄮县置。"又,《唐会要》七十一卷载:"长庆元年三月,浙东观察使薛戎上言:'明州北临鄞江,城池卑隘,今请移明州于鄮县置,其旧城近南高处置县。'从之。"以上可见,长庆元年(821)明州移城,确有其事。

大历六年(771)移城之事,《元和郡县图志》和《新唐书》《旧唐书》《地理志》都没有记载,早于《乾道四明图经》成书的《太平寰宇记》《舆地广记》《元丰九域志》等总志也没有记录。那么,大历六年(771)移城之事的真相究竟如何呢？

《乾道四明图经》所记大历六年（771）移城之说的形成，当与废翁山县事有关。《新唐书》中说："开元二十六年（738）析置翁山县，大历六年省。"《太平寰宇记》则将废翁山县事与袁晁之乱联系在一起："废翁山县。唐开元时，与州同置。大历六年因袁晁反于此县，遂废之。"稍晚于《乾道四明图经》成书的《舆地纪胜》记载："浙东观察使薛戎请移郡城于鄮县置，其元郡城近南高处却安县。"《太平寰宇记》记为"长庆元年"，而《四明志》记为"大历中"，年月不同。可见，《舆地纪胜》所载明州、鄮县易治一事，只发生了一次，但在时间上有两说。在这条文献中，《舆地纪胜》分别引了《乾道四明图经》和《四明志》。《舆地纪胜》成书年代早于《宝庆四明志》，其所引《四明志》必然不是《宝庆四明志》。笔者以为，这部《四明志》可能是早于《乾道四明图经》的志书，今已不存，《乾道四明图经》应该是沿袭并糅合了《太平寰宇记》和这部佚本《四明志》的说法，最终形成了大历六年（771）移城之说。只是对于长庆元年（821）移城之事，《乾道四明图经》也不太确定，因此才说"移否莫得而知"。

《乾隆鄞县志》曾对大历移城做过考证，认为与史实不符："今考《通鉴》，宝应元年十月袁晁陷明州，广德元年四月李光弼奏擒袁晁，浙东皆平。又四年，始改元大历。大历六年，距晁就擒已逾十载矣。鄮为附郭之县，岂有久未能复之理。《图经》所言，殆非其实矣。"但《乾隆鄞县志》仍然坚持移城之说，只是认为移城的原因在于加强三江口的防御。此后的方志也沿袭了这一修正版的移城之说。

从大历移城之说形成的过程来看，此说当是杜撰。《乾道四明图经》由于对长庆元年（821）移城持怀疑态度，而为了契合长庆元年（821）之后明州已经治于三江口的事实，只得在此期间安排发生了一次移城，这就是大历移城背后的逻辑。廓清了大历六年（771）移城的真相，明州设立之初也就不可能治于古鄮城了。

而明州初治于小溪镇这一观点的形成，颇为复杂。

《乾道四明图经》称："古句章城在鄞县南六十里"，是时鄞县有句章乡，"在鄞县南六十里"，故汉句章城设治于此。嘉靖《宁波府志》载："句章城，在今慈溪城山渡之东……刘宋武帝讨海贼孙恩，改筑于小溪镇，故名其江曰鄞江，名其乡曰句章。"又："隋平陈……取余姚益句章，而郡兼余姚，并鄞、鄮为越州之句章地，治在句章乡之小溪镇，后鄞州、鄮治同"，"明皇开元间立为明州，分四属县，而鄮复旧治为其一，复鄮山治"。这里首次提出，地处小溪的句章城由东晋晚期刘裕迁筑，此后隋句章城、鄞州（唐武德四年至武德八年）、鄮县（武德八年至开元二十六年），均治于此。康熙《宁波府志》则明确提出："明皇开元二十六年……置明州统之，治句章小溪镇"。

从以上记载可以看出，汉晋时期句章城被推定在小溪镇，以及汉唐时期宁波地区州县沿革，是唐代鄞州、鄮县、明州治所被推定为小溪镇的基础。《乾道四明图经》认为汉句章城治于小溪镇的依据则是南宋时鄞县南六十里有句章乡。唐宋时期的句章乡究竟位于何处，与今天的鄞江小溪又有怎样的关系呢？出土墓志材料为我们提供了一些线索。唐开成元年（836）《唐故守右威卫长琅琊王府君墓志铭并序》有"迁窆于句章之墟，祖妣葬之侧也。去州城五十里"的记载，该墓志出土于今海曙区洞桥镇唐家堰村，距今鄞江镇约4千米。大中十年（856）《唐潘氏墓志铭并序》有"葬于新安乡白石里大茔之原"的记载，该墓志出土于鄞江镇光溪村，于是可知今鄞江镇区在唐代为新安乡。据《乾道四明图经》的记录，鄞县下辖乡里已无新安乡，当时新安乡或已被撤并入句章乡，由是亦可确认：《乾道四明图经》是据当时句章乡的乡名来推求汉晋时句章县的县治。

推定明州治所在小溪的另一依据，应该是出自对《唐会要》中长庆元年（821）明州移城记载的错误理解。《唐会要》中称："长庆元年三月，浙东观察使薛戎上言：'明州北临鄞江，城池卑隘，今请移明州于鄮县置，其旧城近南高处置县。'从之。"今天的鄞江，用作地名指鄞江镇或镇区，用作水名则指它山堰以下流经鄞江镇、洞桥镇至喇叭口汇入奉化江的河段（图三）。如果以今天的鄞江河段来理解"北临鄞江"，那么在今鄞江镇区一带确有符合这一方位叙述的地块。如清姚燮在《古句章城记》中道："唐观察之请移治，不曰南临大江地形卑隘，而曰北临大江，则断其地为悬磁（慈）一带可以无疑者。"

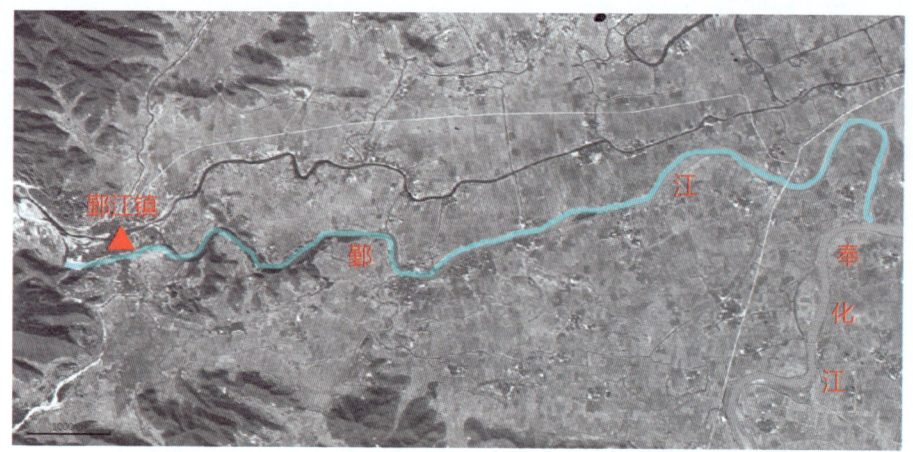

图三：今鄞江流向

但唐宋时期的鄞江是否同我们今天所理解的鄞江一致呢？这恐怕还是要回归到当时的语境中去考察。

《全唐文新编》中收录有太和九年（835）《唐故监铁转运江淮留后勾检官文林郎试太常寺协律郎骑都尉解君墓志铭并序》，其中记载了墓主解君与殷公之间的事迹："殷公作鄞江守……乃曰：余承命鄞川……不料殷公薨于鄞川。"此志文中的殷公，据郁贤浩引江苏镇江焦山碑林石刻宝历二年（826）《唐故朝散大夫使持节明州诸军事守明州刺史上柱国陈郡殷府君墓志铭并序》、开成四年（839）《前大理评事薛元常妻弘农杨氏墓志铭并序》考证，为长庆三年（823）至宝历元年（826）间出任明州刺史的殷彪，也就是宁波地方志书中记载的建跨江浮桥的刺史应彪（"应"当为"殷"之讹误）。可见，在唐长庆年间人的语境中，"鄞江"等同当时的明州。长庆元年（821）之后明州州治已稳定在今宁波市区三江口，殷彪承命鄞川，薨于鄞川，可知当时的鄞江即泛指今天的三江口水系。

在吴越国宝大元年（924）《节度馆驿巡官富都监副知朝散大夫前守会稽县令侍御史赐绯鱼袋钱塘郡危德图东海郡夫人徐氏墓志铭并序》中，有"宝大元年甲申岁夏五月八日，终于鄞江子城西北上桥之私第……以其年八月十八日甲申葬于鄞江之东面，鄮山之南隅，灵严乡太白里明堂奥之源"

的记载(图四)。吴越国时期,明州子城位于今宁波市区三江口,"鄞江子城"只能是当时明州子城,可见当时"鄞江"依然有等同"明州"的用法。灵严乡太白里明堂奥即今鄞州区五乡镇明堂岙村一带,徐氏丈夫危德图、危德图母亲璩氏墓志中均有相同的表述,可知当时的鄞江又可指今奉化江。

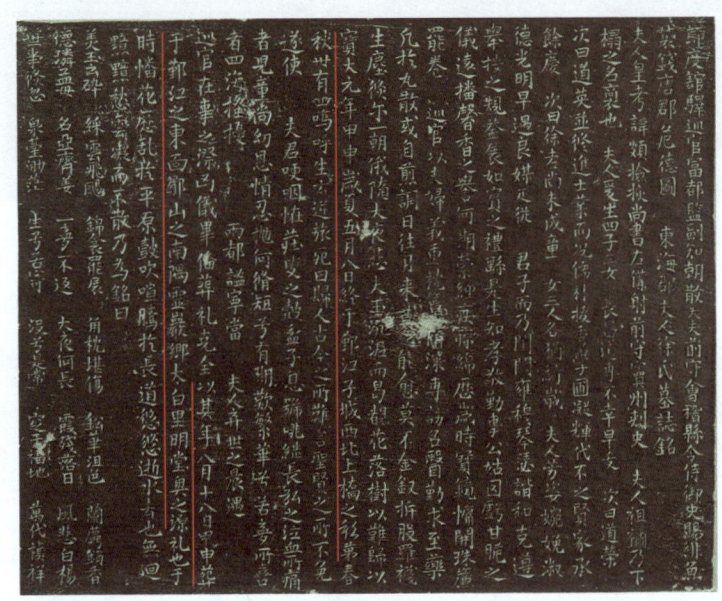

图四:宝大元年(924)徐氏墓志拓本

《宣和奉使高丽图经》卷三十四《海道一》中记载:"庙前十余步,当鄞江穷处,一山巍然出于海中。上有小浮屠。旧传海舶望是山,则知其为定海也。故以招宝名之。自此方谓之出海口。"从"定海""招宝山"可知,此处的"鄞江",就是指今天的甬江。

《宝庆四明志》卷三载:"南东曰鄞江门,今闭。"卷十八载:"大浃江,县南一里,与鄞江通。"明州罗城东南门为鄞江门,濒临今奉化江,东南门称鄞江门,可见当时"鄞江"可指今奉化江。定海县南大浃江指甬江,"与鄞江通"之"鄞江"应当也是奉化江。

而在《四明它山水利备览》中有"岘因亢阳,惜水之泄从,权以土石增障堰（它山堰）上，约鄞江之水以入溪。又浚水口淤沙，引水以入田"，此处"鄞江"，指的就是今天流经它山堰的鄞江河。

由上可知，唐、吴越国时期，"鄞江"一词，用作地名可以指明州州城，用作水名可以泛指今宁波城区甬江、奉化江、余姚江水系，是个包容范围很广的词，并不专指今天流经鄞江镇的河段。北宋时期的鄞江，可以用来代指甬江。而南宋时期，鄞江似乎只用来代指今奉化江、鄞江水系了。

以南宋时期"句章"乡名来推求汉晋时期的"句章城"，以明清以来的"鄞江"去理解唐人语境下的"鄞江"，这显然是极其不妥的。从史料批判的角度看，文献中明州治于小溪之说很难成立。

2011—2015年，为配合鄞江古镇整体开发建设，同时结合国家文物局立项课题"宁波地区古代城址考古工作计划（2013—2016）"，宁波市文物考古研究所联合诸多科研机构，在鄞江镇周边开展了大规模拉网式的考古调查与勘探，并在调查、勘探工作的基础上，对相关重点区域实施了试掘和发掘。从考古工作成果情况来看，这里并不存在任何汉晋至唐五代时期的城址迹象。

总之，我们认为明州设立之初，其治所就位于今市区三江口一带。治于古鄮城、小溪镇诸说，不论是从文献考辨的角度看，还是从实地的考古调查与发掘来看，都无法成立。

附记：本文插图中的图四由章国庆先生提供，特此说明并致谢忱！

甬城千年

唐宋时期的明州
子城与罗城

文 王结华

在中国版图的东南、长江三角洲的南翼和浙江省境的东端,有一块被四明、天台诸山和茫茫大海围合而成的土地,余姚江、奉化江、甬江在此纵横交汇,形成了一片相对独立又不完全孤立的地理单元,这就是昔日的明州、今天的宁波。

距今8000多年前的史前时期,这里开始有了远古人类的活动痕迹;距今3000多年前的商周时期,这里开始成为于越民族和嗣后越国的历史舞台;距今2000多年前的秦汉时期,这里开始设县置治,自此正式被纳入泱泱华夏的一统进程。

由于长期处于庙堂之外、江湖之远,宁波的区域开发相对中原要滞后许多,只有县级政区设置的状态自秦汉以来持续了近千年之久。虽然在唐代初叶的武德四年(621)曾经有过废句章、立鄞州之举,但那不过是昙花一现,旋即复改为鄮县。这一切,直到盛唐时代的到来才发生根本改变。

开元二十六年(738),应江南东道采访使齐澣奏请,正值盛世之际的大唐王朝终于允准分越州(治今绍兴)鄮县之地置明州,"以境内四明山为名"(《元和郡县图志》),下辖鄞、奉化、慈溪、翁山四县。明州治所,置州伊始即设于今宁波市区三江口一带,与后世部分方志所说的"小溪"并无任何关涉,遗憾的是时至今日有以讹传讹、人云亦云现象,实在是一件很感慨的事情。

《说文·土部》中说:"城,以盛民也。"《吴越春秋》中说:"筑城以卫君,造廓以守民。"作为区域性的政治、经济、军事、文化诸中心和人口、物资、交通、贸易集散地,城市防御体系的重要性与必要性不言而喻,对于冷兵器时代的城市来说更是如此。明州的设置和州治的选址,虽然确立了此后1200多年间宁波城市发展的基本框架,但作为内层防御圈的子城(内城)和外层防御圈的罗城(外城),却还要到长庆元年(821)和唐代末年才分别启动建设,这是由当时特定的历史条件决定的。

然而,无论迟还是早,作为区域中心和衙署重地,明州州城的防御体系建设终归被提上了议事日程。但怎么建又是一个问题。众所周知,中国古代的城防建设往往有着一定之规,即所谓"内为之城,城外为之廓,廓外为之土阆,地高则沟之,下则堤之,命之曰金城。树以荆棘,上相穑著者,所以为固也"(《管子·度地》)。在大体遵照这一常规思路与传统做法的基础上,明州的子城与罗城建设又根据三江口一带的地形特点,以水为凭,依水就势,酌情做了适当的改造处理,最终形成了独具特色的江南水乡城防系统。这不仅在地方志书中有所记录,在现代考古中也得到了部分证实。

一、明州子城

子城位于今宁波市海曙区鼓楼(图一)一带,既是唐宋以来的历代官署驻地,也是古代宁波的政治中心。关于子城的初建,同一时间的历史文献虽然没有留下什么具体的图文记录,但王溥在唐代苏冕、杨绍复等人所撰史稿的基础上续补编纂而成、正式成书于北宋建隆二年(961)的《唐会要》,可以为我们提供一些有益的线索。书中是这样说的:"长庆元年三月,浙东观察使薛戎上言:'明州北邻鄞江,城池卑隘,今请移州于鄮县置。

图一：今日鼓楼

其旧城近南高处置县。'从之。"从这句话来看，唐代长庆元年（821）明州州治与鄮县县治曾经互易过，这就是宁波城市发展史上著名的长庆移城事件。北宋乐史所撰《太平寰宇记》一书对此也有相差无几的记录。

宁波现存最早方志、南宋时期的《乾道四明图经》基本照搬了《唐会要》和《太平寰宇记》的原话，但未十分肯定这一事件是否真实发生："穆宗长庆元年，浙东观察使薛戎上书，明州北邻鄞江，地形卑隘，请移郡于鄮县置，其元郡城近南高处却安县。从之。而移否莫得而知。"稍后成书的《宝庆四明志》则十分肯定此事，纂者罗濬不仅照录原文，还针对《乾道四明图经》"而移否莫得而知"的说法这样写道："自明置州，至是四百三十二年，而城治之迁徙，县邑之沿革，人未有知其的者。唐刺史韩察实移州城，石刻尚存，于时且未之见，他岂暇详甚哉！作者之难，固有俟乎述于后者也。"感慨之情溢于言表。

宋元以后的方志以及现代研究大都认定长庆移城之举的存在，并将长庆元年（821）定为明州子城建设的元年。依此推论，在原鄞县县治基础之上修建起来的子城，距今（2020年）已有1199年的悠久历史，仅从这点上讲，宁波作为国家级的历史文化名城完全名副其实。问题在于，越往后来，演绎越多，因为没有深入了解不同时期"鄞江"名称的演变等，诸多方志又将长庆元年（821）明州、鄞县易治之事和"小溪"扯上了关系，认为移城一事是在三江口和宋时小溪镇（今海曙区鄞江镇一带）两地发生，并凭空杜撰出句章、鄞州、鄮县、明州皆曾治于"小溪"之事。当然，这是另一个问题，容待另文探讨。

关于子城的规模大小，早期文献未见于载。《乾道四明图经》和《宝庆四明志》两书均记为："周回四百二十丈，环以水。"若换算成现代的计量尺度，南宋时期的子城周长还不到1400米，面积并不大，南宋以前的子城应该与之相仿或者更小。需要注意的是，《乾道四明图经》成书于1169年，当时明州已经改称明州奉国军。《宝庆四明志》成书于1228年，明州又已升格为庆元府。但子城还是那个子城，规制并未因之改变，为了叙述方便，本文依旧统称为明州子城，下文的罗城情况同样如此。

关于子城的结构布局，从《宝庆四明志》所载府治图（图二）可以看

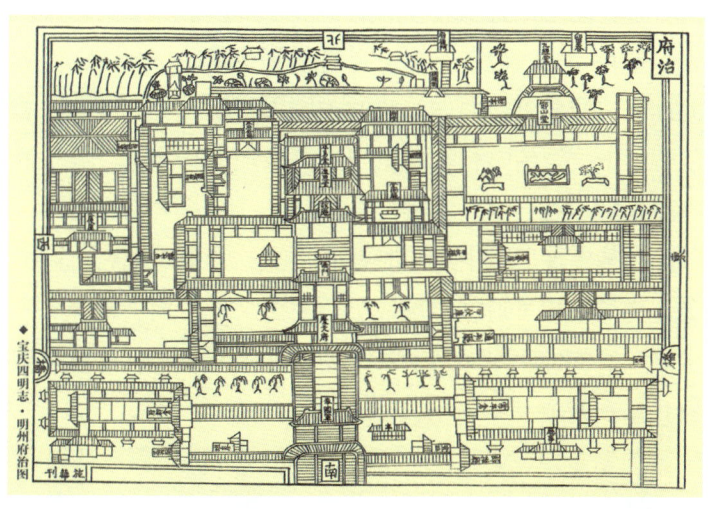

图二：南宋《宝庆四明志》府治图

出，当时的子城分设有东、西、南、北四门通向城外，其中的南门即奉国军门，为主出入口，大体以此向北一线为中轴，城内左右坐落布置有签判厅、节推厅、府都仓、常平仓、通判厅、甲仗库、甲仗楼、公使库、军资库、掌卫厅、府堂等若干衙署机构。子城四周以高墙、环城道路和护城河为界，衙署在城内，民居子城外。从志书记载中，我们还了解到，早年的子城周边经常遭受民居抵塞，导致水路不通，以致南宋淳祐三年（1243）春，制守陈垲不得不筹资拆除棚屋，疏通环城道路，并"重修子城，限隔内外"（《宝庆四明志》），最终形成了内外有别、官民有差的森严格局。

1987年，为配合宁波商场工程建设，宁波市文物考古研究所对鼓楼西北隅进行了抢救发掘，发现南宋和元明之际的零星建筑遗迹，因揭露面积仅52平方米，遗迹性质难以准确判定。

1997年，为配合鼓楼至公园路一带旧城改造，宁波市文物考古研究所对子城局部节点进行了为期约4个月、面积约700平方米的抢救发掘。虽然限于当时的客观条件无法对子城遗址做整区域、全方位的揭示，但至少厘清了三个方面的关键问题：

一是找到了子城的护城河，即《宝庆四明志》所说"环以水"的具体位置及其大致走向：东至今蔡家巷一带，南至今鼓楼外一带，西至今呼童街一带，北至今公园路（府后山）一带。据此推演，可以大致框定子城是在今中山路—蔡家巷—公园路—呼童街—中山路这一围合区域内。以此计算，当年沿河内侧修筑的子城周长既与《宝庆四明志》所说的"周回四百二十丈"约略相符，也与考古清理出来的子城墙基的范围及其走向基本吻合。

二是发现了不少唐宋时期的遗物，其中以晚唐之后的遗物为主，但部分遗物的年代可追溯至唐代早中期至汉晋时期。结合后来在子城之内、鼓楼之东发掘的永丰库遗址出土的汉晋时期遗物，以及子城周边屡有发现的唐代以前遗迹遗物来看，子城一带早在长庆元年（821）以前就已是人烟辐辏的繁华地段，武德八年（625）改置后的鄮县县治很有可能就设在此处，这为当年的明、鄮易治打下了基础。而此州、县互易事件，也应当发生在今宁波老城之内，与后世部分方志臆测的"小溪"无关。

唐代城墙包砖与窨井

唐代水沟

宋代城墙基础

宋代房基地面

宋代道路（路面）

宋代天井地面

图三：子城遗址部分遗迹

三是发现了唐代子城城墙的局部基址、墙内窨井和宋代城墙的局部基址、城墙出水口以及子城内的唐代道路（路面）、室内地面、排水沟和宋代道路（路面）、房基、天井地面、花坛、排水沟等遗迹（图三）。从时间上看，年代越早，遗迹越少，砌筑越简陋；年代越晚，遗迹越丰，砌筑越讲究。这些发现，不仅为研究子城不同时期的形制结构、内部布局和建造风格提供了实物案例，同时也弥补了地方志书记载的不足。

二、明州罗城

唐代末年，天下纷扰，军阀割据，因为形势的混乱和守土的需要，时任明州刺史的黄晟开始动议修筑罗城，彼时距离明州的设立，已经过去了100多年。虽然相传在此之前，东晋北府军将领刘牢之为抗击孙恩在今筱墙巷一带筑过"篥墙"（《乾道四明图经》），但那一时的权宜之计并未形成后来罗城的雏形。即便到了唐代咸通元年（860），裘甫分兵剽掠明州，也是州民自发"相率出财，募勇士，治器械，树栅、浚沟、断桥，为固守之备"（《宝庆四明志》）。当然，这样先有治邑再有城郭的例子并不鲜见，以同在今日宁波地区的古城为例，明州之前的余姚故城、鄞县故城，以及与明州同时的慈溪旧治即慈城古城等莫不如此。

黄晟始筑的罗城,《乾道四明图经》记载的是"周回二千五百二十七丈,计一十八里,西与南则环以水,东与北则绕以江"。《宝庆四明志》记载的是"周回二千五百二十七丈,计一十八里。奉化江自南来限其东,慈溪江(即今余姚江——笔者注)自西来限其北。西与南皆它山之水(今为北斗河与护城河——笔者注)环之。"两书所记的罗城周长相等,按照今制换算,其长度应在8千米左右,面积与子城相比则扩大了数十倍。其平面形状也与子城完全不同,呈现出的是不太规则的梨形,这是当时人们根据水系流向做出的适应区域环境、节约筑城成本的最佳选择,并一举"奠定了古代宁波城市的空间形态"(《宁波通史》),历经唐末、五代、宋元、明清,直至民国之初,一直不曾改变。

五代以降,至南宋,明州之名曾经几度更易,罗城也曾经过多次增补修葺,其中见诸史册的较大的几次行动包括北宋元丰元年(1078),时任明州知州曾巩"受诏而完之"(《延祐四明志》);南宋宝庆二年至三年(1226—1227),时任庆元知府胡榘主持重修,"除望京、灵桥、东渡三门更新外,其他城廓楼门,埤薄为厚,增卑为高,补罅易圮……回城门凡十:西曰望京门……南曰甬水门,南东曰鄞江门,东曰灵桥门、曰来安门、曰东渡门,东北曰渔浦门,北曰盐仓门、曰达信门,北西曰郑堰门"(《宝庆四明志》);南宋宝祐四年至六年(1256—1258),时任庆元知府吴潜受诏"芟夷荆榛,复仍城壁旧贯。阙者补,圮者植,低者、薄者崇且益。乃创巡铺,置卒以逻。三年修筑之役,共费钱六万九千六百二十贯、米一百七十石一斗七升,而雉堞焕如矣"。又于开庆元年(1259)夏"鼎创望京、郑堰、下卸三门城楼,芬楣壮伟,榱桷业峨,以至甬水、灵桥、东渡三门,悉缮治之,楼橹粲然,万目易视"(《开庆四明续志》)。

根据以上志书记载,唐宋时期罗城最多时共设有城门10座,分别为望京门(又称朝京门)、甬水门、鄞江门、灵桥门、来安门(旧称市舶务门,南宋宝庆三年,即1227年改为来安门)、东渡门、渔浦门、盐仓门(又称下卸门,南宋开庆元年,即1259年改为和义门)、达信门和郑堰门(南宋开庆元年,即1125年改为永丰门)。望京门、甬水门处另设有水门。南宋宝庆以后仍在使用的城门还有7座,鄞江、渔浦、达信3门闭废。其中望京门、来安门、东渡门、渔浦门、和义门段城墙局部或其城门、瓮城皆已经考古揭露证实，这些饱经千年沧桑的历史遗迹终于得以重现天日，部分重要遗迹还得到了原址保护展示，成为唐宋以来明州罗城演变发展实实在在的物证和宁波这座国家历史文化名城不可多得的瑰宝。

1973年至1975年，为配合城市地下防空设施建设，当时的宁波市图书文物馆对和义路、东门口一带进行了为期一年多、面积750平方米的抢救发掘，揭露出唐代至两宋时期的渔浦城门、城墙基址和道路、排水沟、灰坑等遗迹。

1993年，为配合华联大厦工程建设，宁波市文物考古研究所对东渡路、东门口一带进行了为期3个月、面积700平方米的抢救发掘，揭露出唐代至元代的东渡门段城墙基址和灰坑、排水沟等遗迹。

1995年，为配合世贸中心工程建设，宁波市文物考古研究所对东渡路与新街地块进行了为期3个多月、面积500平方米的抢救发掘，揭露出唐代至元代的来安门段城墙基址。

2003年，为配合和义路一期工程建设，宁波市文物考古研究所对和义路北段东侧、解放桥以南地块进行了为期3个月、面积1230平方米的抢救发掘，揭露出在唐宋罗城盐仓门左近修建的元代和义门瓮城遗址（局部）。现该遗址已被正式公布为海曙区文物保护单位，静卧于万豪酒店之前，供人参观凭吊。

2012年，永丰路与望京路交叉口的一处建筑工地施工时，曾发现疑似罗城永丰门段城墙或城门遗迹，出土了不少破碎的城砖。因很快就被填埋保护起来，真实情况如何，已经不得而知。

2012年和2013年，宁波市区西门口一带施工建设时又相继发现了疑似望京门瓮城和城墙的包砖、条石等遗迹。

2016年至2017年，为配合中山路综合整治工程，宁波市文物考古研究所联合厦门大学对中山西路与望京路交叉口东北侧地块进行了为期10个月、面积2070平方米的抢救发掘，揭露出自唐末五代延续至民国时期长达80余米的罗城遗址城墙（望京门段）以及城内外的建筑基址、灰坑、墓葬等遗迹。现该遗址已被正式公布为海曙区文物保护单位，望京门遗址

公园也正在紧锣密鼓地建设中,相信建成之后,必将成为宁波又一处历史文化坐标和休憩赏游胜地。

综合以上考古发现与历史文献记载,我们不仅印证了罗城唐代末年始筑、两宋增修完备、元代先毁再建之史实,同时也框定了古代罗城与今海曙区永丰路—望京路—长春路—灵桥路—东渡路—和义路—永丰路这一闭环大体重合之走向(图四)。虽然这些城墙现在或已被毁或叠压于道

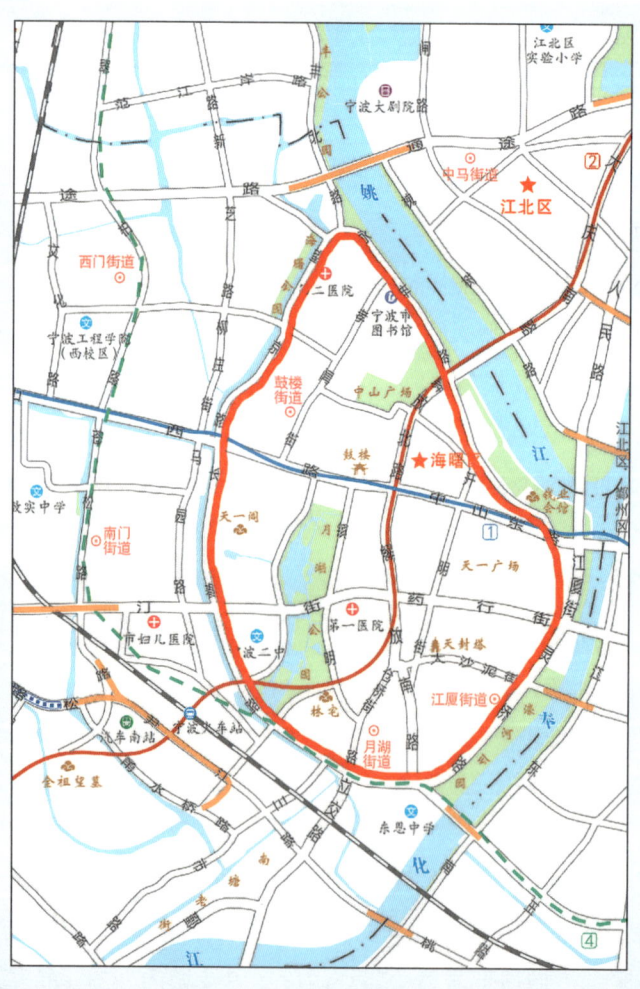

图四:罗城古今叠压范围及走向示意

路、建筑之下,但其依水而筑、以水为凭的基本格局却幸运地保留到了今天。

元代初年,"隳天下城池"(《成化宁波郡志》),唐宋以来的明州子城和罗城亦皆不幸遭毁。直到元代末年,罗城才重新修筑,子城则从此再未完全恢复。不过当时的明州,已然早早改名庆元,罗城的复建及其后的再毁废,自然也是另外一段典故了。

> 附记:本文部分图片采自《宁波考古六十年》和《再现昔日的文明——东方大港宁波考古研究》,文献承蒙许超先生、张华琴女士、柯桃女士协助查阅,图片承蒙张华琴女士协助合成,特此说明并致谢忱!

从和义门瓮城遗址看元代庆元城的毁与建

文 王结华

唐代开元二十六年（738），经江南东道采访处置使齐澣奏请，朝廷允准在今宁波地区设立明州，"以境内四明山为名"（《元和郡县图志》），下辖鄞、奉化、慈溪、翁山（今舟山）四县。这一设置，不仅彻底改变了长期以来宁波只有县级政区的落后局面，也正式确立了嗣后1200多年间宁波城市发展的基本框架。

唐代长庆元年（821），经浙东观察使薛戎上奏，时任明州刺史韩察易鄞县治为明州治，在今宁波市区鼓楼一带主持修建子城，"周回四百二十丈，环以水"（《乾道四明图经》），衙署在城内，民居子城外，内外有别、官民有差的城市格局开始成型。

唐代末年，明州刺史黄晟主持修建罗城，"周回二千五百二十七丈，计一十八里。奉化江自南来限其东，慈溪江自西来限其北，西与南皆它山之水环之"（《宝庆四明志》），其面积与子城相比，扩大了数十倍之多，也由此"奠定了古代宁波城市的空间形态"（《宁波通史》）。

明州自设立以来，名称数度更易，唐代天宝元年（742）改余姚郡，乾元元年（758）复为明州；五代时改明州望海军；北宋建隆元年（960）改称明州奉国军；南宋庆元元年（1195）升庆元府；元代至元十四年（1277）改称庆元路总管府；明初一度复名明州府，洪武十四年（1381）改为宁波府。城池也曾经多次增补修葺，其中仅宋元时期见诸史册的较大规模修筑至少有四次：一次是北宋元丰元年（1078），时任明州知州曾巩"受诏而完之"（《延祐四明志》）；一次是南宋宝庆二年至三年（1226—1227），时任庆元知府胡榘主持重修，"除望京、灵桥、东渡三门更新外，其他城郭楼门，埤薄为厚，增卑为高，补罅易圮"，共设城门十座："西曰望京门……南曰甬水门，南东曰鄞江门，东曰灵桥门、曰来安门、曰东渡门，东北曰渔浦门，北曰盐仓门、曰达信门，北西曰郑堰门"（《宝庆四明志》）；一次是南宋宝祐四年（1256）至开庆元年（1259），时任庆元知府吴潜受诏"芟夷荆榛，复仍城壁旧贯。阙者补，圮者植，低者、薄者崇且益。乃创巡铺，置卒以逻。三年修筑之役，共费钱六万九千六百二十贯、米一百七十石一斗七升，而雉堞焕如矣。开庆元年夏，遂鼎创望京、郑堰、下卸三门城楼，棼楣壮伟，榱桷业峨，以至甬水、灵桥、东渡三门，悉缮治之，楼橹粲然，万目易视"（《开庆四明续志》）。还有一次就是本文将要讲述的元初毁城和元末重筑。明清时期的城墙同样经过多次补筑，至民国初期全部拆除，不复往日面貌。

一、元代庆元城池的毁而复建

元世祖忽必烈至元十三年（1276），南宋投降，元军南下，攻占庆元全境。同年，改原宋沿海制置司为宣慰司；次年，正式改庆元府为庆元路总管府，隶属江淮行省（后改江浙行省），领录事司一，鄞、象山、慈溪、定海（今舟山）县四，奉化、昌国（今舟山市定海区）州二（《元史·地理五》）。大德七年（1303），"因岛夷庞杂，宜用重臣镇服海口，遂立浙东都元帅府，即旧府治为之"（《延祐四明志》），即将浙东道宣慰司都元帅府设在原来的庆元府子城内。2001—2002年发掘永丰库遗址时，出土过一块浙东道宣慰司都元帅苫思丁的残碑，证明今鼓楼东侧一带曾是浙东道宣慰司都元帅府的府治所在。

从相继设立庆元路总管府和浙东道宣慰司都元帅府这两次重大举动来看,元廷还是十分重视庆元城的,然而奇怪的是,按照元代的《延祐四明志》《至正四明续志》和明代的《成化宁波郡志》《敬止录》诸书记载,这一时期的子城和罗城都被废弃了,为何?

元代《延祐四明志》:

> 子城,旧环州治,外为堑,南为奉国楼门,东为州东门,西为州西门,上皆为桥,以通往来,庶府、有司、仓库、公宇皆在其中。今帅府之外,余废为民居。
>
> 迎恩门,城西门,旧名朝京门。庆元中,守郑兴裔更名望京,久而圮。宝庆中,守胡榘重建门楼,今废,有水门在其侧。
>
> 甬水门,城南门,有水门在其侧。
>
> 灵桥门,城东右门。宝庆三年,胡榘重修,匾曰鄞江楼,今废。
>
> 东渡门,城东左门。
>
> 和义门,城北东门,俗曰盐仓门。
>
> 永丰门,城北西门,旧曰郑堰门。
>
> 鄞江门、来安门、渔浦门、达信门,今皆废。

元代《至正四明续志》:

> 国朝混一区宇,无恃偏壕支垒之险固,郡城之废垂六十有余载。民居侵蚀,夷为坦途。至元五年,省命取勘,起科官租。旧子城直南中阙,今建明远楼于其上,余并废。虽有州东、西二门之名,实为通衢矣。

明代《成化宁波郡志》:

> 元初,隳天下城池,厥后民居侵蚀,夷为坦途。至正八年,

台州方谷真为寇。二十年,浙东都元帅纳麟哈剌以台密迩庆元,筑城以防不测。后谷真受招安之命,据城开江浙分省,复加修治。

明代高宇泰《敬止录》:

元初,隳天下城池垂六十余年,民居侵蚀,渐为坦途。至元五年,省命取勘,起科官租。旧子城直南中阙,建明远楼于其上,余并废,虽有州东西二门之名,实为通衢。至正八年,台州方国珍为寇。十二年,浙东都元帅纳麟哈剌以台密迩庆元,复筑城以备,刘基为之记。后国珍据城,开江浙分省,复加修治。

同书又引刘基《庆元路新城碑》记文:

时故城久废,室其址者数百家,公命悉徙处官地,发廪粟以助不给,民忘其徙。凡六月而城成。周十有八里,高丈有八尺,上环列睥睨机、弓弩、炮石,建楯载,罗戈槊。旁开六门,门有楼,周庐百九十有二间,戍卒昼夜严警不怠。西、南二方,旧各有水门,皆致而新之;东门去江远,则凿其外为隍;北门因江为隍,则筑堤以扞之。凡所设施,罔不中度。

通过这几本书,我们可以获得如下信息:

一是关于城池废弃的时间。《延祐四明志》成书于元代延祐七年(1320),从该书记载来看,当时的子城大部和部分城门、门楼都已荒废。《至正四明续志》成书于元代至正二年(1342),书中提到"郡城之废,垂六十有余载",向前推算应在元世祖忽必烈至元年间(1264—1294)的前段,更具体地说,应该是在1282年之前、1276年元军攻占庆元之后,这和《成化宁波郡志》《敬止录》所说"元初,隳天下城池"在时间上是吻合的。由此可见,无论是子城还是罗城,估计早在元代初年就已经被毁弃。

二是关于城池废弃的原因。《延祐四明志》未谈为何毁城。《成化宁波郡志》《敬止录》皆认为是"元初隳天下城池,厥后民居侵蚀,夷为坦途"。《至正四明续志》则认为是"国朝混一区宇,无恃偏壖支垒之险固",这就是明显的避讳甚至吹捧了。元代初年之所以毁城,真实的原因或是无力重建,或是任其荒废,甚至是有意拆除以防汉民聚城为变。从蒙元以马上之术得天下亦以马上之法治天下,导致不到短短100年时间即退回漠北这一史实来看,后者的可能性似乎更大一些。

三是关于城池毁损的程度。对照以上诸书的记载,无论是子城还是罗城,毁损程度都相当严重。有关子城,《延祐四明志》的记载是"今帅府之外,余废为民居",也就是说,除了浙东道宣慰使都元帅府,城内的其他地方都已变成了普通民居,子城自然也就名存实亡了,而且自此再未完全恢复。《至正四明续志》的记载是"旧子城直南中阙,今建明远楼于其上,余并废。虽有州东、西二门之名,实为通衢矣",和《延祐四明志》所记可谓言殊意近。有关罗城,据《延祐四明志》的记载看,唐宋以来的十座城门中,鄞江门、来安门、渔浦门、达信门四门都废弃了,剩下六座城门中的迎恩门(即望京门或朝京门)、灵桥门两门的门楼也废弃了。据《至正四明续志》《成化宁波郡志》《敬止录》和《庆元路新城碑》的记载看,当时的罗城已被"民居侵蚀,夷为坦途""室其址者数百家",毁坏程度严重到无以复加的地步。也正是因为毁得比较彻底,所以元末面临战争威胁时,元兵作为守城一方才不得不重新修建城池。

四是关于城池复建的时间。《延祐四明志》和《至正四明续志》中都没有相关记录,说明那时还未重建。而从《成化宁波郡志》"至正八年,台州方谷真(国珍)为寇。二十年,浙东都元帅纳麟哈剌以台密迩庆元,复筑城以备。后谷真(国珍)受招安之命,据城开江浙分省,复加修治"这条记录来看,庆元罗城的重建距离蒙元败退漠北已经过去十年光阴,而且至少应有两次复建:一次是至正二十年(1360),时任浙东道宣慰司都元帅的纳麟哈剌为防时降时反的元末农民军领袖之一方国珍而"复筑城以备";一次是方国珍降元后,"受招安之命,据城,开江浙分省,复加修治"。但《敬止录》中关于纳麟哈剌筑城的时间与《成化宁波郡志》所记不同,认为是在至正十二年(1352),且有时任浙东道宣慰司都元帅府都事、后为明朝开国元勋刘基的筑城记文为凭。再结合至正二十年（1360）之前方国珍业已降元（时降时叛）这一史实来看，当以至正十二年（1352）重新筑城的说法更为准确。

五是关于城池复建的效果。从刘基的筑城记文看，虽仅耗时半年，但重筑后的庆元罗城还是比较严整可观的，"周十有八里，高丈有八尺，上环列睥睨机、弓弩、炮石，建楯戟，罗戈槊。旁开六门，门有楼，周庐百九十有二间，戍卒昼夜严警不息。西、南二方，旧各有水门，皆致而新之。东门去江远，则凿其外为隍。北门因江为隍；则筑堤以扞之。凡所设施，罔不中度"。再从考古发现的来安门段元代城基看，经过重筑的城墙基础也确实比之前更为牢固。但即便如此，元人依旧没能阻挡方国珍、朱元璋先后一统浙东的步伐，高墙深池不过是聊胜于无罢了。

二、考古发现的和义门瓮城遗址

时光流转，弹指瞬间。2003年，为配合和义路一期工程建设需要，宁波市文物考古研究所对海曙区和义路北段东侧、余姚江西岸、解放桥之南、甬江高级职业中学以北地块进行了抢救发掘（图一）。野外考古作业自当

图一：和义门瓮城遗址2003年发掘现场

年10月正式进场开始，至12月全部结束，通过近3个月，对面积为1230平方米的地块进行揭露清理，意外发现了一处规模不小的建筑基址。后经研究证实，其正是元代修筑的和义门瓮城遗址（图二）。

图二：和义门瓮城遗址（局部）鸟瞰

和义门瓮城遗址发掘之际，正值笔者作为特殊人才从江苏被引进到宁波市文物考古研究所工作不久，因此有幸参加了这次发掘。印象中，当时一起参加发掘的还有时任宁波市文物考古研究所副所长的褚晓波先生、时任考古部主任的丁友甫先生和考古队队员刘志远、技术工人郭亮，以及由黄大尧负责组队的20多名临海籍民工。考古人员每日早出晚归往返于工地、单位和住所，工人们则每天都吃住在用彩条布临时搭建的工棚里，条件虽然艰苦，但是苦中能作乐，其乐也融融。特别是当有重大发现时，人人都不禁眼前一亮，成就感油然而生。彼情彼景，至今思之，仍如昨日发生一般鲜活灵动。

关于这次发掘的成果，笔者与王力军先生、丁友甫先生合著的《新世纪宁波考古新发现》一文曾经有过简略介绍：

　　　　瓮城基址揭示部分平面略呈长方形，大致南北走向，残存东、南、北三面城墙。其中东墙外侧残长约42.7米，内侧长32.5米，下宽6.55—6.75米，上宽6.25—6.35米，残高约1.1米，最高处残留五层，下两层为墙基部分，上三层为墙体；墙基及墙体两侧砌法较为工整，多用条石或石板错缝平砌而成，黄泥粘接间以石灰抹缝，墙体与墙基间及墙体自身每层之间有收分；墙体及墙基中部散乱垫以条石、碎石和石板，石缝间填以泥土和碎砖瓦；两侧墙基之下均打有较密集的呈不规则排列的木桩为垫基，但墙体中间垫石之下未见木桩基础；东墙南端外侧略呈弧角转弯，内侧基本呈直角与南墙相接。南墙揭示部分长约10米，残宽5.6米，残存最高约1米，砌法与东墙基本相同。北墙破坏严重，残存部分长约5米，残存最宽1.7米，高0.4米，其内侧与东墙大体呈直角对接，砌法、结构与东墙、南墙基本相似。瓮城内部仅在东墙内侧中部偏南处发现一长方形石砌平面，长约10米，最宽3.1米，多由一层石板平铺而成，局部两层，该石砌平面高度基本与东墙第二层墙基相若，应为当时地表平面。

实际上，这次考古发现的，只不过是规模较大的石砌建筑基址的一部分，而且已经残损，又因为近旁有煤气站、和义路等现代建筑、道路的叠压，其延伸的部分无法全部揭示，因此哪怕是对它的残貌也难以全面了解。那么，我们最终是怎么来确认这次发现的就是元代修筑的和义门瓮城遗址呢？这就需要结合考古地层学知识和历史文献记载来做解答了。

首先是时间问题。从地层关系上看，遗址叠压于南宋时期的堆积之上，遗址旁边还发现了一艘淤埋在地下的南宋时期沉船，说明遗址的年代比南宋要晚；遗址之上是明清时期的堆积，说明遗址的时代比明清要早。据此，我们也就可以确定遗址的相对年代介于南宋和明清之间，也就是元代。

其次是性质问题。根据《宝庆四明志》，南宋时期的罗城曾经建有十座城门，其中北面两座城门中偏西的一座名为达信门，但在南宋宝庆年间（1225—1227）已经关闭，后来不曾听说再开；偏东的一座为盐仓门，后来又相继改称下卸门、和义门，《开庆四明续志》记载："北门曰下卸，以

艚舟卸载于此命名,甚鄙,且在仓后,迁僻,今迁近东造袋局之侧,比昔疏通轩豁,乃更新扁曰和义。"《延祐四明志》记载:"和义门,城北东门,俗曰盐仓门。"结合以上诸志记载、遗址规模形制、相对年代关系,以及考古发现的区域位置与沿用至今的和义路名称,基本可以确认其为元末修筑的和义门瓮城遗址(局部)。

最后还有一个问题,和义门瓮城到底是元代重建的还是新建的呢?以前我们一直认为是元末重建的,事实是否如此呢?现在看来并不一定。理由主要有二:一、据《宝庆四明志》"盐仓门,盐入则开"和《开庆四明续志》"北门曰下卸,以艚舟卸载于此命名,甚鄙,且在仓后,迁僻,今迁近东造袋局之侧,比昔疏通轩豁,乃更新匾曰和义"这两条记录分析,元代以前的和义门只专门用于运盐,平时并不开放,同时位置也较偏僻,虽然后来迁址重建,比原来宽敞开阔一些,但仍非出入城市的主要通道,这样的一座城门是否有设或需设瓮城是值得商榷的。二、考古过程中并未发现早于元代的基址或其他相关迹象。综合以上两点,基本可以认定和义门瓮城属于元末新建而非在旧城的基础之上重建。也就是说,元代末年在重建庆元罗城时,因为直接面临战争的威胁而在和义门外补筑了瓮城以增强防御的力量。

作为元代庆元城池毁而复建的一段缩影、一件物证,和义门瓮城遗址发现后,在社会各界引起了广泛反响,无论是地方政府还是建设单位都给予了高度重视。2010年,和义门瓮城遗址被正式公布为海曙区文物保护单位。现原址保护展示于万豪大酒店门前广场(图三),供人参观游览、凭吊咏怀。

> 附记:本文部分图片采自《宁波考古六十年》,文献承蒙许超先生、张华琴女士、柯桃女士协助查阅,特此说明并致谢忱!

图三：原址保护展示的和义门瓮城遗址一角与保护标志

明清时期的宁波府城

文 林国聪

唐开元二十六年（738），析越州置明州。长庆元年（821），明州刺史韩察筑子城。唐末，明州刺史黄晟筑罗城。自此，明州内外双城格局形成，两宋沿用。南宋庆元元年（1195），曾遥领"明州观察使"的宋宁宗颁旨，改"明州"为"庆元"，并升格为"府"，明州州城成为庆元府城。元初，宁波城隳毁。后，罗城于元末至正二十年（1360）重筑。子城于至元五年（1268）重修南门城楼，而城墙再未重筑，不过子城所在位置仍是之后历代州府治所。明洪武元年（1368），朱元璋改"庆元路"为"明州府"；十四年（1381），为避国讳，取"海定则波宁"之意，改"明州府"为"宁波府"，"宁波"之名沿用至今。故，明清时期的宁波城为府城，实指宁波罗城及子城仅存的南门城楼。

由于民国时拆城造路，今宁波老城区地下残存的城墙遗迹以晚唐至宋元时期为主，明清时期宁波府城的概貌则主要通过文献勾勒再现。

一、明代宁波府城

明代，宁波罗城沿用唐宋的明州罗城，墙基位置未变，平面仍似梨形，周长亦为十八里，辟六城门，城外有濠（护城河）。

正如《成化宁波府简要志·城镇志·城池·本府城》所记：

> 周围十八里，唐末刺史黄晟所筑也。城西南皆甬水，环城为濠，东则鄞江，北则姚江，抱城至三港口合流，东入海……今府城六门，东二门：曰灵桥门，东郭，过浮橘至卖席桥；曰东渡门，东北过桃花渡关，抵白沙，为郭二，郭今名甬东隅。南曰甬水门，至甬水桥接官亭为南郭。西曰望京门，至新河桥接官亭为西郭，南至二门旁置水关。北曰永丰门，至保丰碶为北郭。上三郭皆名城西隅。东北曰和义门，抵姚江，内有盐仓，俗呼盐仓门。

又如《嘉靖宁波府志·城隍·府城》所载：

> 本府据甬水为城，南汇它泉，北源姚江，合流桃津，峙为崇筑，高二丈五尺，址广二丈二尺，面一丈五尺，周围二千二百一十六丈，延袤一十八里。辟为六门，东曰灵桥、东渡，南曰长春，西曰望春（旧名朝京，一名迎恩），北曰永丰，东北曰和义（旧名下卸，又名盐仓）。其四门可通舆马，独西、南为漕运水路，新设重门，外设吊桥。门各有楼，罗以月城，城之上有敌楼四十六，雉堞三千五百六十四，警铺六十五。外为濠，自北至西南环绕，通二千一百四十四丈，自和义抵北永丰门，通三百四十三丈，滨大江不设。

然而在明朝，倭患猖獗。宁波作为东南沿海的海防重镇，罗城及相关附属设施在明朝时屡有修缮、复建、增筑，防御功能明显加强。

明初，修缮、加高、加固罗城城墙，疏浚城濠。

《雍正宁波府志·城隍》载：

> 明洪武六年指挥冯林更新之，崇三之一，浚东南及西三面之濠。十四年指挥李芳又增葺之。

明代中期，倭寇频繁来犯，"破城邑，焚民居"。为防倭患，嘉靖三十三年（1554），宁波知府邱玭提议修城，第二年却调任衢州。幸而，张正和继任，他果断大修城墙，相继增筑重门、吊桥、月城（瓮城）、敌楼、雉堞、警铺等。城墙设施大为完善，防御功能显著提升。《嘉靖宁波府志》载："嘉靖三十五年，守张正和重建瓮门、敌台，大加缮修，郡人闻渊为之记。"

当时，郡人闻渊作《重修宁波城记》，详细记述了这次修城的情况：

> 迩来东夷扬波海上，且入内地，破城邑，焚民居，势甚猖獗。民安承平，不能荷戈逐寇于外，惟凭城固守，而城实不免渠丘之恶。于时郡守玭甫至，上其事，巡按侍御胡公宗宪暨诸藩臬司咸檄命出公帑以资其费，遂择日戒事，而以调衢州去。乃衢守张侯正和来代，即身任其烦，不释听断而日拊循役徒，俾各劝趋，因兼属贰守侯君国治董其事，又分督以五邑之令夏君儒、曹君本、萧君万斛、宋君继祖、毛君德京，各翊其下，而张侯则总其成于上，计城之周凡二千七百八十七丈，中所修者二千一百八十一丈，所造者斥堠六十有六、敌楼四十有六、马步阶七。

万历三十九年（1611），知府戴新沿月湖至长春门筑城堤。

崇祯十年至十一年（1637—1638），海道副使许豸整修罗城。

崇祯十四年（1641），海道副使王应华在罗城西城墙之上新建一座三层高的八角屋檐钟楼，取名"庆云楼"，俗称"八角楼"，与城内鼓楼遥相呼应。钟楼耸立城西，战时便于发现敌情，可兼作军事报警。后来，清《康熙鄞县志·形胜考二·庆云楼》记载如下：

> 庆云楼，在西城之第九铺，附城筑石台，建楼其上，为层者三，鸣钟于中妥神于下。明崇祯十四年，海道副使罗浮王公应华创建，以补形胜而厌劫灾。

此外，子城南门鼓楼曾于元至元五年（1268）重建，取名"明远楼"。可惜元末毁于大火。明宣德九年（1434），知府黄永鼎在唐宋旧址上重建鼓楼，于楼阁正南题名"四明伟观"，北面悬额"声闻于天"。万历十三年（1585），鼓楼倾圮欲堕，知府蔡贵易重修，改其名为"海曙楼"。

二、清代宁波府城

清代，宁波罗城整体格局未有大变，平面呈梨形，城墙的位置、轮廓沿袭前朝，仍辟六城门。正如《康熙鄞县志·经制考·城郭》所记：

> 鄞附郭于郡……其制，址广二丈二尺，高如之，面一丈五尺，周围二千七百八十七丈，延袤一十八里。辟为门六，东门二，曰灵桥、曰东渡，南曰长春，西曰望京，北曰永丰，东北曰和义，并通舆马。独西南二门为漕运水路，设水关重门，外设吊桥。门各有楼，罗以月城，城之上旧为敌楼四十六，雉堞三千五百六十四，警铺六十五。外为濠，自灵桥门外至长春门，会南塘河，经望京门，接西塘河，直抵永丰门，计二千一百四十四丈；一自灵桥门外北首，经东渡门，计四百六十五丈；其和义门抵永丰门，滨大江不设。

以上所记与《嘉靖宁波府志·城隍·府城》大同小异，进一步证实了清代宁波罗城基本沿用明代规制。

不过，经过清代的历次修缮，城墙附属设施如炮台、雉堞、窝墩、铺房、城楼、盘诘房等有增损。康熙、雍正年间纂修的《宁波府志》以及康熙、乾隆、咸丰、同治、光绪年间纂修的《鄞县县志（稿）》对宁波罗城及历

次修缮均有记载。

顺治十五年（1658），"提督田公雄科绅士富民重筑雉堞，广拓高厚两倍于旧制，又派修楼橹敌台及各门兵马司宇"（《康熙鄞县志·经制考·城郭》）。

康熙十三年（1674），"提督李公显（祖籍鄞户）之见旧里役者，广拓城上腰城，重造窝铺敌楼，每堞间遮牌，又于沿城外濠边筑备城如城之数"（《康熙鄞县志·经制考·城郭》）。

康熙十三年（1674）、二十四年（1685）、三十一年（1692），"历经文武捐修"（《雍正宁波府志·城隍·府（鄞附郭同）》）。

雍正六至九年（1728—1731），"奉旨修葺，各值省郡县城垣，宁郡城复大为缮修，楼橹、雉堞焕然一新"（《雍正宁波府志·城隍·府（鄞附郭同）》）。

乾隆三十一年（1766），"知县张又泰详请修筑城垣十九段，建楼六座"（《乾隆鄞县志·城池》）。

嘉庆二十五年（1820），"知县郭□章请帑缮修"（《光绪新修鄞县志·城池》）。

道光二十一年（1841）八月，英军攻陷宁波城。二十二年（1842）三月，宁波光复；八月，大飓隳永丰门楼。二十五年（1845），大修宁波城墙："修建城身凑长一千三百八十六丈六尺，沿城炮台二十二座，雉堞一千九百三十个，窝墩十二座，铺房三十六间，大小城楼十二座，各门盘诘房一十八间。道署档册"（《光绪新修鄞县志·城池》）。

咸丰七年（1857），"巡道段光清筹款重修（府城），八年工竣"（《光绪新修鄞县志·城池》）。

咸丰十年（1860），太平军炮轰占领宁波城。同治元年（1862），清军攻复宁波，和义门楼及东北面雉堞、窝铺等城墙设施毁于炮火。同治二年（1863），修缮毁塌城墙、城楼等。

自1862年太平军败走宁波至辛亥革命，宁波城没有经历大的战事。同时，随着火炮、枪械等新式武器在军事中的运用日渐广泛，依靠城墙守卫城市安全的时代已逐渐过去了，清政府对城墙的修葺日渐懈怠，无心亦无力修缮维护城墙。至辛亥革命前后,"宁波城墙大多荒凉剥蚀,望京一门坍塌尤盛,几乎形迹磨灭"(《申报》)。

2010年左右,宁波文史爱好者在美国国会图书馆网站上发现了《宁郡地舆图》。该图成于清代中期,详细绘制了当时宁波府的城墙、城门及城内布局(图一),生动再现了清代宁波府城的概况,现藏于美国大都会博

图一:宁郡地舆图(美国大都会博物馆藏)

物馆。

此外，耸立罗城西墙上的钟楼——庆云楼于康熙三年（1664）毁于雷电；康熙十五年（1676）重建；康熙四十四年（1705）毁于火；雍正三年（1725）重建；道光十五年（1835）又毁，四年后又建；1956年，为特大台风摧毁；1958年，最终拆除。子城南门鼓楼在清代历经数次修建，现存的楼阁式建筑为清咸丰五年（1855）由巡道段光清督建。楼顶中间方形瞭望台及警钟台是民国二十四年（1935）增筑的。

最后还需提及的是，宋元以前，宁波城东、北两面以奉化江和余姚江为天然城濠；元明以后，东面江岸淤积日益严重，城墙离奉化江越来越远，为加强防御，就在奉化江与城墙之间另凿护城河。明代《嘉靖宁波府志》所载《郡治图》以及清代《雍正宁波府志》《乾隆鄞县志》《光绪鄞县志》所载的《府治图》或《城池图》中，宁波罗城东、东南面奉化江与城墙之间均绘有城濠（护城河）（图二至五）。1998年，在东门口船场遗址考古中，发现了一段明代的护城河遗迹，河壁条石错缝收分砌筑，河面宽2.30—2.50米，河道深1.40—1.85米（图六），是迄今为止明代宁波府城及相关设施的唯一考古发现。

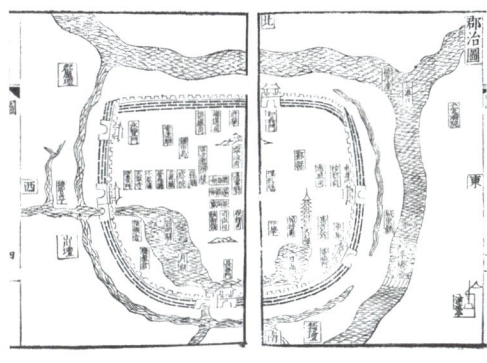

图二：郡治图（《嘉靖宁波府志》）

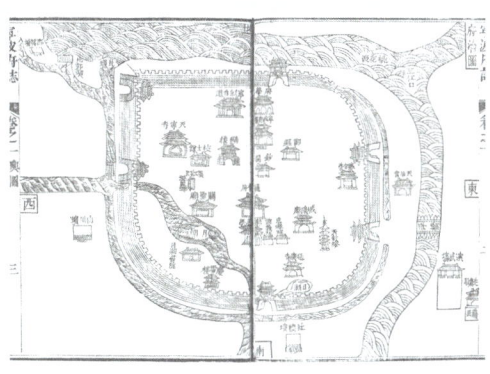

图三：府治图（《雍正宁波府志》）

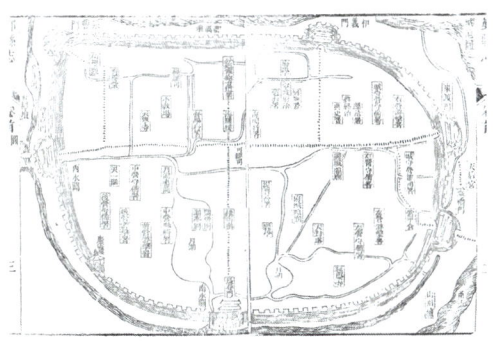

图四：城池图（《乾隆鄞县志》）

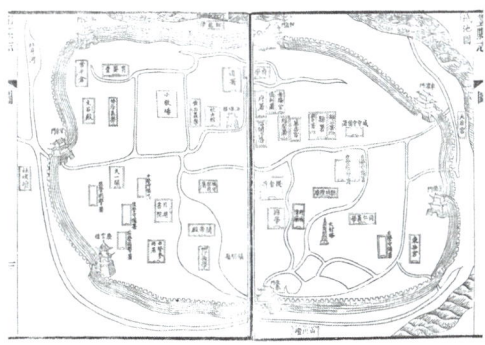

图五：城池图（《光绪鄞县志》）

图六：东门口船场遗址明代护城河平面图

甬城千年

民国时期宁波拆城始末

文 周昳恒

唐长庆元年（821），明州刺史韩察始筑子城。唐末，明州刺史黄晟征集民众修筑罗城。此后，宁波罗城虽几经兴废修葺，但都以唐代罗城为基础，其位置和整体规制基本不变。北宋时，对罗城进行了包砖和地基加固，开十座城门。元初，子城和罗城整体拆毁。元末，重建罗城，辟六城门；子城未再修。明清，宁波罗城多次增高、加固，除原有濠河，还增加了瓮城和钟楼等设施。然而，到了民国时期，城墙逐渐成为影响交通与工商业发展的阻碍。从民国十二年（1923）至民国二十年（1931），除了破旧的庆云楼和鼓楼，城垣和瓮城尽数被拆毁，而破损严重的庆云楼于1958年被强台风刮塌，后被拆除。千年古城现仅余鼓楼。

如今，宁波已无处可寻古城墙的踪迹，我们也只能从望京路等老环城路来估计原来城墙的规模与走向。那么，民国时的拆城之举，到底是历史之殇还是时代进步？现在，让我们一起梳理、追寻当年历史动荡中的"隳城之役"。

一、城墙荒芜（1861—1910）

第一次鸦片战争后，宁波被辟为通商口岸，作为首批直面西方世界的窗口，其经济和社会发展迅速。19世纪60年代，宁波港的年进出口贸易总额达到1000万余两白银。

清咸丰十年（1860），太平军李世贤部用大炮轰塌城墙攻入城内，占领宁波城，改宁波府为宁波署。同治元年（1862年）四月，英、法联军帮助清军攻复宁波。联军在舰艇炮火的掩护下对太平军发起攻击，经过五个小时的炮击，北门永丰门至东北和义门一带的城墙及城楼多处被毁。这场战役让人们认识到，在火器时代，城墙传统意义上的安全防卫价值已大为降低，因此，人们对城墙的修葺工作也日渐懈怠。史料可查的宁波最后一次大规模修葺城墙，发生在同治二年（1863），由知名绅士陈鱼门发动民众捐款，募集资金进行修缮。此后，多是局部修补，不成气候。

太平军起义后，多年未发生大的战事，城墙更失去了军事防御意义。晚清时，城内居民多在贴城马道搭建房屋。1881年，发生过铺户失火而导致城楼差点被焚的事故。1893年，根据《申报》报道，"各处栅栏并不下锁，城门亦启闭无常"而导致城内偷窃、抢劫、放火事故频发。出于对城内治安的考虑，清政府还是竭力维持城墙的基础框架。两浙提督吕道生于1905—1906年两次饬令鄞县县令和军营管带修缮坍塌的望京门及城墙。1910年前后，宁波工商界和旅沪同乡获准在东渡门城楼上办起了一座综合性的游乐场，名为"旭日东升楼"，城楼上设有酒楼、茶室、书场、舞台、弹子房、小卖部等，收费不贵，雅俗共赏。1914年，根据《申报》记载，"城墙大都荒凉剥蚀，望京一门坍塌尤盛，几乎形迹磨灭"，可见清政府已无心无力修缮维护城墙。

二、拆城动议（1911—1920）

1911年11月5日，为响应武昌起义，在北洋军阀统治下的宁波军政分府成立,然而其统治仅维持了七个月。1912年5月,宁波军政分府解散,其所属各县直隶于省。其间,1912年2月成立的宁属六邑公会代行部分政府职能,负责协调处置六邑财政、教育、实业等事务,弥补了府一级行政机构裁撤后的缺失。这一阶段的政局变换频繁,但民国政府在稳定社会秩序、收回治外法权、整顿社会风俗、建设民主政治等方面还是起到了积极作用,这为宁波经济的发展创造了良好的客观条件。

而新兴的民族资本主义商人为寻求更便利的交通、更开阔的市场,将目光投到了限制城市扩张的城墙上。1914年2月,鄞州绅商周淑旦、江明筠首次提出拆城的倡议。他们认为,宁波虽然开埠最早,城内的商务却未十分发达,其原因是城墙的阻碍,并提出如果要发展商业、便利交通,那么唯有向杭州、上海学习,拆除城墙(杭州城墙自1913年拆除,上海城墙自1912年拆除)。只是拆除所有城墙的工程过于浩大,无法一步到位,可以先拆去各城门的瓮城。但当时的省政府认为事关重大,也无法确定拆除城墙是否有益于商业,所以搁置了提议。

1914年5月,北京政府沿用清时宁绍台道政区设置会稽道,道尹公署仍驻鄞县城区。新的行政机构的设立让宁波商人看到了新的希望。1914年6月,周淑旦、江明筠等绅商再一次请宁波商会向省政府倡议拆城,并提出如果顾虑工程经费问题,可以将城墙拆卸的石料估价标卖以作补助。省政府考虑到宁波城墙确实年久失修,有些城门如望京门已经坍塌,并且瓮城之中商铺众多,一遇火警消防无法进入,对城市安全造成了隐患,所以接受了提案,交由巡按使查核。

1916年,孙中山先生到访宁波,他从东渡门瓮城进城,一路目睹了宁波古城道路狭窄、环境脏乱的状况,在之后的演讲中提出了市政建设的重要性:"市政之最要者,道路之改良、街道之清洁是也,试游上海之公共租界,其道路之宽广为何如?其街道之清洁为何如?宁波何尝不可仿此而行?"同时,孙中山也提出通过公债和调节土地税的方式将土地收归公有,然而这种做法触动了地方地主阶级的既有利益,未被采纳。

1918年,宁波东门瓮城内失火。因为瓮城内地面狭小,没法回转,救火措施效果不佳,灾后统计共焚毁包括旭日东升楼等商铺十余家,楼房二十余栋，只有护城庙独存。这场浩劫使得市民拆城之心更甚，但无奈时局动荡，1919年2月，宁属各县议会、参议会和自治联合会均被解散，宁波时政由民主共和变为军人擅政。这一变故使得拆城决议又一次向后推延。

1920年1月，鄞县西门外翔熊软席厂厂长史翔熊呈请浙江省实业厅，要求开辟城门，以便厂内女工出入。软席厂位置在西北二门外中心点对河高塘墩处，之前为便利女工入城，曾经呈请省官厅在城外铺设活动木梯，方便女工翻越城墙准时上班。后宁台镇守使王如见认为女工翻城不雅观，而且容易发生危险，就饬令增辟城门，并取名为通利门，意为便利交通。当时，因为城内河道淤塞，饮用水质量不佳，一般居民能通过新辟的城门去城外北斗河取水，所以增辟城门获得了众多市民的赞成。由此可见，城墙对当时的城内居民而言，已经成为生活与工作的阻碍。

1920年春，鄞县的有识之士提出，宁波作为一个开埠港城，市舶殷集，廛肆众多，与寻常行政区域不同，如果不设立市政枢部，就不能进一步促进商业的发展，所以呈请县、省政府成立宁波市政筹备处，计划全市市政。宁波市政筹备处的成立，标志着近代市政建设的开始，而"隳城造路之议"也正式开始提上行程。

三、拆毁经过（1921—1931）

市政筹备处成立之后，一方面，省政府迟迟不批准募集公债，因而拆城没有启动资金；另一方面，时局不靖，清乡未竣，以致拆城之议不得不暂缓，直至三年以后才正式执行。1923年，《道路月刊》刊登了拆城筑路的《通盘谋划书》，计划先拆东半城，即南门至灵桥门、灵桥门至东渡门、东渡门至咸仓门三段：先拆南门至灵桥门近灵桥门半段，再拆灵桥门至东渡门一段，次拆南门至灵桥门近南门半段，再次拆东渡门至咸仓门一段。南门至灵桥门一段城墙拆除后，须先将靠近东岳宫一段接做大阴沟，通入下江，以拆卸之泥土填江（自老浮桥至新浮桥沿江一带）、填濠河（灵桥门起至南门外永宁桥）、填附城河（自小江桥至企桥头），及填钉打桥南至莲花棚庙、药行街后河止等处。填平之地除开辟马路、支路及公众使用，余地估价标卖；城墙拆除后，所有城基除耳城标卖，均供筑环城马路之用；环城马路路面及阴沟，均以城石为之，最狭须有二丈（约6.67米）；北马道已标卖者，暂不收回，或以地与之交换，唯过于弯曲及有碍路线之房屋，应设法牵直，或购入拆除。第二期后期拆西半城，西半城有咸苍门至北门一段，北门至西门、西门至南门二段：先拆咸仓门至北门一段，次拆北门至西门一段，再次拆西门至南门一段。城墙拆除后，须先在通利门城根开凿河道，以通北斗河；又于马眼漕城根开凿河道，与城外河道通；南、西二门水门旧址上，新建桥梁各一座；城墙拆除后，所有城基，除耳城标卖，均供筑造环城马路之用，修筑南高塘。

但实际施工中，施工顺序等与计划大有不同。1923年，首先拆除的是六大城门的瓮城，改筑市内东南西北四大马路干线。城西效实学校提请校舍逼近城墙，不能扩充，省政府商准筹备处毁西城墙一段，在城外临河另辟大操场。

同时，市政筹备处也积极开展经费筹集。1924年1月，市政筹备处以城垣旷地填濠基地为保证，发行50万银圆公债，时会稽道尹饬命鄞县知事对公债担保品的价值进行核查。同年，灵桥、东渡两城门拆除。1924年6月，市政筹备处以东门耳城基地作为担保品向外借债，月利定一分，并决定等道路竣工后以灵桥门耳城基地变卖还债，该基地当时价值约3—4万银圆。标卖耳城余地的款项，除城墙拆除经费，大部分用于修筑市内四大马路干线。

拆城的过程也有波折。1924年12月，灵桥门耳城内的所有市屋因火灾焚毁，市政筹备处计划趁此收回地基，并拆卸耳城，所以函请警厅饬令店主迟缓建造，但甬总商会认为这个决定让商业大受影响，因此函请警厅取消前令。随后警厅迫于压力收回前令，准许遭火店铺暂搭棚屋，维持营业现状。这一系列事件充分说明当时市政筹备处推行拆城政策遭遇了当地势力的抵抗。

1925年2月，华美医院函请市政筹备处，希望购买北门耳城基地。同时，市政筹备处决定标卖灵桥门耳城基地，定价为甬洋6万元，并决议招标建设灵桥门一段道路。

同年，市政筹备处发布了《宁波工程计划书》，其中对城市道路干线、跨江桥梁、市政设施等方面作出规划。如规划城区四大干路、两条支路，以城墙拆除后的城基为路面建设环城马路。又如建设三座跨江浮桥、模范公园和市政公用设施，如小菜场、消防局、自流井、运动场、大会堂、图书馆等。这是宁波历史上第一份详细的现代市政规划，为宁波之后的市政建设奠定了良好的基础。

1926年7月，华美医院通过募捐筹齐款项，计划建设新院，而新院地点正好在北门城墙内，因此院方申请将这段城门拆去，改建马路，以利交通。市政筹备处随即通过了该申请。同年8月，筹备处计划建设东西干路和汕厦支路，需要经费预算6万元，而款项则由处分各门瓮城官基城基、标卖城基而得。

1927年2月，北伐军攻克浙江，宁波市政筹备处变为宁波临时市政府，由当时军政人员及少数地方人士组成。3月，国民党浙江临时政务委员会撤销会稽道。5月，浙江政治分会正式呈请南京政治会议批准设立宁波市政府。6月，颁发了《宁波市暂行条例（草案）》。7月1日，宁波市政府正式成立。宁波市政府成立后，实施了一系列如户口调查、市区实测、河港浚填、移风改俗等良政，对市政建设的发展促进良多，特别是市长罗惠侨提出的以拆城所得来填补市行政经费，同时在城墙基础上建筑环城马路以行驶汽车的建议，成为大规模拆除城墙的号角。但是，这届政府因性质和时代的局限，对发展工农业和改善居民生活的问题关心不足，又因为囿于经费，很多措施未能按计划推行。

宁波市政府对于城墙拆卸工程依旧采取民间招标的形式，允许私人在有担保人及一部分资金抵押的情况下，承包一部分城墙或单个瓮城的拆除工程。虽然贩卖拆除后的城砖、条石和夯土等建筑材料是一笔不菲的收入，但是这种"包干"情况也出现了一些问题，如1927年《宁波市政月刊》刊录了宁波市政府对于工匠徐书贤请求发还拆卸东门耳城的工价及证书的批复。徐此前承包了拆卸东门耳城的工程，但工程进行期间，其担保人称，此人承揽之后无力垫款，已潜逃。对其突然出现并要求继续承包的行为，市政府要求相关部门进行查核。

而对于城墙拆除后的城基，市政府于1928年采取了统一收购、统一规划、分段分片承包的做法，这算是民国时期的"房地产开发"。如原承包西门瓮城基地的承租人陈宝珊无力缴价，市政府修改了规划，半价将西门瓮城基地收回，改建菜市场。又如1928年5月，市政府布告说明各城门瓮城基地按照房租计算，由原承租人补偿半价给照承买外，其并无租金的空屋和自住的房屋基地价值应以该处房屋总租金平均数依年息计算，责令原承租人补缴半价给照承买。不同城基则按照市价额定了不同的租金，统一定价，结束了之前承包产生的各种乱象。

1929年4月，东门至灵桥门一带城墙全部拆除完毕，市政府将这一带城基及马道分为七段，各段按照位置良莠各标价出卖。

有趣的是，民国时期的房地产开发也有"钉子户"及"房闹"现象，如1929年《宁波市政月刊》记载，在环城路规划线路外的商铺德宰记称，店铺受到政府工程局人员威吓，并有诸如河工一类的人员对楼房内的住户进行了威胁，他们要求市政府另拨城基或原地赔偿损失。

1930年，城墙除盐仓门一段，均已拆除，并且筑成了环城马路。

1931年1月，浙江省政府以宁波税额不足、民心相悖、财政收支不抵为由，裁撤宁波市，并归于鄞县县政府。在撤市之前，有着1000余年历史的宁波古城墙，除破旧的庆云楼和鼓楼，已被全部拆除。

自此，轰轰烈烈的拆城运动拉下帷幕，正如《鄞县通志》中的感叹："迄市政府撤废止，为时不过三年，而三江口千余年雄城已成废迹。"

四、城砖去向

宁波古城墙拆毁后，千年城墙也并非就此消逝无踪。当时为作纪念，将六座城门的名称用作环城马路的名称以传后世，分别为灵桥路、长春路、望京路、永丰路、和义路和东渡路。另外，从古城墙上拆除下来的大量城砖和石料，均为优良的建筑材料，部分用于城乡居民的房屋建造，如江北槐树路就发现有青砖砌成的老式楼房，砖断面有铭文"道光廿五年鄞县城砖""宁府城砖""宁波府长城砖"等。此外，当时标卖的城砖也用于城乡公共设施建设，如马路、街巷、桥梁及公园，以及华美医院（现宁波市第二医院）。

在拆除城墙的过程中，不少珍贵的城砖被宁波的有识之士收集，收集人中有曾任北京大学教授的鄞县人马廉。他将自己的搜访过程详细记录在了《鄞古砖目》自序中：

> 发现大批六朝古砖。宁波自清道光间，吕尧仙、冯登府辈有古砖的零星发见，吕著《百砖考》，冯著《浙江砖录》，均有详细的记载。但当时都是仅在败垣颓壁里偶得一二，即视为瑰宝，迥不若此次的整批出现为可贵也。盖此项古砖是埋没在旧城垣中的，民国十七年（1928），宁波开始拆城，三四年间，乡人并未注意这一点，以致有许多很宝贵的砖石，被那无知工人作为三合土的原料及新建筑的墙基了。这次我回去的时候，其实已经是拆城的尾声了，但是偶然在那不甚冲要的地点，见那拆而未平的旧城址，顺去随便翻翻，就有意外的收获。于是不断地有一年以上的功夫，居然积至二千余枚。现在拟编一《鄞古砖目》，尚未脱稿。

1933—1935年，天一阁重修，马廉将所藏古砖全部捐给天一阁，天一阁特辟一室陈列，命为"千晋斋"。

近90年过去了，触摸过宁波古城墙的人已屈指可数，一些近百岁的老人或许还依稀记得年幼时在古城墙上放风筝的场景。但宁波古城墙的烙印却深深地刻在城市各处，像地铁站名"东门口""西门口"，又如环城路名"望京路""和义路"等。宁波的文物工作者也孜孜不倦地通过考古研究、遗产保护、档案复原等方式，重现宁波古城墙的历史。

有形的古城墙虽然早已消逝，但是无形的城市文化遗产，还在一代代宁波人的心中闪耀着……

宁波鼓楼：千年丽谯今犹在

文 蒋璐

"谯楼鼓角晓连营"是元代诗人陈孚的诗句，生动凝练地体现了鼓楼在我国历史上的重要作用。晨钟暮鼓，古时的鼓楼设有报时的刻漏和更鼓。日常击鼓报时，战时侦察瞭望，担负保城池、抵外侮的使命。

唐长庆元年（821），明州刺史韩察筑子城。"元初，隳天下城池"，宁波子城隳毁后未再重修，仅存南门城楼。之后历代对南门城楼均有所修缮；今宁波人俗称其为"鼓楼"，即海曙楼，也叫谯楼，位于今海曙区鼓楼公园路历史文化街区，东临永丰库遗址，南为中山路，西面和北面与鼓楼步行街相接，于2011年被公布为浙江省省级文物保护单位（图一）。

图一：宁波鼓楼（作者摄）

鼓楼是宁波建城史上正式设州置、立城市的标志。浩浩三江口，江水如城市的血液奔腾不息，滋养了甬城人杰地灵的千年文明。巍巍古城墙，城楼屡毁屡建，屹立不倒，如定海神针坐落在老城核心区，诉说着浙东港城的千年风骨。

一、建筑形制

唐宋以来，宁波鼓楼几经毁建。现存鼓楼为清咸丰五年（1855）由巡道段光清督建，坐北朝南，北偏东14度，由城墙、楼阁和警钟台三部分组成，总高约27.54米，总占地面积893平方米，总建筑面积1408平方米（图二）。

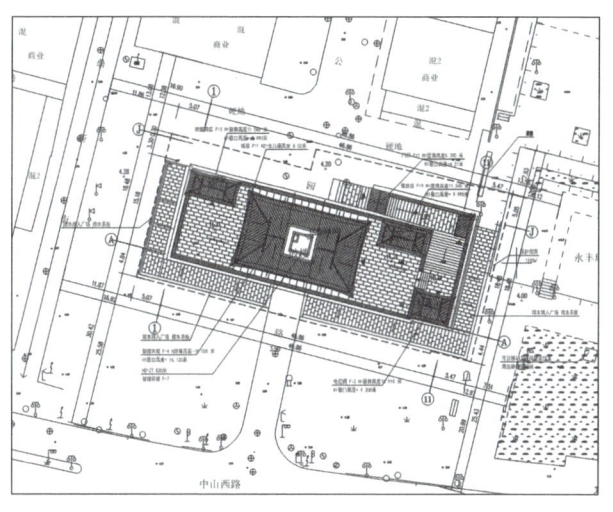

图二：宁波鼓楼平面图（采自《宁波鼓楼保护修缮工程》）

宁波鼓楼虽屡毁屡建，但城墙和楼阁一直依循传统的中式营造手法。民国时，新增的西式警钟台破顶而出，使宁波鼓楼既继承了中国城楼传统，又巧妙移植了西方建筑元素。

1. 城墙

明代，随着国势发达与经济繁荣，朝廷对各地城墙外皮进行包砖处理。

一般而言，砖砌城墙的基座都用石条砌筑，石条高度1—2米不等，石条之上再砌砖墙墙体，砌到一定高度再做垛口、枪眼。鼓楼城墙也不例外，城墙基部2.20米以下为石砌基座，东西长49.40米，南北深20.30米，高8.63米。墙基2.20米以上为砖砌，砌筑时逐渐向内收分成侧脚，这是中国古代人民从修建土城墙时期就开始的做法。鼓楼城墙四角及拱形门也是石砌（图三）。

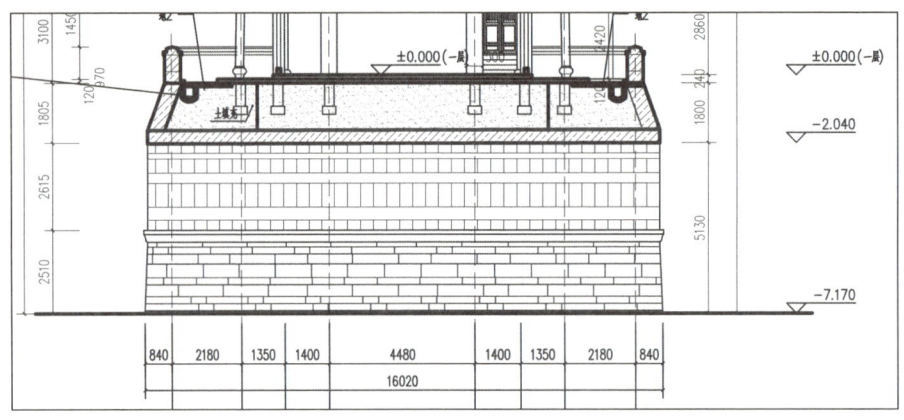

图三：宁波鼓楼城墙细节图（采自《宁波鼓楼保护修缮工程》）

鼓楼正中为拱券门，即半圆形门洞，这是我国古代城墙门洞的典型形象，其源头或可追溯到秦汉时期房屋与墓葬的样式，不过从元代开始才大量用于城门上。早期的城门洞口一般用砖土结合的方式做成方形或者圭角形。木梁支承洞口上部城楼，即在砖墙基础之上平铺成排圆木，再往上砌砖，上部建城楼。此种构造形式下的木梁与砖搭接之处易腐烂，所以在梁的端部贴近城墙洞口处加入一排木柱支承，木柱柱头上再搭接木梁，梁面贴于排梁底面，这就增强了其承压能力。唐宋时，这种做法十分普遍。到了元代，随着砌砖技术的进一步发展，城门洞口的木梁、排梁被取消，拱券门全部改用砖石砌筑。墙体与拱券门洞口上的顶砖连成一体，形成砖梁，这样既坚固稳定又持久耐用，所以拱券门建造法广为流传。明清时，城门建造也沿用拱券门的形式，宁波鼓楼亦为此形制。

鼓楼拱券门洞深16米，宽5.30米。城墙外侧原筑有雉堞（又称垛墙），上有垛口,可射箭和瞭望;内侧矮墙称为女墙,以防兵士往来行走时跌下。现城墙顶为砖砌墙,墙高 1.15 米,厚 0.60 米。东北设有东西走向的踏道,长 19.61 米,宽 3.70 米。道口设有一石库门厅,门前分两层,各 4 级台阶,门后上 15 级台阶后,经休息平台转向南,再上是宽为 5.10 米的 16 级台阶,又经平台转向西再上 5 级台阶,便可抵达鼓楼城墙,城墙上地面用石板铺砌。

2. 楼阁

宁波鼓楼城墙顶部建有三层楼阁式木构建筑,重檐歇山顶。一层南北五开间,通面宽 18.36 米;东西三间,通进深 9.98 米。一层墙体后退 1 米,形成四面檐廊。

廊柱为方石柱,微有侧脚,柱下有方形花篮式柱础,柱上设虾背梁(又称猫弓背梁),梁尾直接插入廊墙内(图四)。同样用于承托屋檐,相比斗栱,此种构建结构简洁高效,多见于宁波地区的明清建筑,这从一个侧面反映了宁波工匠求真务实的营造风格。

檐廊地面为块石错缝铺砌。一层檐廊内墙厚 0.35 米,墙体四面明间均设有木门,次间、稍间设木窗。

楼阁内地面为用 0.60—0.80 米的块石错缝铺砌。室内西北角设有转角木楼梯上达二层或三层。楼阁次间、稍间为木结构,三层可见木梁架,四柱七檩,抬梁造,符合城门楼官式建筑的营造标准。南北两间进深为 1.40 米,中间抬梁 4.48 米。明间 4.48 米处为混凝土方塔楼,四根方形砖柱用于支撑上部结构,砖柱上设混凝土梁架,承托顶部瞭望台。次间构造砖木结合,木檩条直接插入混凝土砖墙内,南北木廊后椽也直接插入混凝土砖墙内。

楼阁外立面均为红色油漆木板壁与黄色粉刷墙面。二层和三层东、南、北侧墙

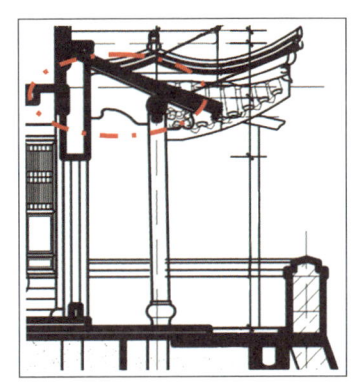

图四:宁波鼓楼细节图——虾背梁(改绘自《宁波鼓楼保护修缮工程》)

面设木窗,西侧未开窗。楼阁第二层南侧檐柱下挂有红底金字牌匾"鼓楼",为甬城书法家周律之所书;北侧挂有横匾"明远楼";三层南侧檐下挂有黑底金字横匾"四明伟观",为甬籍著名书法家沙孟海所书;北侧挂有横匾"节闻于天"。

3. 警钟台

民国二十四年(1935),经当地人士提议,在阁楼明间添建了砖混结构的正方形瞭望台及警钟台,从而在三层木制楼阁上增加四至六层的砖混结构。四层砖混结构插入三层木屋面,形成方形房间;五层为四面通透的挂钟层;六层设置标准钟(时称"自鸣钟")一座,四面如一,既能报时,亦可报火警(图五)。

警钟台矗立在鼓楼楼阁明间,高出屋脊8.50米。四层东西净宽4.94米,南北净深5.12米;南北各开三扇木窗,窗框外装饰有白色砖雕线脚,中间窗洞上可见拱券装饰构造;外立面为白色与红色砖墙装饰,角柱为水泥原色。如此一来,在样式上有西方哥特建筑风格,在比例上兼顾与中式阁楼

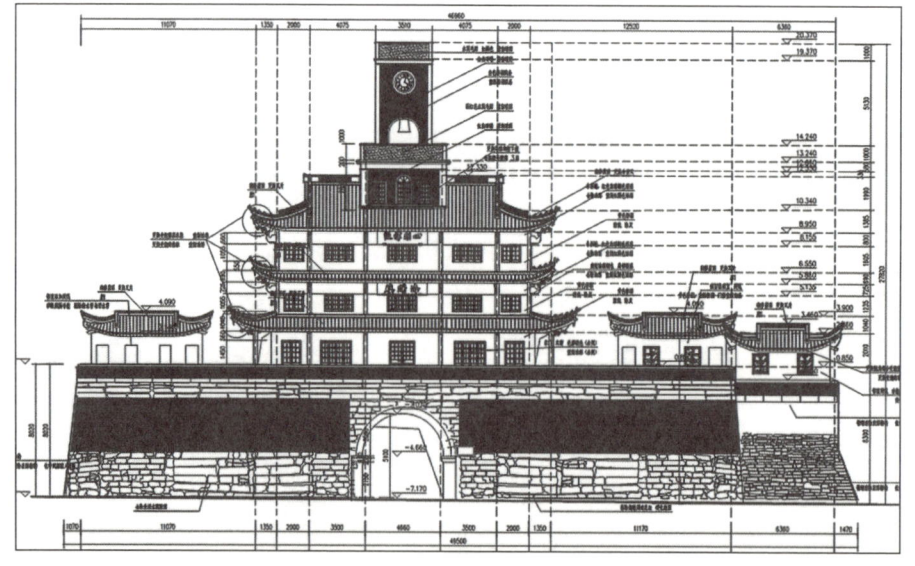

图五:宁波鼓楼南立面图(采自《宁波鼓楼保护修缮工程》)

的协调，并在外立面色彩上有所呼应，整体建筑风格中西结合又不显突兀。

四层西侧设木楼梯可上至五层室外。五层警钟台墙体后退台基1米，形成环绕外廊。警钟台，平面为净宽3.10米的正方形，总高7.13米。五层层高为3.09米，四面拱券透空，拱券边装饰水泥线脚，外为白色与红色砖装饰墙，墙内为白色粉刷，钟楼悬挂于砼梁之上。第六层高3.04米，为四面时钟设备层，四面墙壁上有直径为1.22米的圆形塔钟。七层为警钟台屋顶平台层，平台四周有高0.90米的女墙。

二、价值地位

"国之大事，在祀与戎"（《左传·成公十三年》）。钟鼓之乐是国家繁荣昌盛的象征。钟、鼓的权力象征意义在先秦时期被确立之后，在文化发展过程中一直被承袭下来，并为历代统治者沿用。北京亦把象征皇权至上、一统江山的钟鼓楼建在北京城中轴线上，并将之作为中轴线的北终结点，这是中国都城规划建设史上的一大创举，这条中轴线也是世界都市中最伟大的中轴线之一。由此可见，钟鼓楼在古代中国城市规划中的重要地位与象征意义。

宁波鼓楼从实用主义出发，采用中西结合的建筑形制，实属罕见，生动展现了近代以来城楼功能的变化、营造技术的革新和中西文化的交融，具有不可多得的历史、科学和艺术价值。

1. 历史价值

宁波鼓楼，虽屡建屡废，毁建交替，几度易名，历尽兴衰，最初的模样早已难在故纸堆中觅得踪迹，但作为老城区唯一幸存的城楼，它的存在不仅客观真实地记录了宁波千年城市文明发展的进程，还能使我们从中获得更多历史、政治、城防、古建筑营建等方面的知识和经验。

近代以来，宁波作为我国最早的通商口岸城市之一，中西方文化在不断的碰撞中交融，传统建筑形制逐渐朝折中主义的多样化发展，中西合璧的宁波鼓楼正是这一现象的生动体现。

"纸上得来终觉浅",正是因为有了千年鼓楼这实实在在的一砖一瓦、一梁一柱,建筑学家和历史学家在考证研究宁波老城历史的时候,不必凭空假想,通过鼓楼的建筑实体,结合史料典籍,便能帮助我们串联起这些记忆片段,形成立体的历史画卷。

2. 科学价值

鼓楼,犹如活化石,无声而忠实地承载着其设计理念、建筑风格、用材选择、营造技术等诸多方面的信息。

现存宁波鼓楼为清代晚期建造,具有明显的时代特征和浓郁的地方风格,城墙由块石与青砖交替砌筑,块石砌筑平整、砖体砌筑密实,其建筑工艺精良、用材考究,代表了清代晚期地方城市防御建筑的设计水平和施工技艺,是研究清末城墙类古建筑的鲜活实例(图六)。

图六:宁波鼓楼顶部自鸣钟(采自《宁波鼓楼保护修缮工程》)

3. 艺术价值

建筑是文化艺术的产物,具有时代性和民族性。

宁波鼓楼中西合璧,庄重大气,造型古朴,比例和谐;混凝土正方形瞭望台及警钟台造型简洁;砖墙色彩、装饰线脚带有明显的民国时期的西式建筑特色,破顶而出的警钟台彰显了港城宁波不破不立的创新之力。

若说建筑是凝固的音乐，那么宁波鼓楼则将甬城的千年历史吟唱得委婉动听又铿锵有力。

三、保护利用

"保护为主、抢救第一、合理利用、加强管理"是文物保护工作的指导方针。作为一种艺术，文物建筑凝结了建造维护时的人力、物力，并在岁月长河的大浪淘沙中沉淀了独特的文化艺术价值。如何在新时代有效保护、合理利用这些珍贵的建筑文化遗产，是文物工作者乃至全社会不断探究的重要课题。

新中国成立后，宁波鼓楼有过多次修缮，最近一次修缮于 2017 年竣工。此次修缮内容主要包括城墙墙体、木楼阁、警钟台楼的维修与防水，城楼本体与保护范围内的环境整理，灯光改造以及内部展陈场地的布置装修等。历次修缮都坚持如下若干原则，比如：不改变文物原状原则；最少干预原则；可识别性原则；可逆性原则；坚持原材料、原尺寸、原工艺原则；保护文物环境原则以及合理利用原则等。

大修之后，鼓楼内部新设立了宁波城市发展史陈列馆，向市民、游客全面介绍宁波城市形成、变迁、发展的过程。此外，鼓楼还成为宁波市文化活动中心地之一，经常举办各种书画、摄影、文物精品展览与交流等活动，鼓楼建筑从学术研究、艺术品创作展览、公共文化服务交流及参观游览等方面被活化利用，这一城市老地标在新时代履行着自己的新使命。保护鼓楼建筑，读懂鼓楼精神，是时代赋予每一位宁波人的责任。

每当鼓楼的钟声鸣响，每当我们踏上城楼，俯瞰不远处滚滚的车流，当耳边猛烈或轻柔的风中已不再有金戈铁马的铿锵之声，此刻，古老的甬城却穿越千年时空与我们交会，和鼓楼一起展望这片沃土的下一个千年。

甬城千年

回望千年：明州罗城（望京门段）遗址

文 林国聪

2016年8月至2017年6月，为配合宁波市中山路综合整治工程9#地块（位于海曙区中山西路以北、中宪巷以南、望京路以东、效实巷以西）建设，宁波市文物考古研究所联合厦门大学历史系开展了抢救性考古，在该地块西部发现了一处唐末至民国时期的城墙遗址。

遗址为明州罗城之西门望京门（曾称朝京门、迎恩门）（图一）北侧的一段城墙基址，南

图一：明州罗城及望京门位置示意

北走向，北偏东15度，距地表深约0.5米，长达79米，面宽约9.6—11米，底宽约13.7—24米，残高约0.8—1.15米，由夯土墙、包砖墙、包石墙等主体部分以及铺垫层、护坡、水沟等附属设施组成（图二），筑城方

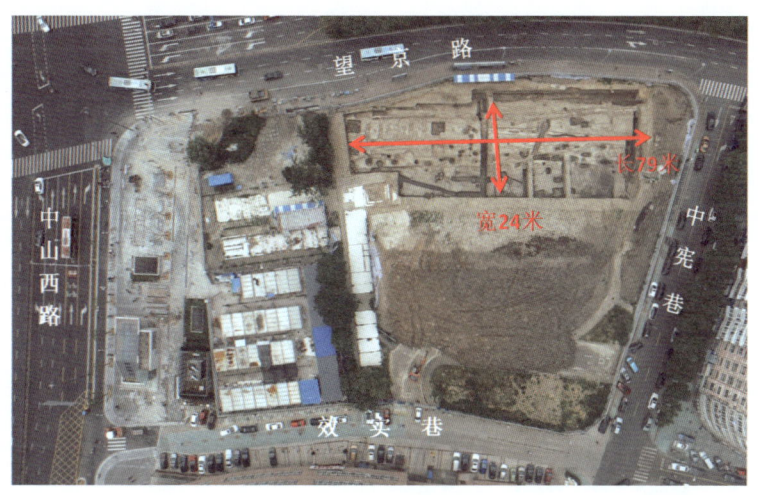

图二：明州罗城（望京门段）遗址位置与规模

法与宋代《营造法式》相关记载相符。此外，还清理出三国、两晋至晚清、民国时期的水井7口、建筑基址8座、墓葬10座、灰坑35个、灰沟8条、水池3口；出土文物标本数以千计，其中完整及可复原器物达1900余件（套），主要为越窑、龙泉窑、景德镇窑、闽清义窑、福清东张窑等全国各地窑口出产的精美瓷器及其他遗物。

为了解明州罗城（望京门段）遗址的历史沿革、内部结构、筑城方法、建造工艺等，考古工作者还在城墙遗址的北部和中部各挑选清理了一条与墙体垂直的东西向解剖沟，层层叠叠的地层堆积与密密麻麻的文物遗迹生动再现了宁波罗城自唐末始建以来1000多年的兴废更替与盛衰荣辱。

一、唐末：奠基创建

北部解剖沟表明：明州罗城城墙（望京门段）遗址叠压于三国两晋地

层之上,始建于唐末;建城时,在地基较软的区域先开挖深约50厘米的基槽,填土夯实夯平后,再铺垫稻草等植物根茎,然后逐层夯土起城墙(图三)。

中部解剖沟显示:城墙始建于唐末,外侧墙基叠压于东汉六朝地层之上,内侧墙基起筑于唐代活动面;不过,地基并没有挖基槽,而是先平整土地,再铺垫一层厚8—30厘米的瓦砾,然后起夯土城墙(图四)。

1973年,宁波市区和义路发现的唐末城墙基础下有密集尖头木桩,其上夯筑土墙。1993年,宁波市区东渡路发掘的罗城城墙起筑于唐代活动面,其下也有木桩。1995年,考古发现的市舶务门北段唐代城墙直接修筑于唐代地坪之上;而本次望京门北侧发现的唐末罗城墙基则是挖基槽夯实墙基,或铺垫瓦砾层作墙基。这些发现说明唐末时明州已构筑罗城,且对墙基的处理能够因地制宜。

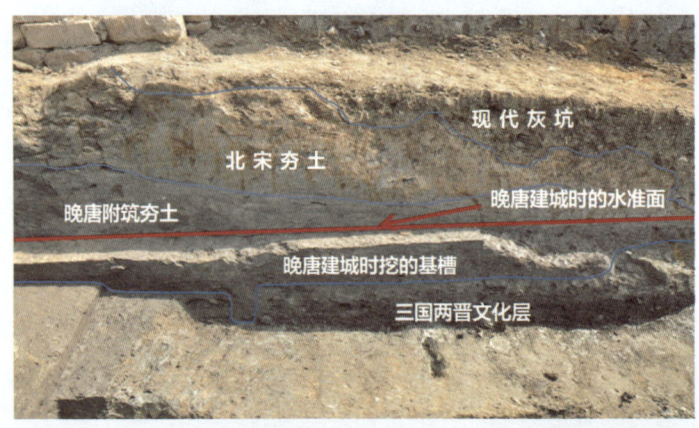

图三:北部解剖沟唐末城墙始筑基槽及地层叠压关系

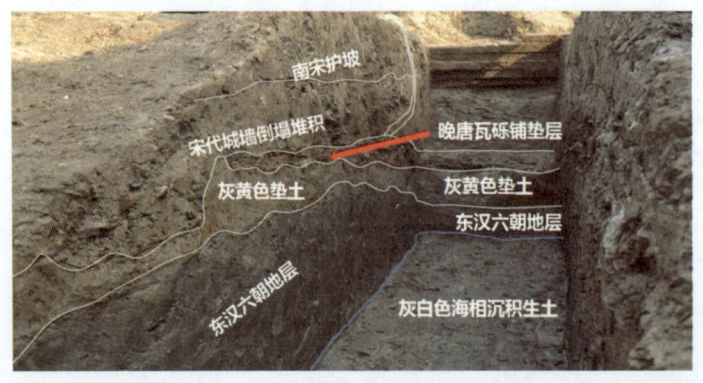

图四:中部解剖沟唐末始筑墙基处理方式与地层叠压关系

唐末奠基创建的夯土城墙由外侧的主体夯墙和内侧的附筑夯墙组成（图五），主体夯土墙宽约6.7米，附筑夯土墙宽约7.8米，两者之间可见用于版筑或加固夯土墙体的木桩。夯层厚15—25厘米，灰黑色黏土，土质致密。夯窝明显，直径5—10厘米，深6—8厘米。

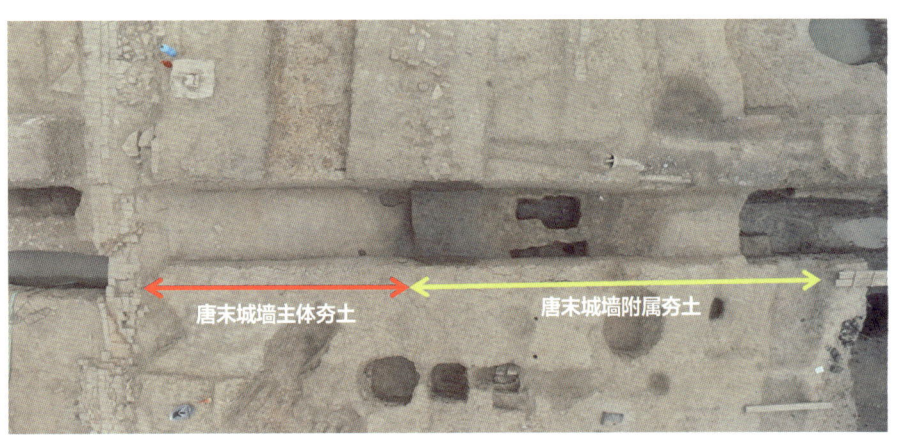

图五：唐末主体及附属夯土墙遗迹

从考古层位关系与出土遗物看，明州罗城奠基创建于唐末无疑，但具体始建年代文献记载不一：一说是明州刺史黄晟于景福二年（893）所筑；一说是黄晟于乾宁五年（898）所筑；一说罗城在黄晟筑城之前已存，黄晟只是在原有基础上增筑砖石。

二、两宋：修缮完备

北宋早中期，在唐末至五代的城墙基础之上，将夯土城墙不断加高，夯层厚15—25厘米，土质致密，为灰褐色黏土，其中夹杂一定数量的宋代陶片、瓦片、青瓷片、碎砖。夯窝直径5—12厘米，深4—8厘米。

至迟于北宋中期，在夯土城墙内外两侧挖基槽、砌包砖（图六）。包砖为条砖顺、丁错缝平砌，近夯土一侧往往填以碎砖，局部包砖外侧边沿有一排木桩柱洞，应为后期修葺加固城墙所遗（图七）。包砖规格有四种，以40厘米×17厘米×7.5厘米为多，可见"官""吉""陈""王""李政""瑞

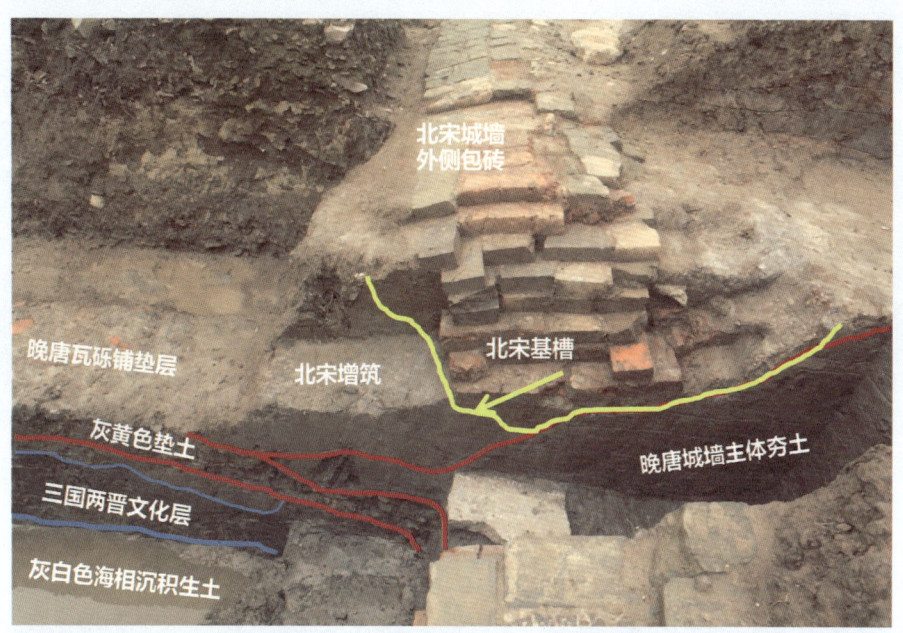

图六：北宋城墙挖基槽、砌包砖

图七：北宋包砖墙及外侧的一排木桩柱洞

安县""秀州""剡县""张惠且"等砖文,涉及姓氏、人名、地名等信息。此外,还发现大量趄砖,如"张惠且""孙且""张且""范且""章且""丁且"等。这些趄砖内侧较薄,外侧较厚,应当砌于包砖墙外侧,如此包砖墙逐渐向内倾斜、向上收分,使得城墙横断面呈梯形,结构稳定牢靠。元代《延祐四明志》载,北宋元丰元年(1078),知州曾巩受宋神宗之诏,发兵民重修明州罗城。本次发现的北宋中期城墙遗迹疑为曾巩受诏修城所遗。

北宋绍圣四年(1097),著名建筑学家李诫(1035—1110)受诏编修《营造法式》。崇宁二年(1103),此书终于编成,刊行全国。这是中国第一本详细论述古代建筑设计、施工规范的著作,流传至今,影响深远。据《营造法式》载:

> 城壁所用走趄砖,长一尺二寸(40厘米),面广五寸五分(约18.33厘米),底广六寸(20厘米),厚二寸(约6.67厘米)。趄条砖面长一尺一寸五分(约38.3厘米),底长一尺二寸(40厘米),广六寸(20厘米),厚二寸(约6.67厘米)。牛头砖长一尺三寸(约43.33厘米),广六寸五分(约21.67厘米),一壁厚二寸五分(约8.33厘米),一壁厚二寸二分(约7.33厘米)。

明州罗城(望京门段)遗址发现的趄砖若确为"唐宋八大家"之一的曾巩受诏修城所遗,那么便早于《营造法式》的编修,可谓为后来北宋建筑学经典著作《营造法式》提供了实践案例与书写依据。南宋以后,城墙砖的砌法基本改为露龈造。

靖康之变后,南宋定都临安,宁波成为京畿要地和外贸重镇,地位愈发重要。宁波府罗城得以不断修缮、日渐完备,有史可查者至少有两次,在宝庆二年至三年(1226—1227)、宝祐四年至开庆元年(1256—1259),知府胡榘、吴潜都曾先后大修过宁波城墙。

考古显示,望京门段南宋城墙外侧加筑有护坡、坡底柱洞等附属设施(图八),南宋护坡修筑于宋代倒塌堆积之上,厚5—40厘米,宽4.5米,护坡边沿有两排加固城墙的木桩柱洞,孔径10—25厘米。城墙内侧修有

图八：两宋城墙外侧遗迹

慢道、水沟等附属设施。

至此，明州罗城望京门北侧城墙在唐末五代单一的夯土城墙的基础上先后增筑了包砖、护坡、慢道、水沟、排桩等设施，也反映了明州城地位的日趋上升。南宋庆元元年（1195），"明州"改称"庆元"，并升格为府。

三、元代：毁而复建

元初，蒙古族统治者为防止汉人反抗，诏令隳天下城池，宁波的子城和罗城也不例外，双双被毁。厥后，"民居侵蚀，夷为坦途"（元代《至正四明续志》），"故城久废，室其址者数百家"（元代刘基《庆元路新城碑》）。本次考古发现的遗留在元代城墙之上的多处房址、灰坑、水井、水池等生活遗迹就是明证。

历史的车轮滚滚前行，到了元至正八年（1348），台州黄岩人方国珍在黄岩兴兵反元，攻掠浙东各地。至正十二年（1352），新任浙东道宣慰司都元帅纳麟哈剌为防方国珍来犯，将居住在城址上的居民迁到官地，在故城旧址之上包石复筑庆元路罗城。

时任浙东元帅府都事的刘基（字伯温，浙江青田人，明朝开国元勋）奔赴庆元路参与战事，力主加固城池，整备战具。后来，刘基撰《复筑庆元城记》，记载了这次复建罗城的基本情况：

> 凡六月而城成。周十有八里，高丈有八尺，上环列睥睨机、弓弩、炮石，建楯戟，罗戈槊。旁开六门，门有楼，周庐百九十有二间，戍卒昼夜严警不息。西南二方，旧各有水门，皆致而新之；东门去江远，则凿其外为隍；北门因江为隍，则筑堤以捍之。凡所设施，罔不中度。

本次考古发现的元末望京门北侧罗城便是在宋代故城旧址之上的包石加筑。城墙外侧包石大多叠压在宋代包砖之上，多以较规整的大石块砌筑，包砖因受包石重压而向外鼓出。内侧包石墙较宋代包砖墙内缩约2米，在宋夯土墙上挖基槽，碎石铺垫平整后，以大小不一的不规则石块起砌包石墙。夯土墙芯为灰褐色黏土，土质疏松，未发现明显夯窝，部分区域夹杂大量元代的生活垃圾、贝壳、瓷器等。

1993年发掘的东渡路城墙遗址中，元末包石城墙底部也铺有碎石。1995年发现的元代市舶务门北段城墙也是在宋代城基之上填以大量碎石块，再堆砌长条石与石块。2003年，在和义路解放桥旁发现的元代和义门瓮城城址，经研究确定为元末纳麟哈剌新筑，所用石材大小不一，甚至有牌坊的石柱子。

以上考古发现都证实：元末迫于军事压力仓促重修庆元路罗城，短时间内搜罗四方石材，筑城石材大小不一，砌法较为粗糙，望京门北段内侧城墙较唐宋时期内缩2米左右，并于和义门外增筑了石瓮城以加强防御。

四、明清：沿用修葺

由于民国时宁波拆城修路，今地下残存的宁波城墙遗迹主要是唐末至宋元时期所筑，明清城墙遗迹已难觅影踪。可喜的是，在本次望京门段城墙遗址外侧的西北角发现了一道明清时期的包石墙，宽约 0.46 米，是在元代包石墙之上加筑规整的条石。除此之外，明代宁波罗城设施仅在 1998 年东门口船场遗址发掘时，发现了一段东西向的护城河，宽 2.30—2.50 米，深 1.40—1.85 米，河壁用条石错缝收分砌筑。

根据文献记载，明清时期宁波罗城基本沿用元末城墙，整体格局未有大变，平面仍似梨形，城墙的位置、周长、规制等沿袭前朝，仍辟六城门。不过，由于城墙防御功能的需要，特别是明代频繁的倭寇侵扰，宁波罗城在明清时期，尤其是同治二年（1863）之前，局部多有修缮补葺。

明洪武五年至七年（1372—1374），指挥冯林修缮、加高罗城城墙，疏浚罗城城壕；十四年（1381），指挥李芳整修罗城。嘉靖三十四至三十五年（1555—1556），知府张正和修缮旧城，增筑重门、吊桥、月城（瓮城）、敌楼、雉堞、警铺等。万历三十九年（1611），知府戴新沿月湖至长春门筑城堤。崇祯十年至十一年（1637—1638），海道副使许豸重修罗城；十四年（1641），海道副使王应华新建庆云楼。

清代先后于顺治十五年（1658），康熙十三年（1674）、二十四年（1685）、三十一年（1692），雍正六年至九年（1728—1731），乾隆三十一年（1766），嘉庆二十五年（1820），道光二十一年（1841）、二十五年（1845），咸丰七年至八年（1857—1858）、十一年（1861），同治二年（1863）对罗城修缮维护，城墙附属设施如炮台、雉堞、窝墩、铺房、腰城、城楼、盘诘房等有所增损。

五、清末：逐渐荒废

在冷兵器时代，城墙除了区分"城"与"乡"的界限职能，更承担着守护城市安全的重任。然而，随着热兵器时代的来临，高城厚墙难挡火枪大炮，城墙的防卫功能和安保功能大为削弱。清末，宁波地方政府对城墙的修葺日渐懈怠，城内居民多在贴城马道上搭建房屋、经营店铺，甚至在城楼上开办酒楼、茶室、书场、舞台、弹子房、小卖部等。至辛亥革命前后，宁波城墙大多荒凉剥蚀，望京门一带坍塌尤盛，几乎形迹磨灭。

本次望京门段城墙遗址两侧发现的晚清至民国时期的墓葬就达8座之多，足见当时城墙之荒芜破败，城脚根甚至成为乱葬之地。

六、民国：拆城修路

1921年，《四明日报》刊载了署名为"荷荷"的一首诗：

> 自从五口来通商，此城已难恃金汤。格林大炮来复枪，空中飞机复翱翔，吁嗟此城足安防？不足防，险已失，区区留此城，有名而无实。佥云不如拆之吉，拆之可以通行车，拆之可以开街衢，而云不拆何为乎？

民国《鄞县通志》记录了当时宁波轰轰烈烈拆城墙、修马路的毁城始末：

> 隳城之役始于民国九年，其时府制既革，城为鄞之县治。县人士以甬为五口通商之一，自开埠以来，市舶殷集，廛肆众多，与寻常行政区域不同，非别立市政枢部不足以谋荣殖，而谈声施因呈请县省各长官成立宁波市政筹备处，计划全市市政。九年春乃有隳城造路之议。又三年，决议先隳六门耳，城改筑市内东南西北四大干路。十三年始隳灵桥、东渡二门。同时西城效实学校舍逼近城垣，不能扩充，亦商准筹备处毁其西部一段。至十六年宁波市政府成立，市长罗惠侨拟筑环城马路，驶行汽车，以市税所入不足抵挡市行政经费行隳城之案。自十八年起，讫市府撤废止，为时不过三年，而三江口千余年之雄城已成废迹。当时收入城甓壖地一切之所息，为数且在百万以上，而所谓环城马路者，犹竢异日甚矣，兴废之不可逆度也。又民国八年间，县人史翔熊设立翔熊织工厂于西城外高塘墩厂中，女工皆招自城中，日夕往来，须绕郭纡行，史病之，呈请省当道在西河营新开一城门以利行人，名曰通利，论者谓此为隳城之先兆云。

甬城千年

　　1929年，望京门瓮城及其北城墙拆除后，瓮城北面地基被辟为西门小菜场，自瓮城起至效实中学北首止的城基被划给效实中学作扩充操场之用。本次考古发掘中，先后在望京门城墙遗址上发现了民国时期效实中学的操场跑道、沙坑、界碑及房基等遗迹，还有当年建造西门小菜场的桩基，再现了民国时期毁城的史实与细节。

　　明州罗城（望京门段）遗址规模宏大、结构清晰、筑法规范、沿革明确，集中而真实地再现了宁波（明州）自唐末始建罗城（外城）以来1000多年的城市发展脉络与兴废更替，为"海上丝绸之路"之"活化石"与"中国大运河"之"南端口"的港城宁波提供了极其稀有、不可再生、生动有力的考古例证，也为我国东南沿海州府城墙建筑史、城市发展史研究提供了宝贵案例，获评2016年度"浙江考古重要发现"。

　　2017年，为保护好、展示好明州罗城遗址，根据浙江省文物局建议，经市、区两级文物、住建、规划、园林、城管、交通等相关部门充分协调沟通与多轮专家论证，宁波市人民政府研究决定调整遗址所在地块为文物遗迹与绿化混合用地，就地建设考古遗址公园，打造宁波"名城名都"新名片。2019年5月至11月，为配合城墙遗址公园的规划与建设，宁波市文物考古研究所再次联合厦门大学历史系在城墙遗址东侧补充发掘1000平方米，发现了汉唐时期聚落遗址，为探讨战国中期至设立明州之前1000多年的宁波港城发展史提供了极为重要的考古实证，获评2019年度"浙江考古重要发现"。

　　2020年6月13日，在"文化和自然遗产日"当天，望京门地块考古成果发布会暨城墙遗址公园开工仪式盛大举行。根据工程计划，遗址公园将被精心打造为回望宁波千年建城史的实证空间与精神家园，科学保护已然消逝的千年古城，生动讲述古城曾经的精彩故事。遗址公园将在2021年建成开放，为宁波建城1200周年献上最称心、最应景的贺礼！

　　附记：写作本文的过程中得到王新天先生的支持与帮助，特此说明并致谢忱！

丝路越千年：宁波旧城海交史迹寻踪

文 张华琴

地处中国大陆海岸线中段、长江三角洲南翼、宁绍平原东端、东海之滨的宁波，自古以来就是一处重要的交通贸易口岸。唐代，这里已经开辟了通往朝鲜半岛、日本列岛、南洋诸国的航线。宋代，这里的海外贸易空前繁荣，相继设置过市舶司（务）、高丽使馆等专门的管理机构与接待场所。元代，这里设立有全国三大市舶机构之一的庆元市舶提举司。明代，虽然实行海禁政策，但这里仍是中日之间"勘合贸易"的指定地点。清代中晚期，"五口通商"条令使这里成为当时最早一批对外开放的港埠。今天，这里既是改革开放的前沿阵地，也是"一带一路"的节点城市，跨越千年的海外贸易交流因此得到了长足的拓展，开启了全新的征程。

在长期的海外交往中，宁波先民以及来自不同国家和地区的人们在这里共同创造并留下了丰富多样的"海上丝绸之路"文化遗产。其中经考古发现位于宁波旧城内外的，就有江厦码头、渔浦码头、市舶司（务）、市舶库、来远亭、来安门、永丰库、造船场和高丽使馆多处。这些或只见于文献记载或已湮没失传的珍贵史迹，随着几代考古人经年累月一铲一锹地剥茧抽丝，逐步揭下了笼罩其上的神秘面纱，一一出现在世人眼前。

一、江厦码头遗址

江厦码头遗址位于宁波市区三江口西南侧，于1978—1979年配合交邮大楼工程建设开展抢救发掘时发现，因临近古江厦寺而得名。当时共清理出码头遗址3座，皆面向奉化江，基本呈东西分布。其中东面的一座砌筑于南宋初期，全长约15米，平面呈横长方形，仅留下东北一角，残宽约2.8米，残高约0.68米，条石叠砌，以松木为基，临水正面（东面）原来可能设有木结构引桥式码头，临水侧面（北面）则堆放有大量木材、木片等以防水流冲刷；中间的一座砌筑于北宋中晚期，除东南角，其他部位多遭破坏或被现代道路叠压，长宽尺寸不明，残高约1.1米，系以瓦砾、红烧土块、杂木铺底，并打松木桩为基，桩上叠砌条石，条石内侧置挡土板后打木桩固定；西面的一座砌筑于北宋早期，平面呈横长方形，估计全长超过13米，宽度不详，残高1.24—1.68米，全部用条石和石块砌筑，下铺卵石为基，上以石片、瓦砾夯实，临水面打有4排36根松木桩，桩上铺垫木板，推测或为外侧的木结构引桥式码头（图一）。

图一：江厦码头遗址

现江厦码头遗址已被损毁,消失不见。

二、渔浦码头遗址

渔浦码头遗址位于今宁波市区和义路以东、钱业会馆以西、余姚江以南、战船街以北,于2006年配合和义路二期滨江工程建设开展抢救发掘时发现。因这里地处昔日明州(庆元)的渔浦门外,又接近保留至今的渔浦巷,故被命名为渔浦码头遗址。

考古时发现的渔浦码头,因受地形限制无法全面清理,揭露的仅是其基址的西北一角。根据发掘情况来看,当年的渔浦码头直面姚江而筑,已经揭露出来的部分平面略呈"L"形,残高约1.04米,面江宽约5.70米,进深约5.38米。虽然不能窥其全貌,但从局部结构仍可看出建造时是比较考究的:先以木桩打牢基础,再以规整的条石包砌码头外侧,上下条石间保留一定的收分,石缝间用石灰粘接;条石内侧堆放有形状、大小不同的块石,隔一段距离又垂直设置一根长条形拉攀石,用于连接外侧的条石与内侧的块石,以提高包墙的宽度和强度;条石外侧另有石片、卵石、石板和木桩,目的同样是加固基础,防止朝江一面码头坍塌;条石与块石内填细腻且坚实的青灰色海相淤积土,最终形成完整的码头建筑。

渔浦码头遗址现已原址保护展示。

三、市舶司(务)、市舶库与来远亭、来安门遗址

市舶司(务)是中国古代掌管海外贸易事宜的专门机构,职能类似于现在的海关。远在五代时期,宁波已经设有初具海关职能的博易务,北宋时期开始设置专门的市舶司(务),

到元代时又设立了庆元市舶提举司。南宋《宝庆四明志》中记载，当时从海外运来的市舶物货共计202种；元代《至正四明续志》中记载，当时从海外运来的市舶物货共计223种。市舶司（务）中设有市舶库，用来存放这些市舶物货；市舶司（务）门外设有石砌道头和来远亭，用于海外船只泊岸和办理相关手续。

1980—1981年，宁波市文物部门曾经组织对市舶司（务）、市舶库、来远亭等进行过初步的文献梳理和调查整理，虽未开展正式发掘，但基本掌握了它们的大致方位。

1995年，为配合宁波世贸中心工程建设，宁波市文物考古研究所对市区东渡路与新街一带进行了抢救发掘，在原宁波冷藏公司地块发现了宋代的市舶司（务）遗址和宋元时期的市舶库遗址。遗址范围约12000平方米，东至东渡路，西至车轿街，北至咸塘街，南近现医药大楼，但因冷藏公司建造地下冷库破坏严重，市舶衙署基址已经无法复原，幸运的是在地下冷库外西北一角揭露出了宋元两代相沿用的市舶库局部地坪和山墙。宋代地坪残留面积60余平方米，青砖铺就，排列紧密，边线完整，图案美观；山墙厚约0.4米，两砖并列错缝叠砌；地坪与山墙之间设有排水明沟和出水孔。元代市舶库叠压于宋代市舶库之上，保留至今的有条石构筑的墙基和长方形砖铺设的地坪（图三）。

1995年的发掘，同时还揭露出构筑于唐代城墙基础之上、专为市舶事宜而设的宋元时期来安门（旧称市舶务门）段城墙基址（图三），并出土了不同时期的来自越窑、长沙窑、龙泉窑、景德镇等著名窑口的各色瓷器和舶自朝鲜半岛的高丽青瓷。

现市舶库遗址和来安门段城墙基址已然全毁，唯在距离不远的昔日来安门外、今江厦公园内新建的来远亭（图三）和来远亭遗址碑，仍在静静地诉说着昨天的故事。

图三：市舶司（务）相关遗迹与新建的来远亭

四、永丰库遗址

元代至元十三年（1276），当时的庆元路官府因收缴各项税赋和断没赃罚物、钞，包括收缴、罚没违制出境交易货物之需，在南宋常平仓基之上创建了永丰库。《至正四明续志》中记载："永丰库，在西北隅明远楼里东首,原系宋常平仓基。至元十三年盖库,差设官攒,收纳各名项断没、赃罚钞及诸色课程,每季解省。"并设大小官员五名专司管理。《延祐四明志》中记载:"永丰库,监支纳一员,大使一员,副使一员,司库二员。"这一新设的仓储机构直到明代洪武三年(1370)改名宏济库后才从历史的舞台上消匿,共使用了94年。《成化宁波郡志》中提到:"宏济库,府治前六十步,清澜桥东。元为平准、永丰二库。平准,宋签判厅址;永丰,宋常平仓址。大明洪武初,并为永丰一库;三年,改今名。"

  时光荏苒,岁月逝流。631年之后,曾与古代"海上丝绸之路"有着不解之缘,而后又被深埋地下渐渐不为人知的永丰库遗址,在2001—2002年宁波旧城改造开展抢救发掘时意外地重现于世(图四),成为当时最为重要也最为轰动的宁波城市考古新发现和2002年度"全国十大考古新发现"之一。

  考古发现的永丰库遗址位于今宁波市区鼓楼东侧,虽经数百年的沧海演变,依然幸运地保留下了两处大型房址。其中1号房址,总占地面积约940.21平方米,共分四大间,每间使用面积约182.61平方米,总使用面积约730.44平方米。砌筑时利用南宋常平仓台基为基础,周遭开挖长条形的锅底状连磉,内填渣土、碎瓦或砖块,至接近台基表面时再规整排列方槽石,方槽石中间凿方孔,孔上立柱,柱间砌壁,柱上盖顶而成。2号房址因局部叠压于现代建筑之下,无法全面清理,推测规模大小和形制结构与1号房址相差无几。特别值得关注的是,在永丰库遗址上下左右的堆积中,出土了数量可观的各类文物,尤其是来自各窑口远销海内外的各色陶瓷器物,涉及的窑口接近20个(越窑、定窑、龙泉窑、钧窑、吉州窑、磁州窑、磁灶窑、德化窑、建窑、茶洋窑、青兰面窑、义窑、东张窑、魁岐窑、浦口窑、铁店窑、景德镇等),器物总量多达1290余件。库房体量如此之大,遗留文物如此之丰,窑口产地如此之多,直接反映出当年永丰库容纳之巨和宁波海外交往景况之盛。

  现永丰库遗址已被列为全国重点文物保护单位和"海上丝绸之路·中国史迹"的重要申遗点,并建成了宁波首个考古遗址公园(图四)。在这里,市民与游客既可免费游览、观赏和休憩,也可借以认知历史、

图四：永丰库遗址全景与遗址公园局部

追忆先贤、展望未来。

五、造船场遗址

宁波濒江临海，水网纵横，自古造船业发达，宋代出使海外的部分船只就是在这里打造的。据《宝庆四明志》载，宋代在今市区和义路与余姚江间的战船街一带曾经建有造船场，并置造船官监管船务；清代仍然在此设有官方的造船机构，《四明谈助》中说："今之船厂，或即宋船场也。大舰陈于江涂，灰、油、麻、铁杂作纷营……凡巡洋营船，皆出于此。宁绍台道掌其事。"现在这里虽然已经成为繁华的商业区,但"战船街"的名称却一直保留到了今天。

1973—1975年,为配合城市地下防空设施建设,考古工作者曾在和义路一带发现过唐宋时期的造船场遗址。发掘时出土了大批木渣、碎板,有的有明显的刀削加工痕迹,有的船板中还留有钉子钉榫的铁锈及油灰。同时发现有南北向的木柱两排,有的柱子上还留有当时系绳的痕迹。此外还有许多芦苇、稻草和黄色竹子,推测应为造船时所用的棚舍之类的建筑材料。

1978—1979年,为配合交邮大楼工程建设,考古工作者又在距离和义路不远的东门口一带发现了大量的木头、木板、木片、未经修整的树木和厚厚的木渣,还有十多只仍然保留着油灰的石臼,以及成堆的油灰、麻绳、棕绳、竹索、船钉等修船遗物,推测那里也是一处宋代的造船场。在其附近还伴随出土一艘北宋时期的尖底三桅木质沉船,或为外海船(图五),说明当年可能曾在这里建造或修理过远洋船只。这和史料中明州不仅长于打造战船,同时擅于打造远洋大船的相关记载是吻合的。

图五:和义路造船场遗址发现的北宋沉船

六、高丽使馆遗址

宁波与朝鲜半岛的交往历史悠久,至两宋时期一度达到顶峰。特别是北宋元丰年间(1078—1085)以后,明州成为北宋与高丽往来唯一指定的官方口岸,朝廷在此设有专门的管理机构和接待场所——高丽司与高丽使馆。《宝庆四明志》载:"政和七年,郡人楼异除知随州,陛辞,建议于明置高丽司,曰来远局,创二巨航、百画舫,以应三韩岁使,且请垦州之广德湖为田,收岁租以足用。既对,改知明州。复请移温之船场于明,以便工役。创高丽使行馆,今之宝奎精舍,即其地也。"

1999年,为配合月湖历史文化景区工程建设,宁波市文物考古研究所对宝奎巷一带进行抢救发掘时,发现了一处两宋时期的建筑遗址,包括南宋时期的长廊基址一条、南北两进排列分布的房基两座、两进房屋间天井的陶瓦制排水管一根和石砌方形窨井一口,以及一条北宋时期的砖砌墙基和墙外的散水、明沟等。关于这些建筑遗迹的性质,主要说法有两种:一是认为该建筑系南宋时期丞相史浩的私人宅第遗址;二是认为该建筑系北宋末年创建的高丽使馆遗址。实际上,因为这次发现的建筑遗迹本身就分属于北宋和南宋两个时期,因此另外的一种可能是,北宋时期的建筑遗迹或为高丽使馆,南宋时期的建筑遗迹或为在高丽使馆基址之上重新兴建的史浩宅第(即宝奎精舍),两者之间并不矛盾。当然,这也只是另外一种推论,真相如何,有待再做观察。

南宋建炎四年(1130),金兵南下,攻占明州,"遂焚其城,惟东南角数佛寺与僻巷居民偶有存者"(《续资治通鉴·宋纪一百七》)。金兵占领明州长达70天之久,高丽使馆估计也难以在这次重大劫难中独善其身。自北宋政和七年(1117)创建,至南宋建炎四年(1130)被毁,高丽使馆不过存在了短短13年,但它在明州、高丽双方交往中起到过的作用仍是值得肯定的。

1984年,高丽使馆遗址被公布为海曙区文物保护单位。现原址辟建有明州与高丽交往史陈列馆(图六)。

图六：明州与高丽交往史陈列馆

需要说明的是，除以上几处遗址，在今宁波旧城之内，还有不少与古代"海上丝绸之路"直接或间接相关的遗迹；在历年的考古工作中，也出土有数量极其丰富的外销货物，包括海外舶来的唐代波斯陶器、宋代高丽青瓷和产自南洋的砗磲、玻璃、水晶、玛瑙等。这些遗迹和出土文物同样是古代宁波与海外交往的重要见证。

附记：本文部分图片采自《宁波考古六十年》《再现昔日的文明——东方大港宁波考古研究》和《丝路万里存此库——元代庆元路永丰库遗址图文集萃》，文献承蒙王结华先生、许超先生协助查阅，特此说明并致谢忱！

宁波旧城内的古船遗迹

文 梅术文

你是一条船,满载着我的爱,
你是一条船,掀起我心中的波澜,
四明山挺起坚强的龙骨,
河姆渡给你历史的长廊,
鼓楼上竖起高高的桅杆,
北仑港供给你远航的风帆。
那肥沃的田野是你绿色的甲板,
那勤劳的人民都是你的船员。
……
宁波,
你是一条船,你是一条船,一条乘风破浪的船,
你是一条船,你是一条船,一条美丽的船,
啊!美丽的船。

——节选自《宁波,你是一条船》

"书藏古今,港通天下"的宁波,自古以来就是我国重要的对外交通贸易口岸,也是中国大运河最南端的出海口和"海上丝绸之路"的始发港之一。向东是大海,乘风破浪的宁波依托一艘艘客船、货

船、商船、战船，沟通区域、连接世界，与其他地域互通有无，共同谱写了波澜壮阔的航海水运史话与恢宏壮丽的海洋文明篇章，留下了一处处弥足珍贵的古船遗迹。在宁波考古史上，曾发现过6艘古船，分别为和义路唐代龙舟、东门口北宋海船、和义路南宋古船、慈溪潮塘江元代古船、象山涂茨明代古船、象山渔山海域"小白礁Ⅰ号"清代商船。这6艘古船年代涵盖唐、宋、元、明、清，再次证明了宁波是文脉深远、源远流长的古港"活化石"。其中，唐代龙舟、北宋海船、南宋古船位于宁波旧城内的唐宋时期明州（宁波）城的港口区，地处余姚江畔或三江口旁，周边有码头、造船场、市舶司等重要海运海事设施。余下3艘沉船位于宁波下辖的象山县和慈溪市。在此，笔者主要介绍宁波旧城内发现的3艘唐宋古船（图一）。

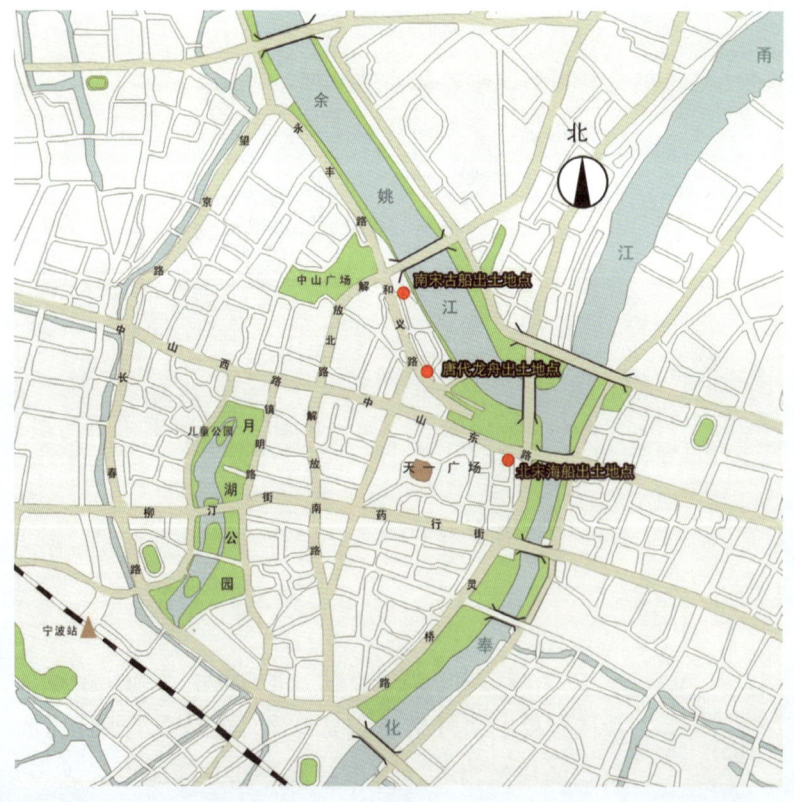

图一：宁波旧城内唐宋古船出土位置示意

一、和义路唐代龙舟

1973年冬至1974年底，宁波市图书文物馆为配合地下防空设施工程建设，在宁波市区和义路发现了唐宋明州罗城的渔浦门、唐代造船场等重要文物遗迹，特别引人注目的是，在唐代造船场内还清理出一艘龙舟（图二）。

图二：和义路唐代龙舟发掘现场（采自《宁波考古六十年》）

龙舟深埋于地下3米左右，位于现电信综合大楼西侧、战船街南、和义路北侧，北距余姚江约100米。龙舟由整块红松木斧凿而成，舟体窄长，线条光顺，艉部微损，是一艘追求速度的比赛艇。舟体水平总长1150厘米，宽95厘米，中部深35厘米，两侧舷厚8厘米，底部厚10—11.5厘米。舳部开有两排10厘米×8厘米大小的卯孔：前排三个卯孔，中间卯孔应为篙孔；后排四个卯孔，用于安装龙首等装饰构件；前后排相距26—28厘米。艉部也有三个孔，虽已腐朽，但仍可辨，是安装龙尾饰件的部位。在舳部和艉部均残留有铜钉，顶帽直径为3厘米。两侧舷下9—10厘米处，

左右对称开凿有 4 厘米 ×5 厘米的长方形卯眼，从头至尾计 17 档，相邻间距为 60 厘米。经船史专家研究推断，龙舟重 0.711 吨，排水量 1.862 吨。因龙舟内发现了一只模印"大中二年"的铭文碗，还出土有晚唐大中年间（847—859）的方形委角盘、葵花碗等越窑青瓷，推断龙舟的年代应在晚唐大中年间或其前后。龙舟现公开陈列于宁波三江口庆安会馆内。

和义路龙舟的考古发掘者林士民先生认为：龙舟出现的历史，可以追溯到隋朝，当时龙舟高达四五十尺（约 13.33—16.67 米），长二百尺（约 66.67 米），起楼四层，上层有正殿、内殿……龙舟行动迟钝，要几百人挽着走……而民间的龙舟都较为朴素，由于龙舟竞渡一般用于一年一度或一年数度的节日活动，利用率很低，如果也像官府一样做成木板组合结构的形式，则平时少不了经常性的保养、打捵、捻缝等工作，不符合经济节约的原则。而独木龙舟的保养则简单多了，只需选择河荡一角，搭个草棚遮蔽起来或干脆沉浸于水中，即可免除曝晒、豁裂、变形等情况。所以，尽管在造船业已高度发达的唐代，龙舟以独木舟的形式出现，是有其独到之处的。在出土龙舟中心线，即离艏端 2.85 米和离艉端 1.50 米的底部，各有一个纵长 0.5 厘米、横宽 3.5 厘米的孔，这就是放水孔。当龙舟使用完毕，将木楔拔出即可使舟沉浸于水中。可见，明州（宁波）至晚在唐大中年间就已普遍使用这种方法来保养龙舟了。目前，我国江南农村小型龙舟的保养仍用此法。

二、东门口北宋海船

1980 年 1 月 3 日，《人民日报》报道："浙江省宁波市新近发现古代海运码头遗址和一艘古船。据考证，这是宋代的遗物。……宋代海运码头和外海船的发现，为研究古代宁波的对外交通贸易和造船工业提供了新的实物例证。"

以上《人民日报》中报道的"宋代海运码头"和"外海船"是 1978 年 8 月至 1979 年 4 月宁波市文物管理委员会办公室在配合东门口交邮大楼建设开展考古发掘时发现的。古船埋藏于地下 3.65—4.60 米深处，发现时，船体上部和艉部结构已毁，残存的主龙骨、艏柱、舭龙骨、船壳板、隔舱板、抱梁肋骨、桅座、尾舵等构件保存尚好。船体残长9.30米，残高1.14米，以龙骨为中心一侧宽约2.16米。采用水密隔舱技术，残存5道舱壁，舱壁底部设有抱梁肋骨，以加固船体横向强度，肋骨中部最低处开凿有流水孔（俗称"水眼"）（图三）。经复原研究，古船总长15.50米，型宽4.80米，型深2.40米，吃水1.75米，排水量53.00吨。根据古船龙骨与艏柱接头处

图三：东门口北宋海船发掘现场及细节（采自《宁波考古六十年》）

保寿孔内出土的"景德元宝""天圣元宝""皇宋通宝"等12枚刻有北宋早期年号的铜钱,并综合考察古船的地层关系、船体结构、造船工艺及出土瓷器等方面,可确定这是一艘北宋时期的尖头、尖底、方尾的三桅外海船。惜现已毁。

值得一提的是,东门口北宋海船在其船壳外侧钉贴有一根长达710厘米、宽14厘米、厚9厘米的半圆形杉木。此半圆木位于船体的舭部,即使在船舶空载时它也不会露出水面,当船体因风浪而左右横摇时,安装在两舷舭部的半圆木会增加阻尼力矩,从而起到明显的减缓摇摆的作用,这正是现代船舶中经常应用的舭龙骨,又称减摇龙骨,能够有效改善船舶航行性能,更好地保障航海安全。东门口北宋海船舭龙骨的发现,说明我国宋代造船匠师们对减缓船舶摇摆已有深刻的认识和独到的经验,这项技术发明应用据研究比国外大约要早700年,引起造船行业、船史研究界的广泛关注,是我国造船技术对世界航海事业的重大贡献之一。

此外,东门口北宋海船所采用的水密隔舱技术也是我国古代造船史上的一项重大成就。知名的船史研究专家、中国船史研究会副会长顿贺教授认为:船舶设置水密舱壁以后,有以下优点:一是增强船舶的抗沉性。船舶在使用中万一破舱进水,由于有舱壁分隔,进水量将受到限制,如果再及时排除进水,就能更好保证船舶的安全。二是在船舶破舱进水时,可将货物临时搬到其他舱,减少了货损。三是可按需要将船分隔成若干个舱室,满足了不同的使用需求。四是设置横舱壁,有利于提高船舶的横向强度和抗扭转变形能力,有利于船舶大型化,这是中国古代很早就出现大船的原因之一。

三、和义路南宋古船

2003年10月至12月,宁波市文物考古研究所在配合和义路滨江一期工程建设时,发现了一艘南宋古船和元代和义门瓮城基址(图四)等文物遗迹。

古船船艏右侧缺失,船尾已不存,中部保存尚好(图五):船体残长

图四：和义路瓮城基址和古船出土位置示意（采自《宁波考古六十年》）

图五：和义路南宋古船发掘现场

9.20米,最宽处2.80米,残高1.15米,可辨9道舱壁,各舱之间有流水孔相通,舱板壁底部有抱梁肋骨加固。古船无货舱甲板,也不见空梁等构件,当为开放式载货舱,即直接将货物堆放于舱内,上面加盖防雨席或布。古船未见桅座及相关构件,不以帆作为动力,可能采用橹作为推进和操纵设备,这也是宁波地区广泛使用的最为便捷的操船模式。经复原研究,和义路古船为尖底圆舭,前体尖瘦,中部凸起,结构相对简单,船体全长12.79米,型宽2.8米,型深1.2米,吃水0.6米,排水量5.185吨。根据船体形制、造船工艺和出土遗物分析,该船是一艘南宋时期航行于内港与近海的小型交通运输船,单底、无纵通甲板、多道水密横舱壁,主要用于小宗货物的短途运输和口岸与海港中停泊船只的人员交通。

为了解造船用材情况,考古工作者对部分船材取样做树种鉴定,得知古船的龙骨为荔枝木,船壳板为杉木,舱壁板为香樟木。荔枝木、杉木、香樟木均为重要的造船树种。荔枝木在我国主要产于福建、广东、广西和海南等地,其纹理细腻均匀,材质硬而重,耐腐性强,适宜作龙骨用材。杉木是我国特产树种,广泛分布于我国南方地区,自重轻、材性稳定又好加工,且耐腐、耐湿、抗白蚁危害,特别适宜造船,可减轻船体自重,提高船的承载能力。香樟树木高大,材质均匀,所含侵填体丰富,具有良好的耐腐、耐虫、耐湿性能,历代常作造船用材。唐代就记载有"樟木,江东人多取为船"。现代木船仍将"樟树两头、梓树底"作为造船的良材,日本亦把樟木选作船材。根据不同树种的材性特点,用于构造船舶的不同部位,表明800多年前的南宋已非常了解这三个树种的材性和用途,这为研究我国南宋造船技术提供了极珍贵的材料。

2004—2006年,和义路南宋古船先后完成了脱盐防腐、脱水加固与复原修复。2006年12月10日,第六届宁波市"海上丝绸之路"文化周期间,为纪念宁波国家历史文化名城公布20周年,宁波市文物考古研究所在市区中山广场举办了为期一天的"千年古船特展",数千名市民与保护修复后的和义路南宋古船进行了零距离接触,轰动一时,盛况空前。2008年12月至2014年10月,古船展示于宁波博物馆。2014年10月至今,古船陈列于国家水下文化遗产保护宁波基地(图六)。

图六：和义南宋古船在宁波基地内展示场景

    宁波是中国历史上造船和航运事业的发源地之一。2020年5月30日，浙江省文物考古研究所、宁波市文物考古研究所和余姚河姆渡遗址博物馆联合发布余姚井头山遗址考古成果，发现了7800—8300年前的贝丘遗址，出土有近10只木桨，证明了远在8000年前左右，宁波先民们已能制造、使用船只及配套的船桨，活跃在古宁波湾，从事海洋捕捞和航海交往等生产生活活动。《周书》中说："成王时，于越献舟。"明州属古越之地，处滨海之境，确有可能为明州造舟和献舟。《史记》中有徐福东渡的传说，有学者认为徐福是从宁波入海的，足见当时明州港的航海业与造船业已具相当之基础。考古工作者在宁波地区发现的6艘古船，时代涵盖唐、宋、元、明、清各朝，有力证实了古代宁波造船技术之发达、海上交通之便利及贸易往来之繁盛。

甬城千年

从宋代常平仓到元代永丰库

文 张华琴

"仓廪实而知礼节，衣食足而知荣辱。"仓储制度是中国自古以来最为根本的国家制度之一，历朝历代、官府民间，无不重视仓储机构的建设，无不追求仓廪存贮的富足。

中国古代的仓储，远在原始落后的史前时期就已经出现。商周时期的《诗经·小雅·甫田》中已有"乃求千斯仓，乃求万斯箱"的诗句，表达了当时人们对美好生活的追求。西汉贾谊在《论积贮疏》中说："夫积贮者，天下之大命也。苟粟多而财有余，何为而不成？以攻则取，以守则固，以战则胜。怀敌附远，何招而不至？……蓄积足而人乐其所矣。可以为富安天下而直为此廪廪也。"将仓储一事视作国家战略与经济的命脉，可谓一语中的。

随着时代的发展，仓储分类制度也在不断演进和完善，逐步形成了以贮存粮食为主的仓廪，以收藏国家文书档案、战略物资、金帛财货为主的府库和商业性质的仓库三大类别。其中，府库的历史渊源悠久，《孟子·梁惠王下》有"君之仓廪实，府库充"，《周礼·天官·大府》有"凡万民之贡，以充府库"，《礼记·月令》有"（季春之月）开府库，出币帛"，可见府库受重视的程度与仓廪相比，不遑多让。因此，历代官府往往都将官仓与府库建在衙署附近，以便控制和管理。位于昔日明州（庆元）子城之内、今日宁波市区鼓楼之东的宋代常平仓和在常平仓基础之上改建而来的元代永丰库就是其中的典型代表。

一、治世常平：两宋时期的常平仓

常平制度源于战国时李悝在魏国推行的平籴，目的在于丰年则籴、岁俭则粜，以免谷贱伤农、年歉价高。西汉时，大司农中丞耿寿昌正式创设常平仓，"以谷贱时增其贾而籴，以利农，谷贵时减贾而粜，名曰常平仓。民便之"（《汉书·食货志上》）。此后，常平仓置废不常，至隋唐时趋于成熟，同时创设义仓，常平仓与义仓职能也逐渐合一，并称常平义仓。北宋时，常平仓开始向全国推广，今宁波地区的常平仓很可能就是创设于这一时期。

宁波，昔称明州，南宋庆元元年（1195）升庆元府。关于升格之前常平仓的设置，《宝庆四明志》曾有记："淳化二年，诏置常平仓，岁熟增价籴，岁歉减价粜，用赈贫民。"这是目前能够查到的有关宁波地区设置常平仓的最早文字记录。依此，则常平仓自北宋淳化二年（991）至今已有1000多年的悠久历史。至于淳化二年（991）以前是否设过常平仓，史料不言，我们也不好胡乱臆测。关于升格之后常平仓的情况，《宝庆四明志》亦有记："常平仓，奉国门内之东。二仓皆宝庆三年守胡榘撤旧而新。"按照这段记载，南宋时期庆元府的常平仓系由时任知府胡榘于宝庆三年（1227）"撤旧而新"，即在原来旧的建筑基础之上改建，这个旧的建筑很有可能就是北宋淳化二年（991）初设的常平仓。

关于常平仓的具体位置，从《宝庆四明志》的记载来看，是在"奉国门内之东"，也就是当时子城南门的东侧。再从《宝庆四明志》所载府治图（图一）上看，当时的子城之内，甫进南门即奉国门，左（西）即为府都仓，右（东）即为常平仓。前文《宝庆四明志》所说的"二仓"即指分

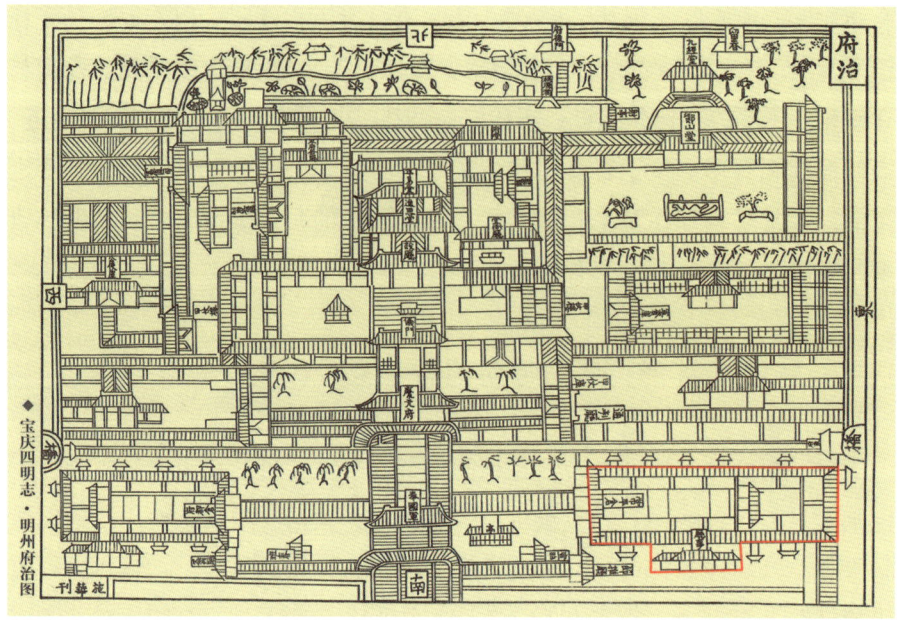

图一：《宝庆四明志》府治图

置左右、遥相呼应、规制相近的府都、常平两仓。而同时创立这两处仓库，既是为了方便运输，又充分说明了官府对于粮食贮存和稳定粮价两大问题的重视。

关于常平仓的规模形制，北宋时期的情形已无从知晓，南宋《宝庆四明志》则有比较详细的记载："（常平仓与府都仓）仓各十一区，区各五间，栈阁以藉米麦。各有厅事，后舍前庭，庭前虚地各方十余丈，缭以步廊。"据此可知，常平仓分设有11个区，每区各设有5间仓库，总共有库房55间。每间库房大小没有记载，结合考古发现，常平仓1号台基（TJ1）面积约1286.88平方米，2号台基（TJ2）已揭露部分面积约357.38平方米，两者合计约1644.26平方米。按55间库房计，每间面积近30平方米。此外，还设有管理机构"厅事"，"厅事"办公在前庭，后为宿舍，前有院落，院落"方十余丈"，按现代计量单位换算，面积约为1000平方米。以上库房再加上后舍、前庭和庭前院落，推测整个常平仓的占地面积在3000平方米以上。

二、天下永丰：元代兴建的永丰库

永丰库创建于元代初期的至元十三年（1276），上承南宋常平仓，下启明初宏济库，历史演变脉络清楚。但与两宋时期的常平仓主要用来"栈阁以藉米麦"不同，元代创设的永丰库后期虽与常平制度有所关涉，但其最为主要的功用却是存放当时庆元路官府收缴各项税赋和断没、赃罚物钞，包括收缴、罚没违制出境交易货物的指定场所，并由大小官员若干专司负责。这一新的功能定位，既是对传统府库功能的拓展，也使得永丰库和古代"海上丝绸之路"结下了不解之缘。

元代《延祐四明志》和《至正四明续志》这两部方志中关于永丰库的相关记载可以为我们提供一些参考。《延祐四明志》载："永丰库，在录事司西北隅奉国楼里，平准库之后。"同书又记："永丰库，监支纳一员，大使一员，副使一员，司库二员。"《至正四明续志》载："永丰库，在西北隅明远楼里东首。元（原）系宋常平仓基。至元十三年盖，库差设官，攒收纳各名项断没、赃罚钞及诸色课程，每季解省。"

根据以上记录，我们至少可以得到以下五个方面的信息：

1. 永丰库初建于元代初年的至元十三年（1276）。

2. 永丰库是在南宋常平仓的基础之上修建的。

3. 永丰库位于元代的"录事司西北隅奉国楼里，平准库之后"和"西北隅明远楼里东首"。对照其他志书的相关记载，可以推算出其具体位置是在今宁波市区鼓楼东侧。

4. 修建永丰库的主要目的是"攒收纳各名项断没、赃罚钞及诸色课程"，也就是收缴各类税赋和断没、赃罚物钞。

5. 永丰库共设有职官 5 名，包括"监支纳" 1 名、"大使" 1 名、"副使" 1 名、"司库" 2 名。

明代的《成化宁波郡志》中也有关于永丰库的记载："宏济库，府治前六十步，清澜桥东。元为平准、永丰二库。平准，宋签判厅址；永丰，宋常平仓址。大明洪武初，并为永丰一库；三年，改今名。出纳库四座，

以文、行、忠、信字为号。"从这条记录来看，永丰、平准两库曾于明代洪武初年并为永丰一库，并在洪武三年（1370）改名为宏济库，永丰库从此消失在历史长河中。自元初至元十三年（1276）始建，至明初洪武三年（1370）改名，永丰库前后延用94年。

三、重见天日：永丰库遗址的发现

宁波市文物考古研究所为配合旧城改造，宁波市文物研究所分别于2001年9月至12月、2002年3月至7月，在对市区鼓楼以东、府桥街以南、蔡家弄以西、中山西路以北地块实施抢救发掘时，无意中揭露出以元代庆元路永丰库遗址为主体，以及砖砌道路、庭院、排水设施、水井、河道等相互密切联系、布局完整、构造独特的宋、元、明三代上下叠压的大型仓储基址，并出土了数量可观的各类文物，特别是各窑口运销海内外的各色陶瓷器物。这是迄今为止宁波最为重要、最为轰动的城市考古新发现之一，也是我国古代地方城市大型仓储遗址的首次破土面世。

在约3500平方米的发掘面积中，共揭露出宋、元、明、清等不同朝代、不同类型的遗迹现象多处。其中南宋遗迹有2座大型台基（考古时分别编号为TJ1与TJ2）、1条墁道、2条踏道、1处散水、7条砖砌排水沟、2座花坛、1条道路、4块地坪和1口水井。结合文献记载可知，这些就是南宋宝庆三年（1227）时任知府胡榘"撤旧而新"改建的常平仓及其配套设施的遗迹。明代遗迹有3座房基和1条石砌排水沟，结合文献记载可知，这些就是明代洪武三年（1370）在元代永丰库基础之上改建而来的宏济库及其配套设施的遗迹。

元代遗迹的发现最为引人注目。主要见有2座大型房址（考古时分别编号为F1与F2），其中F1面积较大，保存较好，总占地面积约940.21平方米，共分四大间，每间使用面积约182.61平方米，总使用面积约730.44平方米。砌筑时利用南宋时期TJ1为基础，并对台基面做了一定的修理平整（图二）。围墙砌法则是先挖长条形的锅底状连磉，内填掺有碎砖瓦的渣土，上部或垫砖块至接近台基表面时再排列方槽石。方槽石制作较粗糙，

图二：相互叠压的常平仓1号台基与永丰库1号房址

中间凿有方孔，各块方槽石的中心间距约0.6—0.9米。根据F1规模、布局、结构、砌法等，可判定其为仓储类建筑。

房址F2保存情况相对较差，因局部延伸入宁波军分区房屋之下，无法实施全面发掘，故揭露面积相对较小。从已揭露情况看，其砌筑时亦系先在南宋时期TJ2之上挖连磉，深约0.6米，上部置方槽石。以方槽石为中心按对称法则推算，其墙体宽度当在1.4米左右。围墙外侧距TJ2包砖墙西约1.6米、南约2.8米。不同之处在于，F2对TJ2并非如F1对TJ1那样做过大面积翻动平整。从已揭露的部分也看不出TJ2的墙体走向与其包砖是否有不平行的情况，说明F2与TJ2的关系较F1与TJ1的关系似乎更为紧密。根据整体建筑风格观察，F2与F1较为相似，其时代及性质也应相近，亦为仓储类建筑。

综合以上考古发现情况和前文相关志书记载分析，我们可以确认TJ1、TJ2为南宋时期的常平仓基址，而建造于TJ1、TJ2之上的F1、F2为元代的永丰库遗址（图三、图四）。

图三：永丰库遗址全景

图四：今日鼓楼与永丰库遗址

考古发掘时伴随出土的各类文物标本同样令人瞩目。不同时期文化地层以及各类遗迹中出土文物标本共计1290余件，种类十分丰富，主要见有陶器、瓷器、铜器、石器、钱币、碑刻、建筑构件等，时代上迄汉晋，下至明清，数量以宋元时期的最为可观。特别是瓷器，涵括了我国古代许多窑口生产的产品，如越窑、定窑、龙泉窑、钧窑、吉州窑、磁州窑、磁灶窑、德化窑、建窑、茶洋窑、青兰面窑、义窑、东张窑、魁岐窑、浦口窑、铁店窑和景德镇等地（图五），其中部分窑口生产的瓷器在海外许多地区均可见行踪。殊为难得的是，这里还出土了一片来自遥远异域的唐代波斯陶片。这些发现，不仅充分展示了历史上宁波在河海联运中的重要作用和独特地位，而且真实见证了我国古代"海上丝绸之路"的繁荣与兴盛。

彼此叠压、相互承继的南宋常平仓、元代永丰库和明初宏济库三代仓储遗址的发现，既是为配合宁波旧城改造进行抢救发掘过程中的一次意外惊喜，也是宁波这座国家级历史文化名城给予我们的一份厚重馈赠。永丰库以其完整的格局和丰富的堆积，展现了宁波当年商旅往来的繁华景象与贸易管理的制度特征，因此一经发现，立即引发了海内外的广泛关注，并获得了极高评价。永丰库的价值主要体现在：一、永丰库遗址是我国首次发现的古代地方城市的大型仓库遗址，为研究我国古代仓储类建筑提供了重要的实物案例。二、永丰库遗址的发现，为研究包括宁波在内的我国古

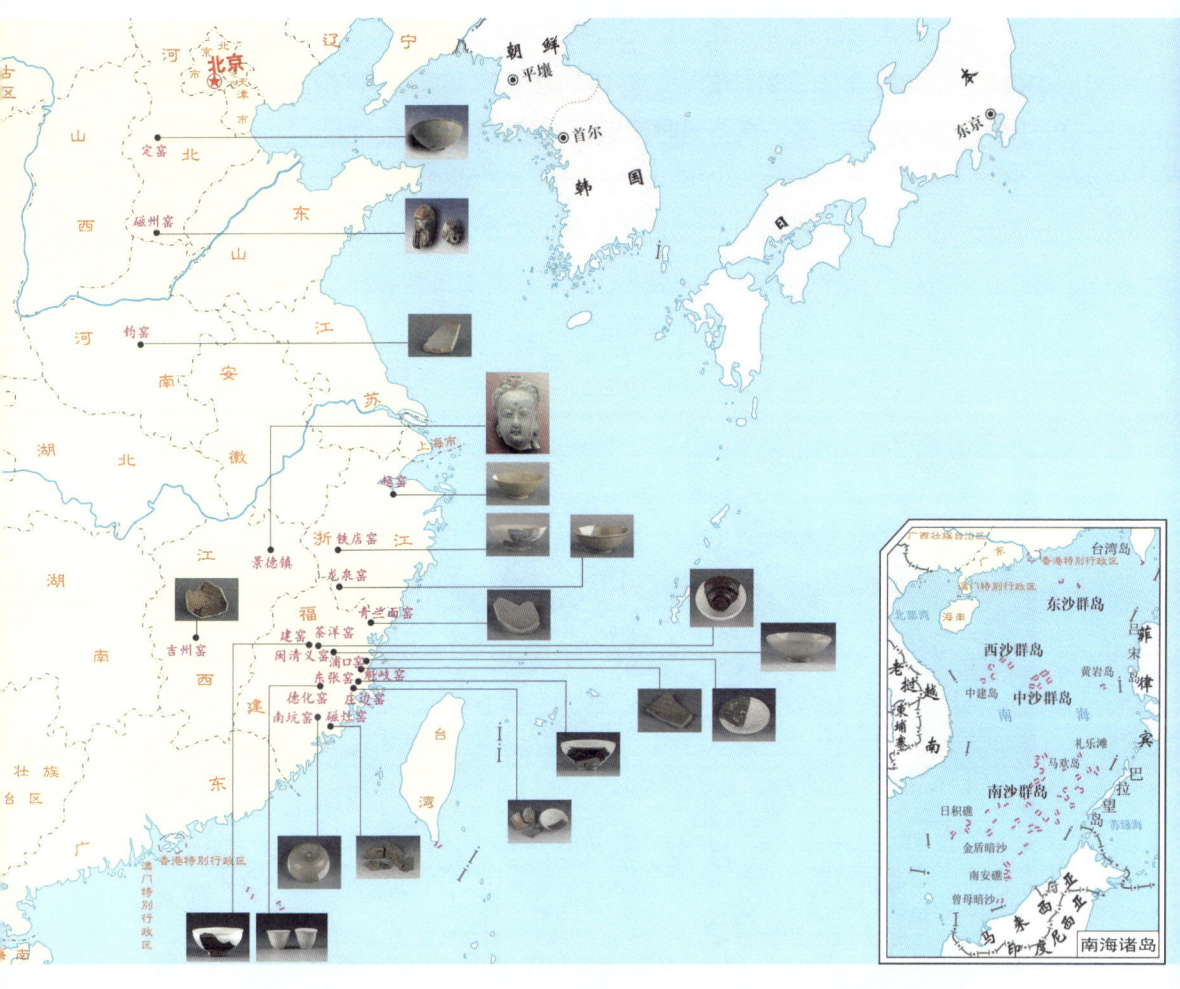

图五：永丰库遗址出土瓷器窑口分布示意

代城市格局提供了重要的实物资料。三、永丰库遗址出土的种类丰富的文物，充分反映了古代宁波在交通贸易中的重要地位，对研究我国海上交通史和"海上丝绸之路"具有重要的意义。正是基于对永丰库价值的判断和保护文物的共识，永丰库遗址考古当仁不让地成为2002年度"宁波十大新闻"之一，永丰库遗址本身也毫无悬念地入选了2002年度"全国十大考古新发现"，并在此后相继获得全国重点文物保护单位、"海上丝绸之路·中国史迹"申报世界文化遗产重要遗存点等诸多殊荣。而作为当年永丰库遗址考古的亲历者，本人能够躬逢其盛，也与有荣焉。

今天的永丰库遗址，在政府的高度重视和各界的大力支持下，已经被建成了宁波首座考古遗址公园，并向民众免费开放（图六），曾经深藏地下鲜为人知的永丰库，在新的时代里，开始重新焕发生机。

　　附记：本文图片采自《丝路万里存此库——元代庆元路永丰库遗址图文集萃》，文献承蒙王结华先生、许超先生协助查阅，特此说明并致谢忱！

图六：永丰库遗址公园

渔浦码头遗址发掘始末

文 张华琴

"洋山三水递相催,海上潮推石首来。渔浦门前晒渔网,渔舟昨夜捉春回。"清代袁钧的这首《鄮北杂诗》,歌咏的是历史上宁波渔浦门外渔民赶海捕鱼、晒网的场景。

渔浦门,唐宋时期明州(庆元)罗城十大城门之一。据南宋《宝庆四明志》记载,明州(庆元)罗城曾经设有城门十座,其中位于东北方位的一座就是渔浦门,但当时已经关闭,"东北曰渔浦门,今闭"。《宝庆四明志》成书于南宋绍定元年(1228),说明最迟在1228年的时候,渔浦城门业已废弃,此后经推断也不曾再开。在元代的《延祐四明志》中尚可见到"鄞江门、来安门、渔浦门、达信门,今皆废"的说法,后来的方志中就很难再见到渔浦门的影踪了。设若如此,则建在渔浦门外的渔浦码头的使用时间可能在南宋绍定元年(1228)之前,否则,在没有就近城门的情况下,人货进出是不太方便的。

经过考古证实,渔浦门的具体位置在原甬江印刷厂址、今海曙区和义大道渔浦公园内;渔浦码头的具体位置在和义路东侧的钱业会馆之西,部分延伸入钱业会馆与战船街下,距离渔浦门不过一箭之遥。将码头设在此地,既方便人货出入城门,又不影响城市防御,实在是一个不错的选择。

然而,关于渔浦码头,历史文献之中并无专门的"档案"可寻,可能属于当时桃花渡的一部分。《宝庆四明志》诸书载:"东渡,即桃花渡,罗城东门外,往定海、昌国路。"它的发现,纯属于宁波城市考古中的一次意外、一个惊喜。它的名称,源自附近曾经有过的渔浦门和保留至今的渔浦巷,系2006年考古发现后才正式命名,昔日有无专称、如何称呼,现已无从知晓。

笔者虽未亲自参加渔浦码头遗址的发掘,但作为发掘单位——宁波市文物考古研究所的一员,不仅在当年曾经多次前往考古现场参观学习,后来机缘巧合,又由单位安排主持完成了发掘资料的整理,并执笔编写了《浙江宁波南宋渔浦码头遗址发掘简报》一文,公开发表在全国性学术期刊《南方文物》(2013年第3期)上,因此对渔浦码头遗址可谓知之甚详。

一、渔浦码头遗址的发现与发掘

2006年10月至11月,为配合和义路二期滨江工程建设,在建设单位——宁波市海城投资开发有限公司的支持配合下,经浙江省文物局和国家文物局正式批准,宁波市文物考古研究所对和义路以东、钱业会馆以西、余姚江以南、战船街以北地块进行了抢救性发掘(图一)。发掘工作由时任宁波市文物考古研究所所长(现为上海市文物局副局长)褚晓波担任领队,时任宁波市文物考古研究所副所长(现为宁波市文化遗产管理研究院院长)王结华统筹组织,时任宁波市文物考古研究所考古研究中心主任(现已退休)丁友甫现场主持,当时刚从甘肃省文物考古研究所引进的李永宁副研究员(现为宁波市文物考古研究所考古研究中心主任)和来自山东聊城的技术工人刘文平、孙贵红、于贺昌等人具体承担发掘工作。队伍规格之高、技术力量之强,不仅充分保证了这次发掘工作的科学性和规范性,也为后来遗址的保护和成果的发表打下了很好的基础。

图一：2006年渔浦码头遗址发掘现场

按照国家颁布的《田野考古工作规程》，考古发掘最好是按正南北方向布方，这样既便于统一，又方便记录。但这次发掘，因为受到区域地形的限制，所以因地制宜采用了30°方向布方，一共布设了5个连续的考古探方，自南向北分别编号为T301—T305（第301—305号探方），每个探方规格都是10米×10米，总发掘面积为500平方米。渔浦码头遗址发现于T301中。

发掘情况显示，发掘区域所在的钱业会馆西侧地块整体地层呈南高北低倾斜状分布，表现出比较明显的近江堆积特点。因发掘前工程方修建临时停车场时已将所布探方区域表面的近现代垫土层推平，现存文化堆积仅余四层，厚约3米，其中第①层为清代文化堆积，第②层为明代文化堆积，第③层为元代文化堆积，第④层为宋代文化堆积。第④层以下为青灰色海相生土层，应属宋代以前余姚江淤积形成的自然堆积，没有人工活动迹象。

渔浦码头遗址发现于第301号探方的第③层之下。以此为分界线，遗址内外呈现出不同的土质土色：外侧即面向余姚江一侧为海相淤积，生土层位相对较低,文化堆积相对较厚;内侧即靠近战船街与和义路一侧为岸陆堆积,生土层位相对较高,且缺失宋代文化堆积,元代文化堆积也仅有少量分布。这一倾斜且不连续的地层堆积特点表明,历史上的余姚江因江滩逐年淤塞,江面逐渐收窄,岸线逐步北移,最终导致渔浦码头远离了余姚江边,后被废弃并填埋在了现在的位置。

二、渔浦码头遗址的结构与年代

根据当年的考古发掘情况来看,渔浦码头遗址系石包土芯结构,方向30°左右,码头外侧用条石包砌,内土芯为青灰色海相淤积土,细腻坚实,并有木桩加固(图二)。遗址上部已遭晚期破坏,仅剩基础,现揭露部分也只是码头的西北一角,平面略呈"L"形,并向东侧的钱业会馆和南侧的战船街延伸。考虑到钱业会馆是全国重点文物保护单位,战船街仍在使用之中,为了不影响钱业会馆的地基稳定和战船街的正常通行,几经商讨,

图二:渔浦码头遗址一角

最终决定放弃扩方发掘。因此，历史上渔浦码头的整体面宽、进深与全貌到底如何，并不清楚。至今想来，依然深觉遗憾。

能够揭露出来的渔浦码头遗址部分，残高约1.04米，面江宽约5.7米，进深约5.38米。木桩基础，条石砌筑，石灰粘接。顶桩石露脚0.1—0.2米，其上全由规整的条石和块石包砌，上下条石之间有0.01—0.02米的收分，隔一段距离有一根垂直的拉攀石。条石一般长0.8—1米，宽0.2—0.3米，厚0.18—0.22米；条石内侧是形状及大小不同的块石，块石宽0.7—1米不等；拉攀石长0.6—0.72米，主要用于连接外侧的条石与内侧的块石，以增加包墙的宽度和强度。顶桩石外侧另有护脚石和木桩，其中面向余姚江一侧使用的护脚石主要是碎石片和规则的长条形石板，近转角处面江一侧使用的护脚石主要是卵石。

因为缺乏历史文献的记载，在发掘过程中也没有发现文字一类的证据，因此渔浦码头的建设与使用年代只能通过考古层位学和出土遗物的特征来做判断。从层位关系上看，渔浦码头遗址叠压于第③层即元代文化堆积层下，年代应较元代为早。遗址之下没有发现早于宋代的文化堆积层，因此年代也不会早于宋代，据此可以框定渔浦码头遗址的年代应属宋代。从出土遗物来看，在渔浦码头遗址包墙土芯及块石堆中曾出土有少量的南宋龙泉窑瓷片，同时在其外侧的生土面上亦出有少许的越窑与龙泉窑青瓷残片。这些出土瓷片虽多碎小，器形亦多不可辨，但从釉色与胎质分析，多属南宋遗物，结合层位叠压关系，最终可以判定渔浦码头遗址的年代应属南宋。再从前文《宝庆四明志》记载当时渔浦门已经关闭的情况分析推断，渔浦码头的具体废弃年代当在南宋绍定元年之前，也就是1228年之前。

三、渔浦码头遗址的保护与展示

渔浦码头遗址发现之后，无论文物部门还是建设单位都给予了一定重视，经多方协调，最终决定适当调整建设方案，对渔浦码头遗址实施原址保护展示（图三）。之所以决定原址保护渔浦码头遗址，也是由它自身的价值决定的。历史上的宁波港区曾经有过几次大的变迁，而自东晋末年的

图三：渔浦码头遗址保护展示栏

句章迁治，直到清代中晚期的对外开埠，在长达1400多年的时间里，宁波的主要港口都集中在今江厦街至和义路一带。这里曾经设置过诸多的渡口、码头和造船场，譬如上文提及的罗城东门外设置的桃花渡；再如在和义路与余姚江间的战船街上建有造船场，两宋时期均置造船官监管船务，造船监官的办公地点（听事）正对着桃花渡。这个官办性质的造船场至清代时仍见沿袭，"今之船厂，或即宋船场也。大舰陈于江涂，灰、油、麻、铁杂作纷营……凡巡洋营船，皆出于此。宁绍台道掌其事"（《四明谈助》）。1973—1975年，在这一带发现过造船场遗址和唐代独木船一艘。1978—1979年，在距和义路不远的东门口一带还曾发现两宋时期的码头遗址、修船工场和外海船。2003年，又在和义路的北段发现了南宋沉船一艘。此外，在民国三年（1914）出版的《最新宁波城厢图》上东南向江边标有"永安余姚码头""甬东司道头"等地名，在此次考古发现的渔浦码头遗址的西北则标有"老船厂"，很可能就是宋代以来的造船场。

根据以上记载和考古发现来看，在今天的和义路、战船街临江一线，历史上应该建有规模不小的造船场和不少码头类设施，用于为官方打造船只，供船舶进出与贸易往来，2006 年发现的渔浦码头遗址为当年众多码头中的一座。可惜以上发现的造船场、码头遗址和沉船，除和义路南宋沉船和渔浦码头遗址得以迁移或原址保护下来，其他都已不存于世。从这个角度讲，渔浦码头遗址的保护尤显珍贵，因为渔浦码头遗址不仅为研究唐宋以来宁波港城的发展和"海上丝绸之路"保留了又一实物案例，也是今日人们追忆历史、记住乡愁的一处咏怀之地。

  附记：本文图片采自《宁波考古六十年》和《浙江宁波南宋渔浦码头遗址发掘简报》，文献承蒙王结华先生、许超先生协助查阅，特此说明并致谢忱！

甬城千年

宁波钱业会馆

文 丁洁雯

钱业会馆，全国重点文物保护单位，位于宁波市海曙区战船街10号，占地总面积1512平方米。会馆坐北朝南，由门厅、正厅、议事楼及左右厢房组成，是昔日宁波金融业聚会、交易的场所，也是全国唯一保存完整的钱庄业历史文化建筑，现为宁波钱币博物馆（图一）。

一、创建：源于宁波钱庄业的繁荣

"三江六塘河，一湖居城中"，明清时期的宁波江河交织如网，水运交通发达，内河转运经济

图一：钱业会馆正门

得以迅速发展，水埠集镇大量形成。宁波位居我国海岸线中段，扼守大运河南端出海口，以其河海联运的独特优势，完美衔接贯通了作为全国水路交通动脉的大运河与作为世界水路大通途的"海上丝绸之路"，成为中国最早开放的贸易口岸之一，商品经济迅速发展。

明末清初，中国传统金融机构——钱庄开始兴起，初时主营银、钱兑换业务，后兼营存款、放款和汇兑等业务，是封建社会商品经济发展中满足信贷需要的产物。此时，宁波的钱庄业也应运而生，随之兴起。

宁波人历来就有重商的传统，由宁波商人组成的宁波帮足迹遍布大江南北，在近代史上留下"无宁不成市"的佳话。至清乾隆三十五年（1770），在市中滨江一侧，已出现了一条全部为钱庄的钱业街。而钱业街所在的江厦地区不仅是宁波本市的商业中心，还是海洋渔产、中药材的全国性集散地，也是当时国内东南一带唯一的金融中心，有"走遍天下，不及宁波江厦"之美誉。鸦片战争后，上海发展成为全国海上对外贸易中心，宁波商帮利用毗邻上海的地理优势，将商业与金融业紧密结合，以新兴近代商人群体的姿态，迅速跻身全国十大商帮之列，形成了以宁波帮为核心的江浙财团，其支柱产业之一的宁波钱庄业也在这个时期达到鼎盛。清道光、咸丰年间，宁波钱庄多达100多家，融资范围遍及全国各大商埠，北京著名的"四大恒"（恒利、恒兴、恒和、恒源）钱庄，上海的半数钱庄均由宁波人开设。《光绪鄞县志》中提道："鄞之商贾，聚于甬江，嘉道以来，云集辐辏……转来既灵市易又广，滨江列屋皆钱肆矣。"《鄞县通志》载：甬上钱庄盛时，资金在六万元（银圆）以上的大同行有36家，一万元以上的小同行有30余家，几百元以上的兑换庄有40余家，实力直凌驾于沪汉各埠之上，其时钱庄业的兴盛可见一斑。

钱庄业的繁荣，一方面为宁波经济的发展提供了支付平台，另一方面也成为宁波帮发展壮大的资金保障。在经济实力强盛、商业资本益显活跃之时，宁波商人在各地兴建会馆，以协同议事、共襄发展。为统一管理钱庄业，宁波江厦街滨江庙一带设有钱业同业公所，进行钱市交易。清同治三年（1864）在重建被太平军兵火所毁的滨江庙公所时，订立了"宁波钱业庄规"。民国十二年（1923），因原有公所"湫隘不足治事"，由敦余、

衍源等62家大小同行共出资91910.36元（银圆），建造钱业会馆，至民国十五年（1926）竣工。建成后的钱业会馆，成为当时宁波金融业聚会、交易的场所和最高决策地，以协调全市钱业同行业务开展，对宁波钱庄业的规范发展发挥了重要作用。

二、价值：见证首创过账制度的辉煌

论及宁波钱庄业，太平天国时期创立的过账制度是其重要地位的表征。清咸丰年间，"滇铜道阻，东南患钱荒……有谋以善其后者，法令钱庄凡若干家，互通声气，掌银钱出入之成，群商各以计簿书所出入，出界某庄，入由某庄，就钱庄中汇记之。明日各庄互出一纸，交相稽核，数符即准以行，应输应纳，如亲授受，彼此赢绌，互相为用。自此法出，数月而事平。厥后市场交易，遂不以现银授受，一登簿录，视为左券，亦不虞其有他也"。这段出自忻江明《宁波钱业会馆碑记》的文字对"过账制"进行了阐释，各业商人间的往来，不以现款结账，而由相关的钱庄通过过账方式完成账款的清算和资金的转移，即商人各自在相关的钱庄进行交易登记，第二天由该钱庄与对方相关的钱庄进行结算。过账制度实际上是一种汇划制度，始于宁波钱庄，后普及至整个钱庄业，对于便利流通、节省货币发挥了重要作用，宁波码头由此获称"过账码头"。

过账制度的优点在于：办理手续灵活方便，过账簿既可以委托钱庄付款，亦可以委托钱庄收款，不仅适用于本埠，而且同样适用于异地。以过账代替货币，使得流通环节节省大量现金，一方面，节省出来的现金被用来向外埠提供贷款或投资，高额利息进一步促进了宁波钱庄的发展；另一方面，免除规避了鉴别、运输现金的烦劳和风险。此外，过账制度为收付双方在过账簿上留下永久凭证，使得交易有据可查，让商人在放心交易的同时，也注重个人信用的维护。日本学者有本邦造指出：宁波商人比诸中国其他各地之商人，常居于优越地位者，实与过账制度不无相当关系也。而汉学家斯波义信也认为：宁波帮商人在近现代的发展，"是依赖于宁波地区商业系统所特有的制度和动力的"。过账制在经营活动中逐步创建和完善,一直推行到抗日战争时期,直到 1941 年宁波沦陷。1945 年,抗日战争胜利,过账制度才为票据交换等制度所取代。

三、新生:传承金融历史文化的重地

1953 年 3 月,在最后五家钱庄(晋祥、晋恒、通源、立信、慎康)清产核资后,钱业会馆宣布倒闭,会馆本体房屋连同所有的财产移交给宁波市民政局。其后,会馆曾被用作招待所、幼儿园。直至 1987 年,中国人民银行宁波市分行自筹资金 40 万修缮会馆,修缮完的会馆被用作分行所属的金融研究所的办公之地。1989 年,钱业会馆被浙江省人民政府公布为浙江省文物保护单位。1994 年,宁波钱币博物馆在钱业会馆内成立,并于同年 9 月 28 日,作为金融系统自办的博物馆正式对社会公众开放。2006 年,钱业会馆被国务院公布为第六批全国重点文物保护单位。虽历经 90 余年风雨,钱业会馆除戏台被拆毁并于 2004 年重建外,总体格局与建筑风貌至今保存完好(图二)。

作为全国范围内唯一保存完好的早期钱庄业聚会议事场所,钱业会馆见证着宁波金融业 90 余年的发展历史,在呈现宁波金融概貌的同时,为研究我国尤其是宁波的金融和贸易发展,宁波钱庄业与宁波帮兴起、发展的关系等提供翔实资料。与此同时,钱业会馆是宁波钱庄业首创过账制的实物载体,而过账制标志着我国现代金融业票据交换的开端远远早于除英国伦敦以外的世界各地。

承载着宁波帮搏击商海、勤于创业的智慧,秉持着宁波人勇于创新、不懈奋斗的精神,现今的钱业会馆已成为弘扬宁波金融历史与文化的重地。以"宁波金融史迹陈列"为例,它图文并茂地陈述宁波钱庄业的兴起、繁盛与过账制的创建、普及,同时设有中华历代货币展、钱币常识与分级展、货币书法艺术展、红色货币展等,形成多样化的钱币知识普及方式。此外,钱业会馆通过钱币学会组织开展以钱币研究为主题的学术交流活动,编印《宁波金融志》《浙商与中国近代银行》《宁波市钱币学会论文专辑》等资料,积极推动宁波钱币学、货币史和金融史的研究,并办有《宁波钱币》

图二：鸟瞰钱业会馆

《中华泉阁》等刊物，定期举办"钱币文化沙龙"，在彰显宁波钱币文化特色的同时，为收藏者、爱好者搭建起学习交流的平台。

光阴荏苒，岁月如梭。钱业会馆历经90余年风雨，依然静静地伫立于千年甬城的繁华之处。时光虽逝，历史犹存，文脉相续。

多元并存：宁波旧城宗教建筑遗迹

文 许超

宁波地处东海之滨，是古代中国对外交通的知名港口。物产的流通和人员的流动，带来了多元的宗教信仰。概括而言，佛教、道教、伊斯兰教、天主教以及丰富的民间神祇信仰都曾在宁波地区传播，形成了多元并存的局面。

一

两汉时期，民间流行神仙信仰，寻求长生不死的观念盛行。宁波地区汉墓发掘出土的铜镜中常见有东王公、西王母等仙人形象（图一），铜镜上也多见有"尚方作镜真大巧，上有仙人不知老，渴饮玉泉饥食枣"类铭文，体现了当时神仙信仰的传播。

图一：车马神仙镜

东汉晚期至六朝，道教信仰开始在浙东流行，《三国志·孙策传》注引晋代虞溥《江表传》称："时有道士琅邪于吉，先寓居东方，往来吴会，立精舍，烧香读道书，制作符水以治病，吴会人多事之。"东晋晚期，孙恩借助五斗米道的力量在浙东作乱，跟随者多为五斗米道教徒，统治阶层中如王羲之家族也"世事张氏五斗米道"，足见五斗米道影响之深远。这一时期，浙东沿海一带多有道教领袖葛洪、陶弘景的传说，如镇海有平壶山，传说为葛仙翁炼丹处；象山有炼丹山，传说为陶弘景炼丹处。

汉六朝时期还是宁波地区鲍郎神信仰的形成期。《乾道四明图经》引《舆地志》云："鲍郎名盖，后汉郧邑人，为县吏……既死，葬三十年，忽梦谓妻曰：'吾当更生，盍开吾冢。'妻疑不信，再梦如初，乃发棺，其尸俨然如生，第无气息耳。冥器完洁，若日用者，冢之四旁，灯然不灭，膏亦不销。郡人聚观，咸神怪之，立祠以祀。"《太平寰宇记》引《郡国志》称："（阳堂）山有鲍郎洞。本名盖，一名信，后汉人。生好猎，死葬于此。传盖子忽梦其父当更生，次日开棺视之，父俨然如睡。"鲍盖死而复生的神迹，正符合当时社会追求不死的思想热潮。

汉六朝时期也是佛教传入中国的初级阶段。宁波境内的天童寺、阿育王寺、雪窦寺都创建于这一时期。在宁波地区考古发掘出土的三国两晋时期的青瓷堆塑罐上常见有佛教造像，造像中佛穿圆领僧衣，结跏趺坐于莲台，背有圆光（图二）。从风格特征上看，佛像尚未汉化。而佛像与胡人

图二：青瓷堆塑罐上的佛教造像

伎乐俑、亭阁、飞鸟、鱼兽堆塑在一起作为冥器来陪葬，说明当时佛教作为外来宗教，其传播还需要借助民间信仰力量，尚未达到受尊崇的地位。

进入唐代，随着明州的设立，在今宁波城区三江口一带，各类宗教建筑开始兴建。据方志记载，这一时期创建的道教宫观有开元宫（740年建）、紫极宫（743年建）；佛教建筑有开元寺（740年建）、太平兴庆寺（740年建）、白檀寺（859年兴建）、国宁寺（863年建）、兴法院（874年建）、普照院（875年建）、墙西院（883年建）、慧灯院（886年建）等十余处；民间祠庙有灵应庙（699年迁建）、纯德庙（777年建）、吴刺史庙（大历年间766—779年建）、五龙堂（878年建）等。

宋元以来，各类宗教建筑不断新修或重建，其中最引人注目的有两点：一是官方祭祀体系的确立和完善，如城隍庙、社稷坛、风云雷雨山川坛等各类官方祭祀庙坛的设立；二是大量代表民间信仰的祠庙开始涌现，如大人堂、王荆公祠、贺公祠、天妃宫、茶场庙等。这一时期民间宗教信仰的神祇日趋人身化，政府也不断给它们赐以封号。官府通过封赐来承认和奖励神祇，同时也试图通过封赐来驾驭民间神祇的力量。这其中比较典型的有形成于汉六朝时期的鲍郎神，经过历代加封，至南宋乾道年间已被封为"灵应忠嘉威烈惠济广灵王"。源自福建莆田的妈祖信仰，妈祖作为海洋贸易的守护神，其信仰也迅速传播至宁波。南宋绍兴三年（1133），宁波开始出现妈祖庙，据统计，历代对其加封多达三十余次。

二

在老城区众多宗教建筑中，经过考古发掘有唐国宁寺、天封塔、天后宫、崇教寺等处。这里简要介绍一下关于崇教寺、天后宫及莲桥街一带的考古收获。

崇教寺遗址位于月湖西区原堰月街小学内，2010年，为配合月湖西岸历史文化街区改造工程，宁波市文物考古研究所对该遗址进行了发掘。发掘揭露出了与崇教寺相关的放生池与骨灰池等遗迹，出土了一批精美文物。放生池平面呈长方形，残长近17米，上口宽3.4—4.4米，下底宽2.66

米，深约1.9米（图三）。放生池由石条堆砌而成，在池塘填土中发现有少量明清青花瓷和五彩瓷片，未发现更早的遗物，推测其废弃年代在明清时期，始建年代不详。骨灰池平面呈长方形，长15.4米，宽6.3米，深2.6米。池壁用石条错缝平砌而成，北壁垂直，西壁自下而上，每层石条间有1—2厘米的收分，紧贴池壁有木桩支撑（图四）。骨灰池内发现有两层骨灰堆积，池内填土中的出土遗物除少量晚唐五代时期的越窑产品，其余瓷器基本属于宋元时期的龙泉窑产品，骨灰池的使用时代当为宋元时期。

图三：崇教寺放生池遗址

图四：崇教寺骨灰池遗址

崇教寺遗址发掘出土了众多的宗教遗物，其中界址碑及少量明清瓷片中均刻有"崇"和"教寺"等文字（图五），足证这里为崇教寺旧址。此外还见有精美的石质供养人像（图六）、石骨灰匣（图七）等。

图五：界址碑　　　　图六：供养人像　　　　图七：石骨灰匣

崇教寺始建于唐乾符元年（874），北宋大中祥符元年（1008）始更名为崇教寺，此后又先后在南宋建炎年间（1127—1130）、元至元二十五年（1288）和至大二年（1309）遭受三次毁坏。明永乐二年（1404），佛殿倒塌，永乐十三年（1415）重建，嘉靖年间（1522—1566）重建方丈殿。此次考古发现证实了崇教寺位于月湖西岸，历经兴废后掩埋于地下的历史事实。

天后宫遗址位于东渡路与江厦街交叉处。1982年，时浙江省文物考古所与宁波市文物管理委员会办公室联合对该遗址进行了发掘，揭露了自元代以来的五次建筑基址。考古发掘表明，第一次为元初所建，仅为面宽进深皆为三开间的单体建筑；第二次建于元至元年（1264），也仅为三开间的殿宇式建筑一栋；第三次重建于明嘉靖至天启（1522—1625）时期，由前殿和大殿组成；第四次修建于清康熙年间（1662—1722），结构包括了放生池、前殿、戏台、甬道、月台和大殿，大殿由原来的三开间扩建为五开间；最后一次重建于清咸丰年间（1851—1861），沿用了第四次修建的布局。

天后宫遗址位于元代罗城来安门之外，濒临奉化江畔的海运码头，体现了妈祖作为海洋贸易保护神的属性。文献中记载宁波天后宫为南宋绍兴三年（1133）所建，此次发掘的遗址中却未见宋代建筑基址，推测这里当为元初迁建而来。

2010年，为配合莲桥街历史街区改造工程，宁波市文物考古研究所对莲桥街建设地块进行了抢救性考古发掘，发现了一批重要的佛教遗迹和遗物。在宋代文化层，考古发现了四座形似僧塔的塔基，塔基平面呈方形，边宽1.2米左右，残高1.3米，用块石垒砌（图八），推测为僧侣塔林。宋

图八：塔基遗迹

代地层中还出土了一块方形地砖，边长30厘米，厚4.5厘米，正中有一长方形剔地匮，内中直排五行阳文，共计61字："光同乡孝义管仲夏里寺基下 / 保弟子张惟晟妻苏八娘男囗 / 守明孙子四十四三同舍钱两戒 / 坛地面两层乞无罪业增囗福 / 寿庄严净土绍圣五年二月记"（图九）。绍圣五年为1098年，铭文表明当时佛教弟子张惟晟合家捐钱款建两层戒坛。戒坛为佛教僧徒传戒之坛，起于南朝。这是宁波地区首次发现的佛教戒坛铭文实物。

图九：戒坛铭文砖

宁波城东南隅有唐五台开元寺、天封塔及天封塔院，是宁波最早的佛教文化起源地之一，至今还保留着天封塔、五台庵及五台巷的旧名。由于岁月的变迁和南宋初年的兵燹，一些重要的佛教建筑早已荡然无存。考古发掘在宋代地层中发现一层厚厚的红烧瓦砾，不乏殿堂屋顶的板瓦、瓦当、脊兽和顶帽等建筑构件，还出土有被烧红的佛像残件（图十）。文献记载，建炎四年（1130），金兵攻下明州，一路烧杀掳掠。该考古发现证实了此

图十：佛像残件

次兵燹对天封塔一带寺院建筑的破坏。

贸易和宗教是人类社会最早从事的实践活动。唐宋以来，随着海上贸易的发展，宁波人民在繁荣的商贸活动中形成了丰富多彩的宗教信仰。这些宗教建筑不仅是市民宗教活动的场所，也在塑造着城市的精神面貌。考古工作揭示了宗教遗存的一角，但如何传承保护并开发利用好这些宝贵的文化遗产，仍是我们今天面临的课题。

附记：本文图片承蒙黄昊德先生、雷少先生、张华琴女士、丁友甫先生提供，特此说明并致谢忱！

前世今生天宁寺

文 王结华

独来古刹快游观,八柱依然耸佛坛。
莲藏经文难尽释,李家年号尚深刊。
携将书尺铲苔迹,调得瓶泉洗志瘢。
差比少林金薤富,会当护惜筑回(迴)栏。
——清·张岱年《过天宁寺见唐时石幢八赋以志喜》

走在宁波市区中山西路上,自东向西穿过鼓楼,不久便可到达现在的海曙中心小学。在围栏外,人们可以看到路边耸立着一座青灰色的砖塔(图一)。塔并不算高,却大有来头,这就是浙江全境

图一:天宁寺西塔

现存年代最久的砖塔和中国仅存的唐代寺前双塔实例的天宁寺塔。

天宁寺塔,亦称咸通塔,原为宁波城内著名佛寺之一的天宁寺前东西双塔中的西塔,东塔已于清代光绪三年(1877)塌圮。天宁寺,肇建于唐代晚期的大中五年(851),距今(2020年)已有1169年之久,直到1955年才全部拆除。塔的建造稍晚一些,落成于唐代咸通四年(863),距今(2020年)也已有了1157年的漫长岁月。

千年以来,天宁寺名曾历经多次演化,天宁寺院也经过了频繁的毁修,次数之多令人眼花缭乱、应接不暇。而今的天宁寺,空留下一座孤零零的西塔,突兀地耸立在车水马龙、人流熙攘的闹市路边,无声地诉说着这里曾经的辉煌与变故。

现在,就让我们一起走近历史,去追溯、去探寻这座饱经沧桑、梵音不再的禅宗佛寺的前世与今生。

一、方志记载的天宁寺

南宋以来,地方修志兴起,天宁寺开始有了自己的专属"档案"。据初步查阅,自《宝庆四明志》以下,历代《宁波府志》和《鄞县志》中都有关于天宁寺或详或略的记载。部分节选如下:

南宋《宝庆四明志》:

> 报恩光孝寺,子城西百步。在唐为国宁寺,大中五年置。皇朝崇宁二年,诏改崇宁万寿禅寺,遇天宁节,赐紫衣、度牒各一道。政和元年八月七日,敕改天宁万寿。绍兴七年,改报恩广孝禅寺,是年又改今额,专一充追崇徽宗皇帝道场。有铁塔,建隆间康宪钱公亿所建。又有深沙神,初自奉化之岳林寺,编舟载至太平兴国寺,继徙本寺之西廊,盖工人黄百艺极雕刻之巧而为之者。常见光明,雀鼠俱莫敢近。建炎间,寺毁于兵,而深沙神之屋岿然独存,瞻奉者愈加敬也。常住田二千一百五十九亩,山二百六十亩。

元代《延祐四明志》：

> 天宁寺，在西北隅惠政桥……皇朝至元二十九年，寺复毁，僧可举重建，为祝圣都道场。至大二年正月，火于倭人。

元代《至正四明续志》：

> 天宁报恩寺，至大二年，火。至治元年，僧善德重建大佛殿……寺今营造将完。

明代《嘉靖宁波府志》：

> 天宁禅寺，县治西惠政桥北……绍兴七年改报恩广孝，是年又改报恩光孝，后又名天宁报恩。元至元十九年毁，重建。至大二年，又毁于倭。至治元年重建。大明洪武二十年，重建佛殿。永乐五年，重建山门。宣德十年，郡守郑珞重建钟楼。正统六年，重建藏殿；十年，建千佛阁。景泰二年，重建方丈。成化元年，建罗汉殿堂。

清代《雍正宁波府志》：

> 天宁禅寺，县治西惠政桥北……成化元年，建罗汉殿堂，重修佛殿、钟楼、天王殿、山门。国朝康熙二十三年三月毁；五十八年，僧明文徒实贵先造钟楼并铸钟；五十九年，明文徒实贵重建大殿、天王殿；次年建罗汉堂。

清代《四明谈助》：

> 天宁禅寺，在惠政桥北……明洪武十五年定为天宁禅寺……

> 嘉靖间，日本入寇，割寺东地为演武场，迁罗汉堂于佛殿之后……康熙二十三年甲子三月十二日巳刻，火起桥外民居，延至街上。先毁寺前楼门，随及山门……倏毁经藏，藏中之经有高扬至十数里外不损者。忽又毁钟楼及大钟，俄而殿鸱尾烟起，辄毁殿暨罗汉殿、斋楼、方丈无遗。

民国《鄞县通志》：

> 天宁寺……明洪武十五年定为天宁禅寺，二十年殿圮重建……清顺治间，里人董应遵重修佛殿。康熙六年，修钟楼，建楼门于天王殿；十六年，建斋楼；二十二年，重修佛殿；二十三年，寺毁无遗，是年先建禅室；五十八年，造钟楼并铸钟；五十九年，建大殿、天王殿，次年建罗汉堂。嘉庆二十二年，僧大㞦大晓大诠等重建并修钟楼；二十四年，重建天王殿、罗汉堂、法堂、廊庑。道光三年，知县孔龙章修钟楼，大㞦建方丈，大诠建先觉堂；十七年，改名天灵；二十一年，英兵踞城，毁佛像，携钟出海。咸丰十一年，毁于寇。同治三年，重修山门、大殿、法堂、斋舍、客堂、钟楼；六年，铸大钟。民国初，复名天宁。

民国《鄞县通志》又记：

> 咸通四年造此砖记……文在左侧，外无匡线，四面无花纹……考天宁寺建于唐大中五年，原名国宁寺，寺前有二塔，左右分列。清光绪季年六月，左塔崩，砖乃散于民间。今右塔尚存，市屋环列，不露于外，故人多不知之。

二、考古发现的天宁寺

进入20世纪50年代，千年古寺终于走完了自己的生命历程，寺院于

1955年左右被撤销,划归当时的市消防队使用,大殿、钟楼等建筑相继被拆除,改建为砖混结构的三层楼房。到了20世纪90年代,天宁寺前原东、西双塔中仅剩的西塔也已破败不堪,摇摇欲坠,市政部门借中山路拓宽之机,决定对其进行维修,以保护这一珍贵的文化遗产。文物部门也相机而动,于1995年2月至4月间对业已崩圮的东塔塔基进行了抢救发掘。

东塔相距西塔约71米远,清代光绪三年(1877)崩塌之后不曾再建。在130平方米的发掘面积中,由宁波市文物考古研究所、河姆渡遗址博物馆和当时的鄞县文物管理委员会办公室专业人员共同组建的考古队伍,不仅比较完整地清理出了唐代的基础、基座(图二)、散水、路面和宋代的散水、礓磜、路面、僧塔,同时还出土了一批不同时期的陶瓷、砖瓦、铜质文物,特别是其中"咸通三年□""咸通年""咸通四年造此砖记""天复叁年十月九日特造此场,盖是时价卖□片一十六文足□"等铭文砖的发现,既印证了方志记载此塔肇建的时间,也显示其曾在唐代天复三年(903)

图二 天宁寺东塔基址

加筑过散水，弥补了方志记载的不足。

因当时并无复建计划，经考古清理出来的东塔塔基又被原址回填保护起来，现仍卧伏于中山西路北侧的人行道下，任凭时光流淌和行人匆匆，静待他日能够再次重现于世。

2003年2月至6月，为配合海曙中心小学扩建工程，宁波市文物考古研究所又对已经废弃的天宁寺遗址进行了抢救发掘，总发掘面积达2000多平方米，揭露出唐宋时期的甬道、幢塔基址（图三）、前殿基址（图四）、山门台基以及不同时期的散水、排水沟、水井、地坪等重要遗迹，基本揭示了当年天宁寺中轴线以东相对完整的寺院格局（图五）。这些遗迹中的一部分，现亦被原址填埋保护在海曙中心小学校址之下。

三、天宁寺的兴衰废替

结合以上方志记载与考古发现，对照历史年号与公元纪年，我们可以比较准确地推演出天宁寺兴衰废替的历程：

唐代大中五年（851），天宁寺创建，初名国宁寺。

唐代咸通四年（863）前后，寺前建东、西砖塔。

唐代天复三年（903）左右，加筑东塔散水。

北宋建隆年间（960—963），寺内建铁塔。

北宋崇宁二年（1103），改名为崇宁万寿禅寺。

北宋政和元年（1111），改名为天宁万寿禅寺。

南宋建炎年间（1127—1130），寺毁于兵燹。

南宋绍兴七年（1137），改名为报恩广孝禅寺；同年又改为报恩光孝禅寺；后又改为天宁报恩禅寺，具体改名日期失记。

元代至元十九年（1282）或元代至元二十九年（1292），寺毁，重建（方志记载时间不同）。

元代至大二年（1309），寺毁于倭。

元代至治元年（1321），重建大佛殿，历经20余年方告完工。

明代洪武十五年（1382），改名为天宁禅寺。

图三：天宁寺幢塔基址

图四：天宁寺前殿基址（局部）

图五：天宁寺塔及遗址鸟瞰

明代洪武二十年（1387），重建佛殿。

明代永乐五年（1407），重建山门。

明代宣德十年（1435），重建钟楼。

明代正统六年（1441），重建藏殿。

明代正统十年（1445），建千佛阁。

明代景泰二年（1451），重建方丈室。

明代成化元年（1465），建罗汉堂，并修佛殿、钟楼、天王殿、山门。

明代嘉靖年间（1522—1566），因倭寇入侵，割寺东地为演武场，并迁罗汉堂于佛殿之后。

清代顺治年间（1644—1661），重修佛殿。

清代康熙六年（1667），修钟楼，建楼门。

清代康熙十六年（1677），建斋楼。

清代康熙二十二年（1683），重修佛殿。

清代康熙二十三年（1684），寺毁，重建禅室。

清代康熙五十八年（1719），重建钟楼并铸钟。

清代康熙五十九年（1720），重建大殿、天王殿。

清代康熙六十年（1721），重建罗汉堂。

清代嘉庆二十二年（1817），重修钟楼。

清代嘉庆二十四年（1819），重建天王殿、罗汉堂、法堂、廊庑。

清代道光三年（1823），修钟楼，建方丈室与先觉堂。

清代道光十七年（1837），改名为天灵禅寺。

清代道光二十一年（1841），英兵毁坏佛像，携钟出海。

清代咸丰十一年（1861），寺毁于寇。

清代同治三年（1864），重修山门、大殿、法堂、斋舍、客堂、钟楼。

清代同治六年（1867），重铸大钟。

清代光绪三年（1877），东塔崩塌。

民国初年（1912年左右），复名天宁寺。

1912—1949年，寺院仍在，但已"市屋环列，不露于外"，基本处于半废弃状态，知道的人不多。

1955年，寺院被撤销，殿、楼改建。

1995年，修复西塔，发掘东塔基址。

2003年，发掘寺院遗址。

……

千年天宁寺，几度兴与衰。古刹行已远，风华依稀在。与唐代诗人杜牧"南朝四百八十寺，多少楼台烟雨中"一诗吟咏的那些彻底湮没无闻的寺院庙宇相比，天宁寺还算幸运，至少西塔还在，东塔基址和寺院的局部遗址也都还在。天宁寺本身虽然已经消失在茫茫尘世中，但人们并未完全忘记它：1981年，宁波市人民政府公布咸通塔为市级文物保护单位；1989年，浙江省人民政府公布天宁寺塔为省级文物保护单位；2006年，国务院公布宁波天宁寺为全国重点文物保护单位。对于千年古刹天宁寺来说，这，或许是一种最好的慰藉吧。

  附记：本文部分图片采自《宁波考古六十年》或承丁友甫先生提供，文献承蒙许超先生、张亚红女士协助查阅，特此说明并致谢忱！

闲说唐东塔

文 钟祖霞

一

城市就像人体,如果要给宁波写一部传记,就不得不提及这个城市的地标建筑之一——孤独地站在宁波城市"脊椎"(中山路)上的唐塔。唐塔一站就站了1158年。

唐塔,宁波当地人也称其为"咸通塔",缘于塔砖上刻有"咸通四年(863)造此砖纪"的铭文。按照唐代"寺前双塔"的标准配置,唐国宁寺前东西两侧也有一对姐妹塔,目前矗立在地面上的是唐西塔,埋藏在地底下的是唐东塔。

塔,这种建筑不是中国的专利,它起源于古代印度,称作"窣堵波"(音),其实就是坟墓。释迦牟尼涅槃后,弟子们将其遗体火化,并在其一生中有纪念意义的八个地方,建造了八座窣堵波以供奉舍利。窣堵波的基本形态是在一座方形高台上,修建的一个覆钵状的塔体,其上点缀有塔刹。阿育王时期,又在释迦牟尼的许多行经之处修建了窣堵波,使得窣堵波从单纯的坟墓,演变成了佛教的纪念性建筑。

东汉，随着佛教的传入，佛塔开始在中国兴建。大约在两晋南北朝时，翻译佛经的中国人依据窣堵波的含义，创造了"塔"字，一直沿用到今天。佛塔在历史的长河里，与中国原有的建筑形式、文化传统相结合，演化成中国化的建筑形式，通常由地宫、塔基、塔身、塔顶和塔刹组成。虽然如今中国佛塔与印度的窣堵波已经大相径庭，但在楼阁式塔的塔刹处还是能看到窣堵波的影子。

中国佛塔从建筑构造来分，有实心塔和楼阁式塔两种。实心塔是用砖石等材料砌出的实心体，不能登临，分为阿育王塔、密檐塔、喇嘛塔、金刚宝座塔四种式样。楼阁式塔内有塔室，可以攀登凭眺，可分为密檐楼阁式、楼阁式、砖木混合式、砖石混合式四种样式。佛塔的平面有四方形、六角形、八角形、十二角形、圆形等形状，其中以方形、八角形居多。佛塔的层数从1层到37层不等，多为单数。

二

唐国宁寺的建造是在宁波建城之后。唐长庆元年（821），明州（今宁波）刺史韩察将明州府治迁至三江口并筑子城，标志着古代宁波建城的开始。唐大中五年（851），正值明州建城30周年，在经历唐武宗大规模灭佛后，唐宣宗在大唐帝国境内重振佛教、大复佛寺，唐国宁寺是奉朝廷敕命、受官府支持在明州府治西边选址兴建的。初建时，有三门藏院诸功德廊宇，又特邀高僧宗亮主持寺院，是当时明州城内具有代表性的一座佛教寺院。

唐国宁寺在宋崇宁二年（1103）改名为崇宁万寿寺。宋政和元年（1111）更改名为天宁万寿寺。建炎年间（1127—1130），毁于战火，不久重建。元至大二年（1309）为倭寇所毁，后又重建。明洪武十五年（1382）改为天宁禅寺。民国初年改称"天宁寺"。1955年，寺院划归给市消防大队，改建为砖混结构的三层楼房。2003年，为配合海曙中心小学建设，宁波市文物考古研究所对唐国宁寺遗址进行了考古发掘，基本掌握了唐宋时期中轴线以东的寺院格局。

地面上的唐西塔为砖结构，立面呈抛物线状，塔高约12米，平面呈正方形，每边长约 3.2 米，共五层，逐层收缩。每层用砖叠涩出檐，出檐较远，有别于北方常见的唐塔。塔内部呈筒形，底层四面均开设壸门，每层四壁均设有壁龛。2006 年 6 月，唐西塔被国务院公布为第六批全国重点文物保护单位。这座浙江省现存年代最久、独一无二的唐代砖塔，是我国仅存的唐代寺前双塔实例，对研究唐代的宗教文化和佛教建筑具有重要作用。

再来说说地下的唐东塔。据方志记载，唐东塔是在清光绪年间（1875—1908）崩塌，后来被民居覆盖填平。1995 年，宁波市政府对城市的主干道中山路进行拓宽，市文物考古研究所受委托，对唐东塔遗址进行抢救性考古发掘。当时大家都不清楚唐东塔遗址具体位置在哪里，时任市文物考古研究所副所长周庆南先生作为发掘项目考古领队，特地向宁波城市的老掌故洪可尧先生讨教。洪老先生带周先生到中山西路上一家理发店后面的院子里，指着石板天井的东厢房说，这间房子下面就是唐东塔塔基。经考古勘探发现，东塔塔基果然就在底下！经实地测量，唐东塔的位置与地面上的唐西塔距离 71 米，与东边的唐子城南门（鼓楼）距离 210 米，正是宁波城市的中心位置。

三

现在，时光回转到发掘的 1995 年 4 月，就让我们缓缓走近唐东塔考古发掘现场，考古发掘遵循"自上而下、由晚及早、逐层清理"的原则，就好比是一页一页翻阅图书，只不过阅读的是无字"地书"，通过解读不同地层内包含的遗迹、遗物，来再现当时社会的方方面面与先民的喜怒哀乐。

唐东塔处在唐代明州城（今宁波老城区）的中心，这里历代以来人口稠密、活动频繁，因此地层剖面变动十分丰富。

剥去旧木屋的红石板地坪，我们停在第①层近现代到清代地层，入目的是灰黑土，厚 15—75 厘米，包含黑色瓦砾层、石灰层和红灰色瓦砾层，有的火烧瓦砾层厚达 50—60 厘米，这是当时城市居民曾经流离失所的悲伤印记。

往下第②层明代地层，为坚硬有黏性的灰黄土，厚 50—60 厘米，包含有明代白瓷、龙泉瓷和青花瓷，有的青花瓷带有"福""寿""雨香斋""白玉斋"等铭文，是当时城市居民的主要生活日用器皿。

走近第③层元代中后期地层，满目都是红烧瓦砾层，质地疏松，战乱痕迹明显，厚5—75厘米，出土物不多，发现有印"长命富贵"的芒口青白瓷、卵白釉瓷片等。

往下到第④层南宋至元初时期地层，是灰土层，厚20—60厘米，夹杂大量青瓦砾、石灰粒，出土"元丰通宝""熙宁通宝"和"嘉祐通宝"等钱币，还有莲瓣纹龙泉碗、朱砂足的尖莲瓣碗和双鱼洗。僧侣骨灰塔也出现在这一层，显示出当时城市富裕、居民安逸。

漫步至第⑤层宋代地层，为纯灰土层，很坚硬，瓦砾石灰极少，厚10—50厘米，出土有典型的北宋越窑执壶以及花口圈足碗、青白瓷等。

进入第⑥层地层，质地坚硬的灰褐土层，厚22—62厘米，夹杂瓦砾，包含有"开元通宝""乾元通宝"钱币、莲瓣瓦当、越窑玉璧底和矮圈足碗等，此层叠压在唐东塔北散水（墙角护坡，排除雨水保护墙基）"天复三年"铭文砖上，年代应为唐昭宗天复三年（903）之后的唐末。

往下是第⑦层地层，离地面大约有2.6米深，出现黄褐色土，质地较夯，土软，厚25厘米，出土越窑青瓷八角短流凹条式瓜棱的执壶片、密支钉叠烧的矮圈足碗片。此层被"咸通三年"铭文砖砌的唐塔基槽夯土打破，当为唐咸通三年（862）以前的唐中、晚期地层。

再往下第⑧层是薄薄的晋代地层，厚6—15厘米，黑色土，质地有点松软，出土有越窑青瓷铺首衔环四系罐、灯盏、盘口壶和带联珠纹、水波纹、点褐彩的残片。

最后到第⑨层，看到黑绿色土，摸上去有黏性，厚22—46厘米，夹杂砖块，发现绳纹板瓦、印窗棂纹瓷罍和泥质灰陶小口弦纹圆底罐等，这是古朴的东汉地层。离地面大约3米深以下就是生土层，已经看不到任何人类生产生活的遗迹了。

看完四周近2000年时光变迁的考古地层剖面，我们再走近中间的唐东塔塔基，可以清楚地看到，唐东塔的基础开挖打破了唐中晚期、晋代和东汉三个地层，在生土层挖成一个下小上大的方斗形槽，槽的底部或为条石或为夯土，逐渐向上堆积的夯土中间又夹杂条石，槽口之上，夯土面积又随着厚度变大。

唐东塔的基座残高1.6米,西南角共保存46层砖,须弥座式,平面呈正方"回"字形。基座立面分为两部分,下部为素面砖座,共12层,上部为须弥座,共14层。每面各有8个壁龛,四边都开有宽80厘米的壶门。地面上的民居断垣残壁出现大量"咸通四年(863)造此砖记"铭文砖,与方志记载光绪年间(1875—1908)发现的塔砖相符。

唐东塔考古发掘的重要收获之一,是在残塔上部内壁发现有6块印有"咸通三年□"阳文砖,由此断定此塔始建于唐咸通三年(862)。唐东塔的基座采用还原焰烧成的青砖砌筑,砖与砖之间使用黄黏土勾缝。离塔基座四周30厘米,加筑了水平方向的散水,北边散水发现了刻有"天复三年十月九日特造此场盖是时价卖□片一十六文价足□"铭文砖,据此可知,散水是在天复三年(903)砌筑的。

四

现在,我们从唐东塔遗址的地层堆积、出土物和塔基结构来一起总结考古发掘成果。首先,此次考古证实了此塔确实是唐代建筑,早于方志光绪时(1875—1908)记载的"咸通四年(863)"铭文砖纪年,而是建于唐懿宗咸通三年(862),在唐昭宗天复三年(903)塔基四周加筑散水。其次,明确了唐东塔的建筑结构和工艺技术,为修复唐西塔提供精准的科学依据。最后,实证了宁波城市最早的居民出现在东汉时期,那时候宁波老城的核心区已经有了人们聚集而住的现象。此后,人们的生产生活遗迹一直绵延不断,他们在这座城市中生生不息,创造了深厚的历史文化,夯实了宁波这座历史文化名城的内涵和底蕴。

能够包容一切,是每一座城市的天性。前世的唐塔遗迹已经变成了宁波今世的一部分,并且还将继续存在下去。我们应该由衷感谢默默耕耘在四明大地上的文物考古工作者,是他们忘我地将生命与智慧无私地投入追寻、研究、保护、传承这座城市的珍贵文化遗产,让当下的我们能够看得见、听得到宁波历史过往中出现的那些人、那些事和那些物……

天封塔下——重现天日的地宫与塔基

文 王光远

位于今日宁波市海曙区大沙泥街、开明街附近的天封塔（图一），曾是宁波城市历史上的标志性建筑之一。

据载，天封塔始建于唐代"天册万岁"至"万岁登封""万岁通天"年间（695—697），因建塔年号中有"天""封"二字而得名，嗣后屡有毁建，仅宋元以来方志记载中的重建或修缮就达十余次。

图一：天封塔

南宋《宝庆四明志》：

> 天封院，鄞县南一里半。旧号"天封塔院"，汉乾祐五年建。皇朝大中祥符三年改赐今额。寺有僧伽塔，建炎间毁于兵。绍兴十四年，太守莫将重建……嘉定十三年火，废为民居。

元代《延祐四明志》：

> 天封院，在西南隅。唐通天、登封年间，建僧伽塔，高十有八丈，以镇郡城。汉乾祐五年，建天封塔院。宋大中祥符三年，改今额。建炎间毁。绍兴十四年，郡守莫将重建。嘉定十三年火，废为民居。皇朝至元二十三年，有司例复建，犹未完。

元代《至正四明续志》：

> 天封寺，旧有僧伽。塔高十有八丈，建于唐万岁通天、万岁登封间。宋嘉定间再毁。皇朝泰定三年，塔大圮。至顺元年，僧妙寿等募建。

清代《四明谈助》：

> 天封塔，县治东南二里许。始建于唐武后万岁通天，讫于万岁登封，故以"天封"名。其制明暗为层者各七，每层六角，高一十八丈，玲珑秀拔，巧甲天下……宋建炎间毁于兵燹。绍兴间僧德华重建……嘉定十三年又毁。元泰定间大圮，至顺初海会寺僧妙寿同住持子昚修复……至正间平章方国珍弟国珉重建塔院……明永乐十年雷火击毁三层，又修。嘉靖三十六年飓风飞堕塔顶；三十八年郡守重修……国朝顺治十七年住持等宝募资大修……雍正九年巡道孙诏、知府曹秉仁命监生信尔玑、生员朱

世焌、住僧果心劝募重修。乾隆十六年八月飓风大作，飞堕塔顶；二十一年巡道范公清洪、郡守□□□、县令余公陞广谕绅士劝募重修……后于嘉庆三年十二月初三夜火起，七级俱毁，并新旧碑版，无一存者。

民国《鄞县通志》：

> 天封塔，在今城南唐塔镇天封寺旁。唐武后天册万岁及万岁登封纪元时建，故得是名。一云肇于梁武帝之天监，成于唐高宗之乾封；一云肇于乾封，成于武后之通天。旧志皆作唐通天、登封年建，考万岁通天、万岁登封二年号在一年之中，且登封前而通天后，似以天册至登封为是……宋建炎间兵毁。绍兴间重建……元泰定元年圮。至顺元年重建……明永乐八年重修；十年雷火击毁三层，是岁又修。嘉靖三十六年飓风飞堕塔顶；三十八年郡守周希哲重修……清顺治十七年大修。雍正九年重修。乾隆三年又修；十六年八月飓风大作，又堕塔顶；二十三年监生洪朝校重修……嘉庆三年十二月塔灯失火，栏楯俱毁。民国二十四年寺僧又发起重修。

根据这些记载来看，关于天封塔的始建年代固有争议，且毁建过于频繁，现存的天封塔到底始建于何时也成了不解之谜。

20世纪50年代以来，命运多舛的天封塔又经历了两次重修。分别在1982年和1986—1987年。为配合最近一次的落架大修工程，文物考古部门相继进行了两次发掘，不仅揭露出深藏塔下不为人知的地宫和塔基，也揭开了现存天封塔何时始建的历史谜底，最终为这一"千年之问"奉上了完美的答案。

一、天封塔地宫的发掘

文物考古部门于1982年6月至7月间对天封塔地宫进行发掘。

地宫位于天封塔第一层塔室内基址下中心部位，正南向，底面正方形，边长1.12米，高1.06米。建造时系以四块厚约0.11米的石板竖砌形成四周边框，上下各用厚约0.18米的两块石板作为底板和盖板。地宫之内置放石函一方，函、框之间满填钱币，函上置一圆形柱础以顶住石框盖板。整个地宫形制规范，建造讲究，耗费不菲，体现了工匠们的用心和信徒们的虔诚。

特别引人注目的是地宫内的石函。石函置于地宫正中，近正方体，长0.92米，宽0.83米，通高0.9米，重达数吨，由函盖和函身两部分组成。石函盖面及盖北侧面各有刻铭，主要记录地宫建造经过和捐助信徒、题记者、书写者、镌刻者、主事僧众姓名及誓愿等内容；函身四周阴刻四大天王像，局部施彩，已见脱落。从石函盖面题记落款"大宋太岁甲子绍兴十四年三月戊辰十八日己巳赵允谨题"这段文字看，天封塔地宫应落成于南宋绍兴十四年（1144）农历三月十八日或稍后，距今（2020年）已有876年的历史。

打开石函，更是耀眼生辉，里面几乎塞满了物品。据不完全统计，整个地宫出土文物计54种140余件，另有重100余千克的铜钱。特别是石函内部，出土文物品类繁多，琳琅满目，主要包括银器（地宫殿模型、塔、熏炉、香炉、碗、铲、匙、镯、钗、钩及银条、银花、浑银牌、刻文银钱等）、涂金器（钗、钩、珠、环、吊幡及各种涂金饰件）、铜器（镜、钹、锣、磬、座子、象棋、钱币）和砗磲、梅瓶、玻璃瓶、水晶珠、玉环、玉饰、珍珠、木珠、玛瑙、螺钿以及各类铜、石、金、铁质地的佛教造像（图二）。许多文物都是首次在宁波地区发现，其中不乏来自遥远异域的奇珍。

图二：天封塔地宫部分出土文物

二、天封塔塔基的发掘

文物考古部门于1986年10月至1987年1月间对天封塔塔基进行发掘。塔基平面呈规则的六边形，边长约5.5米，面积约79.2平方米，中心置放地宫。其基础结构自上而下分为砖石基面与夯土基础两大部分：砖石基面由砖块和梯形石板组成，基面厚约0.2—0.23米，其中砖块基面位于塔基外圈，宽约0.8米，厚约0.2米，错缝叠砌三层；石板基面的十二块梯形石板分为两组，兜角形成六边形，外组边长约4.55米，宽约0.84米，内组边长约3.6米，宽约0.94米。砖石基面中心是一块长方形地宫盖顶石，长约1.23米，宽约1.09米，厚约0.18米，其间另铺有碎石板。各石板之间空隙皆用石灰填缝，形成整体的承重面（图三）。

砖石基面以下为夯土基础，呈六边形，边长约 6.75 米，面积约 109.48 平方米。夯土自上而下依次分为黑褐色瓦屑土、灰黄色砖瓦土、黄褐色砖瓦土、青灰色砂石土四层，经过分层夯打，以至致密牢固。其中第三层内还夹杂有较多大小不等的基石和 30 只呈六边形排列倒覆置放的缸基（图四）。第四层则加筑有 8 行 62 根南北向排列的木桩、69 根呈六边形或放射状铺设的卧木（图五）和大小不一的"塔基内石"。最底部又铺垫有一层厚约 0.2 米的领夯石层，目的同样是更好地加固塔基。

代表宋代官方建筑标准的《营造法式》一书规定："筑基之制每方一尺，用土二担，隔层用碎砖瓦及石札等亦二担……每布土厚五寸，筑实厚三寸，每布碎砖瓦石札等厚三寸，筑实厚一寸五分。""凡开基址，须相视地脉虚实，其深不过一丈，浅止于五尺或四尺，并用碎砖瓦石札等。"天封塔

图三：天封塔塔基砖石基面

图四：天封塔塔基基石与缸基

图五：天封塔塔基木桩与卧木

的筑基之术，基本符合《营造法式》的要求，同时又根据南方地脉虚软的特点做了适当改良，开创了江南营造学的又一典范。

塔基之内出土文物数量不多，且因经过夯打，大多较破碎，主要出自夯土、缸基和砖石基面外围砖层中。种类主要包括宋代瓷碗、瓷盘、钱币、瓦当、铭文砖等。因夯筑用土系从他处搬运而来，宋代以前的遗物也有少量发现。值得注意的是，即使是同一夯层内出土的遗物，其年代也各不相同，说明上下四个夯层在同一时期形成，这对探讨天封塔的建造年代十分重要。

三、相关问题的探讨

1. 关于现存天封塔塔基的建造年代

天封塔的具体创建年代，历来说法不一。前文诸书记载就有肇建于唐代万岁通天、万岁登封年间（696）和天册万岁至万岁登封年间（695—696）两说，其他还有肇建于梁代天监年间（502—519）、成于唐代乾封年间（666—668）及肇建于唐代乾封年间（666—668）、成于通天年间（696—697）等说法。那么，现存的天封塔到底始建于何时呢？我们不妨来做一下具体分析：

以上两次发掘情况表明，现存的天封塔应始建于南宋绍兴十四年（1144）。主要理由如下：其一，所有方志都记载天封塔曾在"建炎间毁，绍兴十四年重建"，这与塔基出土砖刻铭文"绍兴甲子"及地宫出土石函盖面铭文"大宋太岁甲子绍兴十四年三月戊辰十八日己巳"年代一致。其二，部分出土器物如"天封造塔司公用"铭文碗、"天封"铭文盘等宋代特征明显，出土钱币中最晚的"绍兴通宝"更是建塔年代明确的物证。其三，石函盖面铭文记有"天封宝塔基址下伏承乡贡进士王居隐阖宅等备己财先造宝塔第一层"，说明砖石基面以下的基址层同是绍兴十四年（1144）造塔的连体层，且夯土基础为一次形成而非分开夯筑，这从理论上否定了宋代天封塔在旧僧伽塔塔基之上重建的假设，也合乎天封塔"明暗各七"的记载。据此，现存的天封塔塔基属宋塔，应系南宋绍兴十四年（1144）重新择址兴建，而非在旧塔基础之上重建。至于塔基之上的塔身部分，因历代多有毁废，建造年代应在绍兴十四年（1144）以后或更晚。

2. 关于天封塔塔身倾斜的原因

天封塔在历史上曾经毁废无常，或毁于战争，或毁于失火，或毁于风雨，或毁于雷电，或塔体塌圮。20世纪80年代后，天封塔塔身又逐渐往东北方向倾斜，并出现多处裂缝，随时有倾倒的危险。导致塔身倾斜的原因是什么？对于这一问题，我们同样可以从考古发掘中找到答案。

发掘情况显示，天封塔塔基因长期承受塔身的荷载，出现了一定程度的沉降，譬如基面梯形石板断裂、砖基面和缸基面往塔心方向倾斜、几块方形基石压裂、地宫长基石断开等，这些应该都是沉降现象的反映。同时，这种沉降又是不均匀的，从砖石基面沉降变化后的平面来看，其西南面高于东北面14.5厘米；六边的每边都是中间高两角低，以东北角的梯形石板为例，它是全基面下沉最低的一块，与西南角最高点相差达25.5厘米；14块方形基石也是西南角最高、东北角最低，相差22厘米；中间一块南北向的地宫基石也是南高北低，相差7厘米。造成这种不均匀沉降的原因，除了可能的基础本身影响，风、雨、雷、电等自然现象也是重要因素。裸露的塔身直接遭受侵蚀，日积月累，塔身遂逐渐偏离重心，往东北方向倾斜，最后不得不再次拆除重建。

3. 关于地宫内部分文物的来源

重见天日、再放光芒的天封塔地宫之中，曾经出土过不少精美绝伦的文物，包括部分海外文物，其中除了"天福镇宝"铜钱可以明确是985年越南所铸，另外还有一部分文物如砗磲、玻璃瓶、水晶、玛瑙等异域风情浓郁的舶来品。问题是，这些物品到底来自海外何方呢？

宁波地处中国大运河与"海上丝绸之路"的交汇节点，自古以来就是我国重要的对外交通贸易口岸。唐宋时期的宁波，"虽非都会，乃海道辐辏之地。故南则闽、广，东则倭人，北则高句丽，商舶往来，物货丰衍"（《乾道四明图经》）。稍晚的《宝庆四明志》中也有类似的说法。结合文献记载与器物风格分析，天封塔地宫中出土的这批舶来品很可能是通过海道自南洋诸国辗转闽广一带运来的。它们的发现,为宁波古代"海上丝绸之路"增添了重要物证。

  附记:本文图片主要采自《宁波文物集萃》《再现昔日的文明——东方大港宁波考古研究》和《浙江宁波天封塔基址发掘报告》,文献承蒙王结华先生、许超先生协助查阅,图片承蒙张华琴女士合成,特此说明并致谢忱!

老庙重生：记宁波府城隍庙的修缮

文 孙国玲

城隍信仰作为中国特有的一种民间信仰，历史悠久，源远流长。学术界一般认为，城隍神源自《礼记》"天子八蜡"中的"水墉神"（即沟渠神）。据记载，周天子祭祀八蜡神，第七种神是"水墉"。在古代，每年年终人们都会祭祀水墉神和其他七位与农业生产有关的神灵，祈求农业丰收。而后，由于道教的兴起，城隍神与民众的生活关系更加密切，备受民众的敬重。道教认为城隍是剪恶除凶、护国保境之神，是冥界的地方官。明初，朱元璋曾下诏"封京都及天下城隍神"，完善了城隍祭祀制度，全国城隍庙分都、府、州、县四级，其建筑、布局、内部配置比照地方官署，从而进一步确立了城隍"与现世行政机构相对应的冥界地方官"的性质。自此，城隍庙成为每个城市必不可少的建筑，凡有县必有城隍。

宁波府城隍庙，又称郡庙、老庙，位于今海曙区县学街22号，始建于明洪武四年（1371），现存庙殿为清光绪十年（1884）重建，是我国现存规模最大、保存最完整的府城隍庙之一，1981年，被公布为宁波市文物保护单位（图一）。

图一:城隍庙全景(修缮前)

一、悠久历史,见证兴衰

据明正统十一年(1446)十二月黄润玉所撰《宁波府城隍神庙之碑记》记载,宁波历史上最早的城隍庙可以追溯到五代后梁时期。后梁贞明二年(916),刺史沈承业在州治西南(今府桥街一带)始建城隍神祠。宋嘉定九年(1216),郡守程覃奏赐庙额"灵佑"。明洪武四年(1371)春正月,遭火灾,郡守张琪将其迁建于郡治东南握兰坊元帝师殿旧址,即今县学街城隍庙址。

明洪武十四年(1381),明州易名为宁波,乃正神号为"宁波府城隍之神",庙也因此被定名为"宁波府城隍庙"。旧时,宁波府城隍庙不仅是宁波古代官员到任、离任的参拜述职之地,还是老百姓祈福求平安的地方,也是集民间信仰和民俗文化活动为一体的公共场所,更是重要的议事场所。清顺治二年(1645)六月,富有民族气节的钱肃乐、张苍水、董志宁等为抗击清军入浙，曾在庙内聚集数千人起义。

历史上，宁波府城隍庙曾经历过多次大修。清雍正十年（1732），知府孙诏重修郡庙，并在照壁前增添了一对旗杆。清光绪九年（1883）五月初一，城隍庙不幸又遭火灾，大殿、后殿、台亭及东西看楼皆毁于火。大火后，乡人募集资金修缮，于1886年完成了郡庙前后大殿、两廊、看楼及官厅、仪门的修复，唯大门内左首的怀棠祠、右首的痘神殿及大门等处因经费问题，未能修缮。后在阖郡绅商士民的捐助下，至清光绪十三年（1887），郡庙修缮告成，并举行了声势浩大的开光仪式。这次修缮是城隍庙历史上承前启后的转折点，奠定了现存庙宇的基本形制、格局，成为2018年城隍庙大修的历史依据（图二）。

时光荏苒，自1884年重建至20世纪80年代，百年间，城隍庙曾有过数次修复，其中影响最为重大的是1982年的修缮工程。彼时，城隍庙已被公布为宁波市重点文物保护单位，由镇明区人民政府劳动科下属的劳动服务公司投资55万元作为工程资金，施工单位为临海古建筑工程公司，于1982年11月动工。修缮遵循"原材料、原工艺、原形制"的原则，尽可能地恢复城隍庙原有风貌，大殿屋脊按原样修复，屋顶筒瓦仿照原物定

图二：城隍庙外景（修缮前）

制,并从天一阁寻回了"宁波府城隍庙"的大门匾额。该匾高3米,宽1.7米,为慈溪人士钱罕所书,弥足珍贵。工程历时一年,至1983年11月城隍庙修缮完成,迎来了历史的新时代。

庙内现存的《宁波府城隍神庙之碑记》《宁波府城隍庙重建大殿碑记》等碑刻,为后人研究城隍庙的兴衰发展,提供了实物例证。

二、恢复风貌,再现辉煌

1984年,宁波府城隍庙在修缮后,被辟为商场,一度成为集购物、娱乐、美食于一体的商业中心,曾是甬上民间信仰、民俗娱乐、美食风物的荟萃之所。然而,城隍庙的文化功能却日渐衰落,环境脏乱差现象日益凸显,消防安全隐患不断。尤其是轨道交通2号线城隍庙站施工以后,文物建筑安全也受到严重威胁,社会各界对于改造提升城隍庙区域和"还庙于民"的呼声也越来越高。走过6个多世纪的城隍庙迫切需要再次修缮保护。

2013年起,根据文物建筑保护要求及交通规划施工的需要,城隍庙区域开始封闭修缮。

2015年5月,《宁波郡庙天封塔历史文化街区及周边修建性详细规划》正式公布。《规划》将郡庙天封塔历史文化街区及周边地区的功能定位为:"复兴宁波城隍庙文化,抢救性保护及还原传统市井文化的商业、展示、体验新场所,重点围绕市井民俗文化,将其建成为融合街区历史文化特色与非物质文化资源于一身,聚集文化展示、城市休闲、商业娱乐等多种功能于一体的市井民俗旅游休闲商业区。"

在编制城隍庙区域规划的同时,宁波海曙区文物部门委托浙江省古建筑设计研究院,依据历史资料,在现状勘察测绘的基础上完成《宁波府城隍庙修缮工程设计方案》,组织媒体征集市民对城隍庙修缮方案的意见建议,修改完善后提交当时的宁波市文化广电新闻出版局审批同意。

根据《申报》有关城隍庙的记载:"五月初一晚七点余钟时,宁波府城隍庙大殿上突然火起,守庙人等并不出外呼救,亦不昇城隍神像出庙,但皆从后门逃走……大殿三间两弄、后殿五间、台亭一座、东西看楼,共为焦土。唯后殿东西墙外之余屋以及大殿下东西两廊，皆赖各水龙竭力浇灌，得未延烧"，结合对现存柱网结构的分析，参照宁波现存同时期、同类型建筑中前后戏台及东西看楼的做法，宁波府城隍庙被修缮恢复至清光绪年间重建时的历史风貌（图三）。

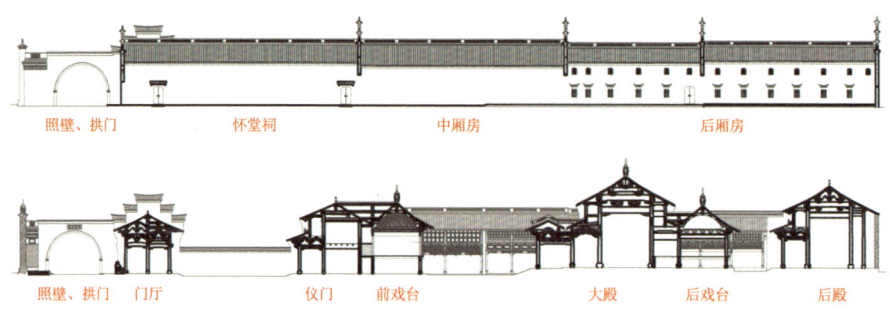

图三：城隍庙修缮立面图（采自宁波府城隍庙修缮工程设计方案）

宁波府城隍庙原有的中轴线上依次分布有照壁、门厅、前天井、仪门、戏台、中天井、大殿、后殿。此次修缮遵循不改变文物原状、以最低程度干预的原则，坚持技术手段的可逆性，保护文物建筑及环境的原真性。对前厢房、后厢房、后戏台、看楼等修复均有据可依，遵循文物建筑修缮的基本原则和规范。

修缮工程总投资约4000万，于2018年10月20日开工，至2019年10月18日竣工，历时一年。施工期间，市、区两级文物部门安排专人跟进工程，协调解决工程中的重点、难点问题。全面修缮后的城隍庙建筑面积约6700平方米，整体格局基本恢复至清光绪年间重修后的风貌（图四、图五）。

三、重塑地标、延续文脉

如果说恢复郡庙历史风貌，是本次宁波府城隍庙修缮的重要使命，那么，如何重塑文化地标、延续城隍文脉，是本次修缮应有的时代担当。

围绕城隍庙的文化内涵，着眼于"聚文气、旺人气、出名气"，发挥

图四:城隍庙外景(修缮后)

图五:城隍庙内院(修缮后)

历史文化穿针引线的作用,力争重塑宁波府城隍庙这一重要文化地标。

通过挖掘、梳理城隍文化与宁波城市发展的脉络关系,提炼对当代社会发展具有积极意义、最能体现核心价值观的内容。在功能定位方面,适当配置非遗、文创等业态,动静结合合理布局展示空间,满足不同层次市民游客的需求。在展陈施工工艺方面,采用朱金漆木雕、金银彩绣、骨木镶嵌等宁波本地"非遗"工艺,融古汇今,精益求精,力求使城隍庙成为甬上传统"非遗"工艺展示大课堂。

以民国及20世纪五六十年代城隍庙老照片中的大殿、仪门等部位照片为依据,庙内富有宁波地方特色的朱金漆木雕暖阁等得以修复。

城隍文化体现了法治与道德的结合,城隍庙规模与地方府衙相当,格局按照衙门的形式布局,庙中悬挂的楹联和匾额也反映了当时人们的道德规范,让人有望而生畏的感觉。

原城隍庙内具有警示作用的一些匾额,如"为善必昌""你来了吗""也有今日""善人是兴"等,在这次展陈中邀请甬上书法名家重新书写、制作。同时,结合地域文化特色及城隍庙的文化内涵,通过公开征集、特邀专家创作等方式,对庙内楹联、匾额内容进行了适当更新。旧时,文化娱乐活动少,城隍庙不仅是百姓烧香祈福之处,还是重要的娱乐活动场所,成为城内外人员聚集之地。因而,官方或行业组织经常将此处作为公告发布、信息宣传之所。此次城隍庙修缮过程中,陆续发现碑刻27通,内容涉及城隍庙的兴衰发展史,以及社会经济发展、风土人情、行业规范、告示禁令等,具有一定的研究价值。根据庙内现有空间布局,对这27通碑刻进行了妥善安置。

历经六百五十载风雨沧桑,作为见证宁波城市发展,承载宁波人文记忆、城市记忆和市民念想的地标建筑,郡庙恢复风貌,重放光彩。融古汇今,无论是历史文化的保护,还是"非遗"工艺的传承,宁波府城隍庙必将以其独特的文化印记,为提升历史文化名城核心区文化品牌价值、文化影响力,助力宁波名城名都建设写下浓墨重彩的一笔。

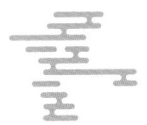

妈祖信俗在宁波

文 丁洁雯

妈祖信俗是我国历史悠久的非物质文化遗产，也是中国首个信俗类世界遗产。妈祖信俗，也称为娘妈信俗、天妃信俗、天后信俗、天上圣母信俗，是以崇奉和颂扬妈祖的立德、行善、大爱精神为核心，以妈祖宫庙为主要活动场所，文化的表现形式主要为庙会、习俗和传说等。作为最早接纳和传承妈祖信仰文化的重要地区之一，宁波地区的天后宫曾经多达200余座。而宁波地区第一座有史可循的妈祖信俗宫庙，就是位于今海曙区东渡路与江厦街交汇处的宋·天妃宫。

一、宋·天妃宫：妈祖信俗在宁波的历史开端

据元代程端学撰《积斋集》卷四《灵济庙事迹记》载："浙鄞之有庙自宋绍兴三年，来远亭北舶舟长沈法询往海南遇风，神降于舟，以济。遂诣兴化分炉香以归。见红光异香满室，乃舍宅为庙址，益以官地，捐资募众，创殿庭，像设毕设，

有司因俾沈氏世掌之。"宁波乃至浙东地区第一座妈祖庙——宋·天妃宫，即灵慈庙，由此诞生。

随着妈祖信俗在宁波地区的持续传播，天妃宫几经重建扩建，规模不断扩大，地位不断上升，相关考古成果、碑刻资料和往日旧影也可证实这点。1982年8月至11月，为配合城市建设，浙江省文物考古所和宁波市文管办联合发掘江厦街天妃宫遗址，考古发掘表明：元代天妃宫为面宽进深皆为三开间的单体建筑；明嘉靖至天启时期，天妃宫由前殿和大殿组成；清康熙年间，建筑结构包括了放生池、前殿、戏台、甬道、月台和大殿，大殿由原来的三开间扩建为五开间；咸丰年间重建时延用了康熙时期的建筑布局。又，清康熙十四年（1675）《重建敕赐宁波府灵慈宫碑记》载："幸逢今上恩弛海禁，各省商贩云集，蛟宫龟窟中，赖妃默相保佑，灵异尤著。值定镇蓝公理暨提协张君天福、陈君佳、前镇标原名尔怀、鄞邑令黄君图巩，皆妃里人，同莅兹土，偕吾乡诸君子，鸠财协募，清旧基，扩新宇，重建庙殿四进，前后楼阁巍焕一新。"19世纪中叶，大批西方传教士、商人和旅行者陆续来到宁波，对江厦街天妃宫恢宏壮丽的建筑风采（图一、二）和精美绝伦的雕刻神韵（图三）惊叹不已，德国建筑师斯特·柏石曼还曾摄下珍贵照片。1949年，江厦街天妃宫毁于战火，殊为遗憾！

宁波地区的第一座妈祖庙，在创建、发展、辉煌与磨灭的过程中，见证了宁波地区妈祖信俗的繁荣发展。

二、宁波：妈祖信俗走向全国的弘扬之地

我国独有的妈祖信仰起源于宋代航海业发展的鼎盛时期，是"海上丝绸之路"不断发展、航海活动频繁的必然产物。发达的造船技术和指南针的应用推广，大大提高了宋代的航海技术水平。中国与海外各国的贸易往来也不断增多。南宋时，与中国通商的国家有50多个，南宋商人出海贸易的国家也有20多个，9个口岸被朝廷指定从事外贸活动，并为此成立了市舶司。由于海上活动频繁，船民产生了对海神的特殊需求。据宋代史料记载，大约距今1000年以前，地处台湾海峡中部的福建莆田湄洲屿，有

图一：19世纪70年代宁波天后宫大殿

图二：19世纪70年代宁波天后宫戏台

图三：19世纪70年代宁波天后宫的石雕龙柱及木雕、砖雕等建筑装饰

一位姓林的女子，一出生不哭不闹，因而取名为默，小名默娘。默娘自幼聪颖灵悟，平素乐善好施，长大后懂天文地理，通医术药理，生前能"乘席渡海"，屡屡救助海上遇险船只。宋雍熙四年（987），在一次救助过程中，默娘不幸遇难，当地乡民为感念她而建庙祭祀，这就是最早的福建省莆田市湄洲妈祖祖庙。从此以后，当地出海的人们纷纷传说，在狂风恶浪中，常见到有位红衣女子闪现在桅杆边导航，直到化险为夷。于是，人们就视她为"通灵神女""护海之神"。这就是海上保护神妈祖传说的雏形。

妈祖从福建民间走向全国，从渔家女子成为航海保护女神，与宁波有着莫大的关系。

北宋宣和（1119—1125）以前，妈祖信仰只在妈祖故里莆田广为传播。当地沿海民众认为，妈祖能保护航海安全，保佑人们远离水旱、疾病、战争、海寇之灾，是一位多功能的神祇。据宋人徐兢所撰《宣和奉使高丽图》载："宣和五年，给事中路允迪奉使高丽，因中流震风，七舟俱溺。独路所乘，神降于樯，安流以济。使还奏闻，朝廷特赐'顺济'庙额。"这是官方首次对妈祖进行褒封和倡导，妈祖由此从区域性的神祇逐渐晋升为全国性海神，这不仅大大提高了妈祖在人们心中的地位，将妈祖信仰的发展推向了一个新的阶段，也极大增强了人们的航海信心，推动了"海上丝绸之路"的进一步发展。海上贸易成为南宋经济命脉。随后，偏安江南的南宋朝廷，对妈祖更是一再加封。从此，妈祖的名号便传扬开来，成为官定的中国海上保护神。宋徽宗因宣和五年（1123）发生在宁波的这起海事，为妈祖御赐"顺济"匾额，确立了宁波在我国妈祖信仰传播中的独特作用和重要地位。可以说，宁波是官方首次对妈祖进行褒扬和倡导的重要之地，是妈祖由民间区域性海神晋升为全国性海神的转折点。

宋绍兴三年（1133），寓居宁波的闽商沈法询在当时宁波城东门外的来远亭北舍宅建妈祖庙，据说这是由福建舶商从莆田湄洲祖庙分灵在福建省外建造的第一座妈祖庙。绍兴四年（1134），宋光宗诏封妈祖为"灵惠妃"，妈祖晋升为"妃"。后来散布在宁波各地的妈祖庙，都是妈祖信仰的一种延续。

元代的漕运，使妈祖信仰的传播进入了第二个高峰期，有学者称之为"进入了一个空前繁荣的拓展期"。元朝统一全国后,承袭和发展了南宋鼓励海上贸易的政策,而且漕运对元朝经济产生了至关重要的作用。朝廷对保护海上航运安全的妈祖特别崇敬,进一步对其进行褒扬。宁波是元代漕粮海运航线上的重要港口,此时宁波已建有妈祖庙数座。元天历二年(1329),皇帝还遣使祭庆元天妃宫。

经历了宋、元、明三个朝代,尤其在清康熙开放海禁之后,"海上丝绸之路"的复兴使妈祖信仰更是广为传播。清廷对于上奏妈祖灵应而要求加封、致祭等诸事多予应允。整个清代,妈祖先后被褒封了16次,次数之多、规格之高、封号字数之长,都是空前绝后的。妈祖信仰的发展达到鼎盛,也推动着"海上丝绸之路"的兴盛发展。作为全国著名的沿海港城,此时宁波有大大小小的妈祖庙40余座,如甬东天后宫(庆安会馆)、安澜会馆、福建会馆、慈溪观城天妃宫、慈溪胜山娘娘庙、象山东门岛天后宫等。随着妈祖庙的不断建立,妈祖信仰在宁波地区得以进一步传播和发展。

三、甬东天后宫:妈祖信俗在宁波的当代延续

据不完全统计,在原宁波辖区内(包括舟山群岛和三门县),共有大小妈祖宫庙200多座,其中影响最为深远、仍作为妈祖文化传承重地绵延至今的,当属甬东天后宫(庆安会馆)。

历史上,妈祖文化在浙东地区,主要经由福建商帮、从事沿海捕捞业的渔民以及主营海运业务的宁波本地海商传播。宁波海商是清代沿海地区主要的地域海商群体之一。船运业是宁波地区商人的传统营生。乾嘉之际,宁波地区出现了经营海上航运业的热潮,"滨海商民,率造巨舟行海上,冒险贸货。北至锦州曰北帮,南至福建曰南帮"。这也就是蜚声一时的宁波南号商帮和北号商帮。随着浙江漕粮海运实施后,宁波南、北号的沙船开始发挥重要作用。为更好地发展业务、谋求庇佑,清咸丰三年(1853),宁波所辖的鄞、镇、慈三邑九户北号船商,便捐资修建了"辉煌恒赫,为一邑建筑之冠"的甬东天后宫(庆安会馆)。甬东天后宫既是祭祀妈祖的殿堂,又是同业联络、共谋发展的场所。每逢旧历妈祖诞辰和升化之日,

这里都要举行盛大的祭祀活动,各类地方戏剧奉于戏台,成为弘扬妈祖文化的主要场所。

  现今的甬东天后宫(庆安会馆),通过馆内妈祖祭祀场景展示、《天后圣迹图》陈列等,借助每年农历三月二十三日妈祖诞辰和九月初九妈祖升化日,这里举办祭祀仪式(图四),呈现出祭祀妈祖的虔诚氛围和妈祖救助海难的感人事迹,叙说着妈祖信仰作为精神依靠对昔日船商、渔民、百姓的重要意义,传承和弘扬着妈祖信俗文化。同时,甬东天后宫(庆安会馆)立足妈祖文化资源,积极与全国各地妈祖宫庙展开往来交流,不仅与福建莆田湄洲祖庙、上海天妃宫、天津天后宫等频繁交流,还与台湾善化庆安宫合作开展妈祖文化信仰宣传交流活动,如海峡两岸妈祖文化研讨会、宁波妈祖访台湾、台湾"天佑人间"——海神妈祖传统木刻水印版画展、妈祖文化论坛等。甬东天后宫(庆安会馆)积极促进甬台两地妈祖文化交流,有效推动宁波乃至浙东地区妈祖信俗的绵延与深入,在传承与弘扬妈祖信俗的同时,积极融入和谐社会的共建,持续实现物质文化遗产与非物质文

图四:甬东天后宫(庆安会馆)的妈祖祭祀仪式

化遗产的融合共生与活态利用。

　　2018年6月15日，作为宁波市"文化和自然遗产日"系列活动之一，宋·天妃宫遗址标志碑的揭碑仪式在甬东天后宫（庆安会馆）隆重举行。遗址碑高2.4米，由青石制成，碑身雕刻有妈祖像和相关碑文，分基座、塔身、灯体和灯幢，立于江厦街与东渡路交会处（图五）。这里是宁波妈祖文化的发源地，也是宁波"海上丝绸之路"的始发地，历史与当下紧密衔接。自宋·天妃宫到甬东天后宫（庆安会馆），宁波地区的妈祖信俗在历史的长河中绵延至今，也将延续下去。

图五：宋·天妃宫遗址标志碑

天一阁：从私家藏书楼到城市故宫

文 张亮

天一阁位于宁波老城区月湖西岸，原为明代嘉靖时期（1522—1566）南京兵部右侍郎范钦的私家藏书楼（图一）。根据文献推测，这座藏书楼的建设时间不晚于1566年，距今已超过450年，是亚洲最古老的私家藏书楼，也是世界上历史最悠久的三大家族图书馆之一（另两家是马拉特斯塔图书馆和美第奇·洛伦佐图书馆，均在意大利）。天一阁是我国现存藏书楼中少见的"书、楼俱存"的实例，这座藏书楼历经明清改朝换代、中英战争、太平天国运动、中法战争、抗日战争、解放战争而岿然屹立不倒，其藏书活动在四个半世纪的绵长岁月中从未间断。它既是全国重点文物保护单位，也是全国古籍重点收藏单位。它是一座还"活"着的藏书楼。

图一：天一阁

甬城千年

中国古人的建筑观与西方不同,中国古人更倾向于把建筑与自然融合在一起:从外部观察,传统建筑就好比是一棵树,其核心要素如形态、材质等与所在位置的地形、水系、气候都有着密切的联系。从内部探究,它就好比是一滴水,在狭小空间中浓缩了自然的精华。所以,传统建筑不应称作"房子",更应叫"园子"。

一

先来看天一阁赖以生长的土壤——宁波。

宁波是古代著名的港口城市,"海上丝绸之路"的活化石。作为一座在唐代就已经存在的古城,在其建城早期却存在一个大困扰——缺乏淡水。现在的江南地区是由地球发展进程中最近一次海侵塑造的,海平面在约7000年前逐步下降,海水退却后留下了不透水的土层和密集的水网湖泊,这就是江南水乡的环境基础。但宁波与江南其他地区不同的是,它离海太近,所有的河流直接通海,海潮泛滥导致"田不可稼,人渴于饮"。在以农业为本的古代,这里原本不应该出现城市。

这一切,在唐太和七年(833)得到了基本解决,因为它山堰水利工程完工了。这项被称为"中国古代四大水利工程"之一的伟大设施,将宁波南部山区的水网与海潮相隔绝,并通过一条长24千米的运河(南塘河)将淡水直接注入宁波城,在城市南部形成水库——月湖的前身,宁波自此有了建城的基础。

宋代开始,月湖经过疏浚治理、营建岛洲、遍植松柳,与西湖一样逐步演变为开放性公园。到了南宋时期,由于临安(今杭州)成为都城,更多的北方士族迁徙来甬,月湖地区形成了世家宅第林立、书楼讲舍遍布的格局,可谓"里为冠盖,门成邹鲁"。明清时期,随着心学的传播和浙东学派的壮大,月湖地区的书院文化、藏书文化进一步兴盛,当时司马第(天一阁)范氏、桂花井陆氏、大方岳第张氏、烟屿楼徐氏,都诗礼传家,书香绵长。即便到了近代开埠以后,这里作为第一代民族工业创始人的居住地,依然领风气之先。中国第一位地质学博士翁文灏,中国第一颗原子弹的设计者之一、核物理学家戴传曾，墨子号量子科学实验卫星的设计者和发射总指挥王建宇，中国诺贝尔生理学或医学奖第一人屠呦呦，都是从月湖岸边走出来的宁波人。

从这个意义上，我们很自然地概括出月湖地区的两种气质："洲屿相间、居湖合一"的水乡环境，"书香门第、文脉相传"的精神家园。其实，还有第三种气质："玲珑精致、宛若天开"的院落空间。我们以天一阁为例来剖析第三种气质。

天一阁的形制其实很简单：六开间两层硬山顶民居，一楼六间不放书，二楼房间打通放置二十一个书柜，取后天八卦中"天一生壬水，地六癸成之"的含义。从东北方向引月湖之水进入庭院，绕楼半圈，在南侧潴水为池，水池之南则是一组经典的东高西低的海礁石假山，牢牢占据了文昌位。很长一段时间里，我认为这就是天一阁全部的秘密，但似乎又有点困惑，这个困惑来自一首清代诗：

烟波四面阁玲珑，第一登临是太冲。
玉几金峨无恙在，买舟欲访甬句东。

这首诗讲述明末清初著名学者、思想家黄宗羲作为第一位外姓人登临天一阁阅书的事件，诗句直白易懂，唯独那"阁玲珑"总觉得不能理解，这么简单的庭院何来"玲珑"之说？

到天一阁工作不久，我想拍几张庭院全景，但很快就发现一个问题：在庭院与书楼接近5：4的空间比例下，我始终找不到一个角度可将小院中的楼、水、山全部框入镜头，即便是局部镜头，每个角度都呈现不同的层次结构。山石有三个层次，水面及邻水小岛是一个层次，水池北侧的书楼又是一个层次，站在山峰上确能一览书楼，或站在书楼中轴线上看尽全山，但是你全然不知，你身后的景致与你一起成了别人的风景，这是第三个层次。

如果我们能走进天一阁内部，一边行走，一边透过宫灯纹和冰裂纹的窗棂向园子望去，在斑驳光影中管窥廊外，会发现那又是一个新天地……

这个时候我意识到：何止阁玲珑、园玲珑，恐怕连观察者自己也是玲珑的。

作为私家藏书楼的天一阁，被宁波这座古典城市赋予与之相同的气质——"水乡湖居""文脉相继""精致院落"。这个定位及气质稳定传递了三个半世纪，直到100年前，宁波向现代城市转型时，天一阁才出现了新变化。

二

1857年，奥匈帝国弗朗茨·约瑟夫一世下令拆除维也纳的城墙，填平护城河，建设环城大道和公共建筑，这才有了今天的金色大厅、国会大厦等。自此之后，拆城墙、填河道、建大楼似乎成为近代全世界城市奠基的普遍路径。吹响宁波城市形态现代化号角的人是孙中山先生，1916年8月22日，他在宁波发表了一次关于发展城市实业的演说，特别指出整顿市政的重要性："市政既良，人民乐趋，商务自然繁盛。不数年后，其地价必可增高数倍……收入何患不巨？"在孙中山的号召下，宁波各界迅速行动，从1925年宁波市政筹备处的"工程计划书"到1932年的鄞县政府"鄞县建设五年计划"，宁波与国内众多城市一样，开始飞速抛弃古典城市的形态。

与此同时，天一阁也迎来了一次转型契机，不过方向似乎南辕北辙。1933年9月18日，一场强台风使得天一阁东墙倾倒，而范家已无力维修。当时，宁波城区负责文化建设的主管单位鄞县文献委员会牵头成立了一个机构——重修天一阁委员会，委员会由政府相关部门负责人、地方乡绅和学者组成，主席是当时的鄞县县长。自此之后，无论1947年成立的天一阁管理委员会，还是20世纪50年代的古物陈列所、60年代的宁波市文管会，或者是70年代的天一阁文保所、90年代的天一阁博物馆，都可看出，这座藏书楼的性质已转变为公共的历史遗存保护机构。于是，天一阁从城市遗产的减法运算中跳脱出来，开始了属于自己的加法运算。

三

城市向左，书楼向右，以下试举三个表现。

1. 建筑空间的变化

宁波老城建筑形态的更新，在民国时期最为重要的就是拆城墙、修马路。20世纪20—30年代，存世1000多年的宁波城墙连同六座城门彻底消失，"三江口千余年之雄城已为废迹"。城墙所在的位置则建成了宁波最早的环城马路，宁波中心城区自此突破了唐代以来"十八里罗城"的圈定。改革开放后，城市形态变化再次提速，20世纪80年代实施单位住房改善，90年代开展了旧城改造，21世纪初实施了城市景观和功能的提升。中心城区连续的历史建筑最后被分割为8个历史街区和2个历史风貌区，以及300多处分散的文物保护单位（点）。

当城市的古典形态逐步消失的时候，天一阁则在修复和扩展。明代范氏司马第建筑群大概由三列三进以上的院落组成，占地面积超过2.3万平方米，但司马第建筑在20世纪20年代已经基本消失，只留下残破的藏书楼及庭院。宝书楼本体的修复工作于1936年完成，修复了被台风损毁的构件，整修了前后庭院，恢复了天一阁清朝初期的基本面貌。20世纪80年代初，我们的前辈们在民国维修后的基础上进行了深入研究，一致认为："范氏居宅和藏书楼是密不可分的整体，如果'司马第'不存，则藏书楼失去整体建筑环境的依托，是不合理的。"于是前辈们利用城市建设过程中被拆除的明清构件，在原址基础上陆续复建了司马第大门、照壁、门厅、中厅和余屋部分，重构了原本已消失的天一阁西侧的建筑格局与景观，使天一阁的文化环境有了结构上的依托。在修复范氏住宅群的同时，天一阁还向南拓展。截至21世纪初，天一阁已将原明代闻氏家族、清代陈氏家族、民国秦氏家族的建筑都并入统一管理。这些扩展与并入，在当时完全是出于保护这些建筑的需要，在空间上却稀释了范氏藏书楼的核心价值。

2. 水乡环境的变化

宁波近代以来的填河，最初为更新交通形态。1928年，宁波城区有桥梁227座，至1942年仅剩117座。在20世纪30年代所谓民国"黄金十年"期间，老城内九成河道被填塞成为道路，老城区主要道路框架基本成型,而其代价就是城内水系逐渐衰亡。新中国成立之后,水乡面貌继续变化。20世纪50年代,日湖水系彻底填塞。80年代之后,中心城区已经成型的道路进一步拓宽、取直、合并,带有河道基因的街巷脉络被进一步覆盖,老城的肌理开始断裂和模糊。

"天一生水",天一阁无论在功能上还是景观上都离不开水。1933年,重修天一阁委员会在修复天一阁的过程中,专门疏浚了天一阁周边的水道,确保消防用水。1983年,天一阁在著名造园专家陈从周先生的指导下,将东南围墙外占地6600多平方米的绿地改造成传统园林——东园(图二),并开挖了明池,天一阁水域面积自此扩大了10倍。陈从周先生在他的《东园记》中说:"曲岸弯环,水漾涟漪,堂之影、亭之影、山之影、树之影,皆沉浮波中,虚实互见,清风徐来,好鸟时鸣。而万竿摇空,新篁得意。阁有书卷,园存雅趣,洵甬人之清福也。"20世纪90年代至21世纪初,在修复范氏余屋、新修南园、建造书画馆、建设古籍库房时,均恢复、配

图二:天一阁东园

建了对应的水域设施，既增加了灵动的空间，又完善了给排水系统。目前，天一阁博物馆范围内的水域面积约占全部占地面积的5%。

3. 文化遗存的变化

城市转型过程中，大量遗存被改造、移作他用或彻底遗弃。被改造的，如20世纪30年代，鄞县县学被改为医院，子城的南城楼被改为火警瞭望台等。被移作他用者，典型的就是宁波府学被拆除改为鄞县运动场（今中山广场），城墙拆毁后的用地与材料被用作建设华美医院（今宁波市第一医院）、效实中学等。20世纪80年代后的旧城改造过程中，直接覆盖遗存进行新建的情况也较为多见。与此同时，传统的器具、文书随着生活方式、阅读方式的变化，也逐渐退出历史舞台。

但80年来，天一阁总会抓住机会，尽自己所能把这座城市丢掉的东西捡回来、保护好。在可移动文物方面，明代天一阁原藏7万多卷书籍，至民国时期仅剩2万多卷。天一阁在20世纪30年代向公藏机构转型之后，古籍藏量开始触底反弹。抗战之前，散出书籍的访归工作已经开始。20世纪40年代至70年代，天一阁先是作为民国鄞县文献委员会和《鄞县通志》馆驻地，新中国成立后又长期作为宁波市的文物管理主管部门，古籍藏量暴增至30万卷。在不可移动文物方面，20世纪30年代迁入府学尊经阁、明州碑林，建造了用于放置城墙砖的千晋斋。20世纪70年代之后，更多的旧城改造中被拆除的古建筑及其构件，如百鹅亭、凝晖堂、抱经厅、水北阁等被搬迁到新扩展的区域。目前天一阁管理区迁入的古建筑已达十几栋，各类碑刻180多件，各种老旧构件不计其数。

四

宁波老城区持续近百年的奔跑，带来的是传统形态的快速消失，而天一阁在变成公藏机构之后，迅速成为古典城市碎片的回收站、老管家。在继续延续"水乡湖居""文脉相继""精致院落"这三种气质的同时，天一阁不再是古典时代那个精致的江南小庭院与藏书楼了，而已经变成拥有30

万卷古籍、3万多件文物、4600平方米库房、32000平方米保护范围,管理有3处国家级文保单位的"庞然大物"。于是,藏书楼之外,天一阁又获得了另一种身份,我们暂且称为"城市故宫"。

历经近500年的岁月变迁,天一阁在"水乡湖居""文脉相继""精致院落"的月湖西岸,在宁波老城从古典形态向现代城市的急剧转型中,由历史悠久的私家藏书楼转变为"城市故宫",空间不断开拓,内涵越来越丰富,价值越来越多元……

书藏古今,港通天下。一座楼,一座城,共处东海之滨,且看下一个500年的演绎……

孔庙遗址与宋代明州（庆元）官学

文 王结华

《管子·权修》中说："一年之计莫如树谷；十年之计莫如树木；终身之计莫如树人。一树一获者，谷也；一树十获者，木也；一树百获者，人也。我苟种之，如神用之。举事如神，唯王之门。"这是我们现在常说的"十年树木，百年树人"一语的出处，也是关于人才重要性及教育必要性的精炼概括。

与现代的公立学校和民办学校一样，古代也有官学和私学之分。官学，顾名思义，就是官方直接举办的学校，不仅是教育和管理生员的机构，还是祭祀孔子的场所。官学与孔庙合二为一，也因此成为中国古代教育的一大特色。

国学大师陈寅恪先生曾经说过："华夏民族之文化，历数千载之演进，造极于赵宋之世。"（《金明馆丛稿二编》）两宋既是中国古代经济社会空前繁荣的时期之一，也是文化教育最为兴隆的时期之一。宁波地区的官学也在这一时期得到了长足发展，无论是南宋庆元元年（1195）之前的明州州学，抑或之后的庆元府学，不仅官府重视、民间推崇，而且生员众多、才子辈出。官学的地点，

就设在距离州府衙署不远的孔庙内，这里也一跃成为昔日宁波的学府圣地和莘莘学子的向往之所。

1997年年底至1998年年初，宁波市文物考古研究所在配合中山广场工程建设开展抢救发掘时，揭露出了宋代孔庙大成殿的基址、排水沟、路面和殿南泮池等遗迹。这一发现，将人们的视线再度拉回到了明州州学和庆元府学的时代。

一、明州州学

明州州学，一般认为始创于唐代开元二十六年（738），与明州的设置同步。《宝庆四明志》中提道："唐州县皆有学。开元二十六年（738），明始置州，学宜随州立矣。"虽然其中的"宜"字表明这只是一种猜测，并未提供具体的凭证，但明州州学一度毁于唐代宝应、广德年间（762—764）袁晁之乱一事却是信然无疑的。《宝庆四明志》曾很肯定地引用《唐刺史王密德政碑》说："宝应、广德间，州毁于袁晁之乱。"据此可知，明州州学最晚在762年已创立，其时距离明州的设置不过20多年，因此明州自设州伊始或稍后不久就有州学应该是合理且可信的。

草创之初和动乱之际的明州州学，估计比较简易，关于彼时的办学地点，同样没有一个确切的说法，所以《宝庆四明志》中又有"王密谓裴儆殿邦而茨塾兴，岂兵革抢攘之后，姑以茨屋为学乎？"之问。《四明谈助》中也有"大历间，守裴儆始兴茨熟（塾）"之说。茨，用茅或苇覆盖房屋；茨塾，就是用茅草或芦苇搭建的书塾。若真是在这样的地方上学，而且是州一级的学府，也足见当时的条件之陋和寒窗之苦了。

让我们继续引用《宝庆四明志》的相关记载：

> 贞元四年，守王沐始建夫子庙。大和七年，守于季友以开元褒封文宣王册文刻之石。圣朝天禧二年，守李夷庚移学于子城之东北一里半。建炎兵毁，先圣殿岿然独存。治平中所铸铁香炉及殿之前后古柏六，皆无恙。前韶州司户曹事林旿，郡人也，首捐

金钱数十万，草创黉宇。绍兴七年，守仇念成之。直殿之后为明伦堂，翊以两庑。东庑之东斋曰上达，曰广誉，曰造道。西庑之西斋曰登贤，曰成己，曰时升。三门之外，会于一门以出。于是讲肄有所矣。十九年，守徐琛即明伦堂之后建稽古堂，亦旧址也。堂之上，旧有五经阁。阁毁，经亡。高宗皇帝累颁御书经史，乃崇奉于新堂之上，则曰御书阁。二十七年，守姜师仲重修七年所建。守张津乾道三年重修。六年，守赵伯圭又修之。久益圮。淳熙十三年，岳甫守郡，周粹中领校官，协谋改贯。郡捐钱二百万，乡之达尊尚书汪大猷、侍郎史弥大，劝激士类，鸠材效功。自阁之外，堂庑重门，皆为一新，增置成德斋于上达之后。越二年，林士衡继周董职，又撤新其六斋，创冷斋于稽古堂之西。后改曰养正斋，以处小学，诸生则分隶诸斋矣。

根据这段记载，结合其他文献，我们可以作出如下推演：

唐代贞元四年（788），时任明州刺史王沐创建孔庙，庙学合一模式自此开始。但庙学地址在哪，史料没有说明，后世方志认为是在宋时小溪镇即今海曙区鄞江镇一带，这无疑是受了"明州初治小溪"这一讹传的误导。

唐代大和（亦作太和）四年（830），曾经维修孔庙。此事《宝庆四明志》未载，见于稍早一些的《乾道四明图经》所引郑耕老《重修州学记》："太和四年修庙，六年亦志于石。"《四明谈助》认为主持维修的是时任刺史季文儒，"庙在今府治地，但所建处不可考。修之者，刺史季文儒也"。按《宝庆四明志》记时任明州刺史的是李文儒，《四明谈助》疑误。

唐代大和七年（833），时任明州刺史于季友将开元年间（713—741）褒封孔子为"文宣王"的册文刻石立于州学。

北宋天禧二年（1018），时任明州知州李夷庚将州学迁至当时州衙所在的子城（今宁波市区鼓楼一带）东北方向一里半处，即今中山广场一带，明州州学的地点也从此固定下来。这里作为古代宁波的最高学府，一直延续到民国十七年（1928）。民国《鄞县通志》载："宋明州学（庆元府学），天禧二年守李夷庚徙郡学于府治西北隅，自宋迄民国十七年未变更。"

北宋崇宁年间（1102—1106），诏改孔庙为大成殿（《四明谈助》）。

南宋建炎四年（1130），金兵南下，攻占明州，"遂焚其城，惟东南角数佛寺与僻巷居民偶有存者"（《续资治通鉴·宋纪一百七》）。明州州学也在这次重大劫难中不幸再次被毁，但大成殿和北宋治平年间（1064—1067）铸造的铁香炉以及殿前殿后的六株古柏树幸运地保留下来，算是不幸中的万幸。后来曾任韶州司户曹事的郡人林昕带头捐赠了数十万金钱，用于"草创黉宇（校舍）"。

南宋绍兴七年（1137），时任明州知州仇忿主持完成了州学的重建。重建后的大成殿之后正对着明伦堂，堂前两侧建有走廊，走廊东西两端各建讲肄（教室）三间，作为教官授课和生员学习之所。其中东边的三间分别称作上达斋、广誉斋和造道斋，西边的三间分别称作登贤斋、成己斋和时升斋。每间讲肄各设有门，东西两边再分设大门一座，以便集中出入。时人对于这次重建深怀感恩，因此于次年在州学之内立祠作为纪念。《乾道四明图经》中提道："绍兴八年，太守仇公忿，当兵火之余，复首建州学，与乡士大夫行乡饮酒之礼，邦人乃立祠于学。"

南宋绍兴十九年（1149），时任明州知州徐琛在明伦堂之后重建稽古堂，堂上设御书阁，专门放置高宗赵构历年颁赐的经史图书。按《乾道四明图经》记载，建御书阁一事是在绍兴十八年至十九年间（1148—1149），由徐琛和明州州学教官陈元裕议建，曾任国子司业、礼部侍郎的高闶为之作《州学御书阁记》："经始于戊辰岁之孟冬，落成于己巳岁之季春。"

南宋绍兴二十七年（1157）和乾道三年（1167）、六年（1170），时任明州知州姜师仲、张津、赵伯圭相继对州学做了整修。

据《四明谈助》记载，南宋淳熙三年（1176），孝宗赵昚次子、魏王赵恺在明州州学之内修筑射圃，并建观德亭。

南宋淳熙十三年（1186），时任明州知州、岳飞长孙岳甫和州学校官周粹中又共议重修事宜，曾任吏部尚书的汪大猷和史浩长子、礼部侍郎史弥大等乡绅带头襄助，共得捐款二百万钱，将州学修葺一新，并在明伦堂之东、上达斋之后增建成德斋。仅两年以后，时任庆元府学校官林士衡又对上达、广誉、造道、登贤、成己、时升六斋进行了翻修，同时在稽古堂之西新添了一间冷斋（后改名为养正斋），专供小学生员学习之用。至此，明州州学生员各有学所，州学建设布局基本成型。

二、庆元府学

南宋庆元元年（1195），升明州为庆元府，原来的明州州学也自然而然成了庆元府学，但学府的地址并未改动，仍然是在子城东北的孔庙之内，学庙合一的格局也持续不变。

关于庆元府学，《宝庆四明志》中同样有着比较详尽的记载：

> 嘉定十六年，守赵师嵒复修御书阁，且捐缗钱七百修诸斋。宝庆元年，校官方万里犹以泮桥、湢室、公厨未新为恨，谒之守倅。摄守齐硕给缗钱千石、米百，倅蔡范亦以舶务之赢，助缗钱如州之数。今守胡榘又给钱一千。黉宇轮奂，遂甲东诸州郡之上。先进杨公适、杜公醇、王公致、楼公郁、王公说，以义理之学淑士风者也。忠肃陈公瓘始摄郡倅，晚著《尊尧集》于此，以忠节著闻天下者也。清敏丰公稷，侍郎高公闶、侍郎林公保、尚书汪公大猷，皆此邦之显者也。郡守李公夷庚、仇公念、赵公伯圭、岳公甫、程公覃、赵公师嵒、校官周公粹中，皆有功于儒宫者也。士咸宗之，故列祠焉。嘉熙间，奉旨升濂溪、横渠、明道、伊川、晦庵诸先生从祀于先圣。淳祐五年冬，制帅、集撰龙溪颜公颐仲，祠南轩张宣公、东莱吕成公、象山陆文安公于明伦堂之左。复以郡人有得三先生之传者，曰广平舒公璘、定川端宪沈公焕、慈湖文元杨公简、絜斋正献袁公燮，又列祠于堂之右。

根据以上记载，结合其他文献，可以推演如下：

南宋嘉定十六年（1223），时任庆元知府、原明州知府赵伯圭之子赵师嵒复修御书阁，且捐钱七百缗整修了讲肆。

南宋宝庆元年（1225），时任庆元府学校官、曾经主持编纂《宝庆四明志》但未成即离职他任的方万里，认为庆元府学的泮桥、湢室（浴室）、公厨（食堂）等还没有翻新，为此专门去拜见当时的庆元府长官和他的副手，请求支持。结果时以提举两浙东路常平茶盐公事一职兼管庆元的齐硕给了钱千缗、米百石，副职蔡范也利用市舶税务的盈余给了同样数目的钱、米。宝庆二年（1226），时任庆元知府的胡榘另给了一千缗钱。经过这次维修，庆元府学校舍焕然一新，甲于东部其他州郡之上。《开庆四明续志》曾经为此赞叹道："世之言郡泮者必曰一漳二明。盖漳以财计之丰裕言，明以舍馆之宏伟言也。巍堂修庑，广序环庐，槐竹森森，气象严整。"

这次整修时，还为特别有功于明州州学和庆元府学的诸位名流，以及两宋时期与明州（庆元）颇有渊源的文教大家，譬如杨适、杜醇、王致、楼郁、王说、陈瓘、丰稷、高闶、林保、汪大猷、李夷庚、仇悆、赵伯圭、岳甫、程覃、赵师㮣、周粹中等人列祠以记。至于更为知名的周敦颐（濂溪先生）、张载（横渠先生）、程颢（明道先生）、邵雍（伊川先生）和朱熹（晦庵先生）五位理学巨擘，则在嘉熙年间（1237—1240）奉旨从祀于大成殿中。淳祐五年（1245）后，又将张宣、吕成、陆文安（陆九渊）、舒璘、沈焕、杨简、袁燮等人列祠于明伦堂左右。文以载道，德以化人，莘莘学子每日目睹这些贤哲，相信多半会油然而起效仿之心，所谓言传的作用和身教的力量，也无外乎此吧。

南宋咸淳六年（1270），时任庆元知府洪焘再次重修大成殿，著名学者王应麟曾作《重建大成殿记》以记其盛："乃鸠工饬材而鼎新之，穹栋硕楹，奂弈严敞，视昔有加焉。"同时，庆元府学教授孔景行、陈元亮又"跨桥于泮池，四旁甃石，维以石阑"（民国《鄞县通志》）。可惜的是，这样宏伟气派的一府之学，依然免不了祝融之灾，仅仅过了12年，就在元代至元十九年（1282）被烧得干干净净，只剩下外门。至于嗣后的重修，又是另外的篇章了。

三、孔庙遗址

1997年12月26日至1998年2月28日，为配合中山广场工程建设，宁波市文物考古研究所对市区解放北路原体育场地块进行了抢救性发掘，在1000平方米的发掘面积内，相继揭露出宋代孔庙大成殿基址（图一）、排水沟、天井或过道路面（图二）以及大成殿南侧不同时期的泮池（图三）等遗迹。

图一：孔庙大成殿基址（局部）

图二：孔庙天井或过道路面

图三：不同时期的孔庙泮池遗址

大成殿基址以夯土为基,东西面宽约24米,南北进深约11米,其中室内进深约9米,前廊约1.4米。整个建筑面积约264平方米,揭露出来的北墙墙基宽约0.32米,双排青砖并砌,外贴沟壁砖。南墙墙基(廊墙)宽与北墙相近,系用三排略小的青砖并砌而成,石灰粘接,见有收分。夯土基础则采用黄泥与断砖或瓦砾分层夯筑,总厚约0.6米。

排水沟共发现有四条,其中三条纵向排列,穿过大成殿下的夯土基础与另一条横向的排水沟垂直相交。沟两侧壁用条石或长条形砖砌筑,沟底用长条形砖、石块分段铺设或用方砖铺设,沟上盖石板或长条形砖。从布局上看,纵向的三条沟主要是为了解决大成殿北墙以外的排水,紧靠北墙根有与路面连接的砖砌凹槽(明沟),凹槽底部正好与其中两条排水沟口相通,这样雨水就可以利用地面高度差流至横向的排水沟泄出。横向的一条沟则是作为总沟,汇集纵向三条沟的雨水后再作两路分水:向西南通向泮池;向东通往城内河流。

路面用长条形砖错缝横向侧砌,边沿再用砖垂直平铺。因受破坏严重,路面长宽不详,推测其应与大成殿北墙基及明沟相接,很可能是两进房子间的天井或过道。

泮池位于大成殿最南面,与横向的排水沟相距约7米,平面呈长方形,残长15米,宽12米,深1.5米。泮池东壁受发掘条件限制,情况不明。南、北两壁采用块石、条石砌筑,临水面砌筑整齐,纵横错缝叠压。西壁被后来重建的泮池破坏。晚期泮池全长24米,宽10.5米,深1.5米,皆由规整的条石砌筑而成。池中置两墩三孔平面石桥三座,中孔跨度4米,两侧孔宽2.8米。两端桥墩设分水石,中墩倭角。三桥桥面中间者宽6米,两侧桥各宽4米。池四周设有栏板和望柱,栏板上饰荷叶托寻杖,望柱方形、柱头饰圆形覆莲。从结构上看,晚期泮池较前有明显改进。

虽然历经千年兴废的孔庙遗址难以完全再现昔日情境,但通过这次发掘,我们不仅确认了两宋时期明州州学(庆元府学)的具体位置及其范围,也为研究宋代孔庙的规模、形制、基础构建工艺和不同时期泮池的砌筑方式提供了第一手的实物资料。颇有意思的是,方志皆记北宋天禧二年(1018)明州州学始迁于此,但大成殿廊墙墙砖中"大中祥符五年"纪年砖的发现,显示其始建年代可能是在北宋大中祥符五年(1012),到天禧二年(1018)时,大成殿应该已经落成,所以时任明州知州李夷庚才将州学迁移至此,这对史料无疑是有益的补充。值得一提的还有建造于北宋的排水沟中曾经出土有两枚南宋的"淳熙元宝",不排除为淳熙三年(1176)或淳熙十三年(1186)重修州学时的工匠遗留,这又从另一个层面佐证了史料的相关记载。

现孔庙遗址原址保护于中山广场地下(图四)。

图四:位于中山广场的孔庙泮池遗址保护展示罩

最后,需要特别指出的是,两宋时期的明州(庆元)私学同样十分发达,影响和规模与官学相比,不遑多让,甚至一度超过官学。前文提到的北宋"庆历五先生"(杨适、杜醇、王致、楼郁、王说),南宋"甬上四先生"(舒璘、沈焕、杨简、袁燮),以及高闶、黄震、史蒙卿、王应麟、程端礼等文坛名流、教育大家,都曾在这里开院讲学,领一时风气之先。私学和官学的相辅相成,共同推进着宋代宁波教育事业的发展,余荫泽被今天。

附记:本文部分图片承蒙丁友甫先生提供,特此说明并致谢忱!

新出土『效实中学』界碑考

<文> 王新天

一、界碑的发现

2016年8月至2017年6月，为配合中山路综合整治工程9号地块项目建设，宁波市文物考古研究所联合厦门大学对该地块进行了抢救性考古勘探和发掘。该地块位于宁波市海曙区中山西路以北、中宪巷以南、望京路以东、效实巷以西的范围内。地块西南侧为历代罗城西门及瓮城所在，1929年，瓮城被拆除后，其北首地基被辟为西门小菜场。地块东南和东北两侧为效实巷、贵家弄等街巷及民居。地块西北侧原为罗城城墙，1929年春，该段城墙被拆除后，自西门瓮城起至效实中学北首止的城基被拨给效实中学作扩建操场之用。本次发掘区域主要位于地块西北部，即原罗城城墙和效实中学操场所在的位置。

2016年11月，考古队先后发现跑道、沙坑、墙基等与效实中学相关的一些遗迹。跑道残长55米，宽4米，两侧以青砖侧立作为界限，东侧立砖保存较为完整，西侧立砖保存较差，跑道内以细小灰褐色砂石填平，因长期踩踏结成硬面。11月17日，在发掘区北部的跑道内侧发现一块水泥制成的界碑（图一），界碑略呈四棱锥体，上大下小，上宽15.8厘米，下宽11厘米，长56厘米，厚9.1厘米，在锥面一侧阴刻繁体楷书"效实中学"四字（图二）。发现之时界碑并非竖立状，而是呈平卧状，说明后世曾遭扰动。界碑西侧1.5米远处即罗城石砌城基。界碑东侧紧贴一条南北向墙基。在界碑东侧和南侧发现两个大坑，坑内为包裹着钢管的大型水泥块，推测为现代篮球架的基础部分。在界碑西北约

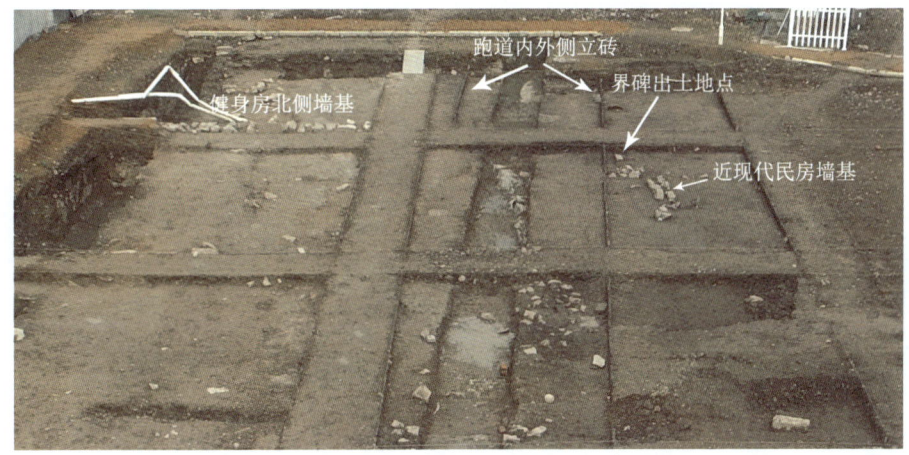

图一：界碑出土位置图

图二："效实中学"界碑

5米处，有一东西向石砌墙基打破城基，且大致与跑道垂直。据考证，此墙基当为始建于1933年秋季的效实中学健身房的北侧墙基。

通过查阅效实中学平面图，我们可以大致确定界碑在效实中学校园中的位置（图三）。宁波五中是效实中学自1956年由私立改为公立直至1980年复名"效实"期间的名称。从图中可以看到，新教学二楼（图三的教学二舍）已建成，而铭三舍（图三的图书阅览舍）尚未拆除，参考文后附录"效实中学老校舍变迁概况一览表"，可以推断此图当作于1978—1979年之间。如此，界碑在效实中学校园中的位置已经基本清晰。其位于集思舍（图三的理化实验2舍）之南约25米处，健身房之西约5米处，其东侧为校外民房（图四）。

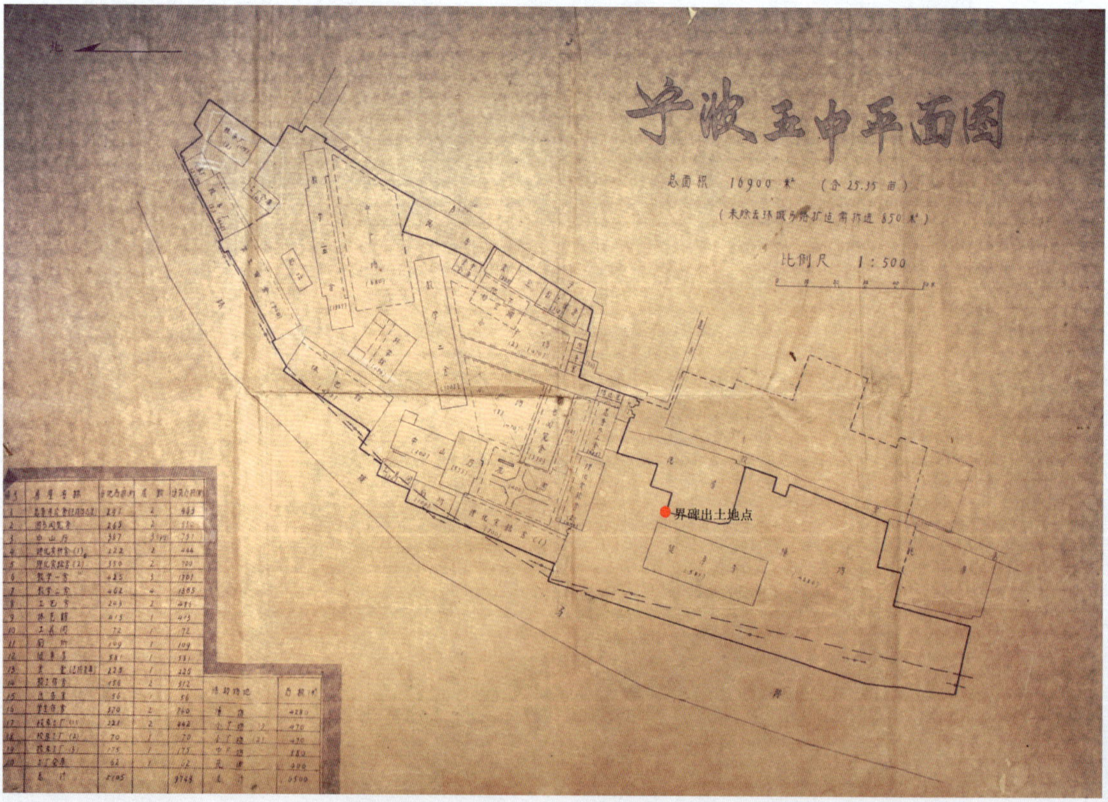

图三：1978—1979年宁波五中平面图（叶鸿安先生提供，2017年3月6日翻拍）

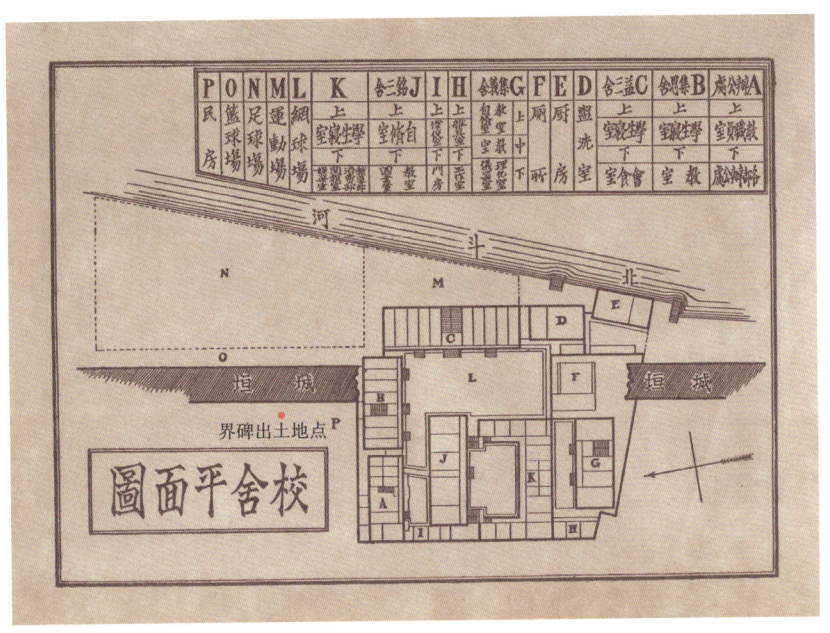

图四：1925—1926年效实中学平面图（采自马涯民编纂：《效实中学十五周年纪念册》，1926年）

二、界碑设立的时间与动机

界碑的设立应该与民国时期设立效实女舍懿录舍及拆除西门罗城扩建效实操场相关。

民国《鄞县通志》所载《私立效实中学》于1934年6月，内载"十六年秋，始举办男女同学，购校南民居一所为女生宿舍"。1948年效实中学校友会编印的《效实中学校友录》之《本校史略》记载，"（十六年）秋，呈准浙江省教育厅，举办男女同学，购校南民屋一所，命名懿录，为女生寄宿舍"。两份文件均指明懿录舍位于校舍之南。

1937年《效实学生》载有寒亭（笔名）所作的《本校巡礼》，详细记载了20世纪30年代效实中学的校园布局。其中有关于懿录舍的记载，"过了博爱门，左边是集思舍，右边是铭三舍，在集思、铭三两舍的中间，又有一条三折小弄，这小弄的去处，却是我们认为神秘区域的，里面是一所老式的楼屋，但是虽然这样，却是她们唯一的安所，除了上课以外，几乎终日闺居在这里的"。这段文字较为准确地说明了懿录舍的方位——位于集思、铭三两舍的南面。

1937年《效实学生》中螂（笔名）所作的《本校十景》中第七景"曲径通幽"就与懿录舍相关。"诸同学之习于惯常者，恒觉男女同学间若有鸿沟存焉，而于女同学进出之通路，甚至避之如戒严区，其实则折而进即达懿录舍，更曲折则出边门而至操场，并无若何幽奥，且自晨操闭铁门以来，此路已辟为交通之孔道，几迟到之同学之唯一生路焉。"此段文字不仅交代了懿录舍的方位位于校舍之南，而且说明有路曲折可达，同时懿录舍还可通过边门前往操场。据此可知，懿录舍位于集思、铭三两舍的南面，且靠近操场。因此，可以推测界碑出土的位置即懿录舍之南界。

界碑西侧的罗城城墙于1928年夏至1929年春拆毁。1928年秋，浙江省政府派委员沈肃文到校，会同宁波市市长罗惠侨、工务局局长林绍楷拨给城垣基地，自西门起，至效实北界止，作扩建操场及添建校舍用地。1929年春，效实中学雇工将此段城垣拆卸完毕后，冯度校长即呈书宁波市市长罗惠侨，促使其于1929年4月18日签署发布了《撤除西门一带浮厝及粪缸布告》。"兹查城基之上及其左近向为附近居民埋设粪缸并浮厝棺柩之用，从西门瓮城起至本中学校舍南面止，计有厝柩二十余座、粪缸四五十口之多，皆在本中学操场东首。昔年因有城垣遮蔽，尚不致臭气薰蒸，今屏藩既拆，地域接连。转瞬暑天将临，苟不限令迁移，对于学校卫生深恐大有妨碍。且列棺柩于市廛之间，陈溷圊于黉舍之旁，妨碍卫生以外更不雅于观瞻。""浮厝统限六月三十日以前由各该户自行迁拆，妥为埋葬。逾限一律迁葬义山。""所有粪缸亦应概行移去，以重卫生而壮观瞻。"城墙拆除后，为防止附近居民侵占，于懿录舍南界设立界碑，与西门瓮城北首遥相呼应，以此界定效实中学操场之东界自在情理之中。1929年《宁波市政月刊》（第二卷第五号）所载《批李继明为买定河基，请划界钉地派警插标藉便照工由》一文可为效实中学设立界碑的行为提供旁证，文载："呈悉，该民承买河基，并不包含石棚在内。所请饬局拆除，应毋庸议。至请划界插标，仰迳呈工务局照章办理可也。此批。中华民国十八年（1929）

二月七日,市长罗惠侨。"

综上所述,界碑设立的时间当在 1927 年秋至 1929 年之间,界碑设立的位置既是懿录舍之南界,也是罗城西门段城墙拆除后效实中学操场的东界。界碑设立的目的是明确效实校舍的南界和效实操场的东界,防止他人侵占。

三、界碑之存续与废弃

界碑自设立至 1937 年 9 月以前,很好地发挥了界定效实操场东界的作用。1933 年秋,效实学生自治会筹款七千元,在原操场上建造健身房,健身房内部地面皆用弹性木铺成,四周装有电灯,晚间可以在里面打球,健身房东侧可见低矮民居,并未发现围墙(图五)。

图五:1937 年效实中学健身房【采自效实学生自治会学术部:《效实学生季刊》(第四、五期),1937 年】

1937 年 9 月,时局动荡,效实中学迁至鄞西高桥,借东岳庙、国宁寺、佛灵寺上课。学校迁乡后,宁波校舍先后为国民兵团、自卫大队借用。1941 年 4 月 19 日,宁波沦陷后,校舍先后被日寇司令部和汪伪第十师司令部占用。健身房曾为敌伪汽车房,受卡车撞击,健身房钢筋柱变形弯曲。1945 年复校之时,主要校舍十一幢,除育德舍破坏甚重不堪使用,余则大体尚好,加以修葺,勉可应用。唯所有小屋,如盥洗室十间、劳作工场、校工宿舍、厕所各三间，童军用具、农具储藏室各一间及浴室内部设备，则全被拆除无遗。

1946年10月25日，健身房被指定为校庆三十五周年纪念会会场（图六）。新中国成立后，健身房也仅进行过维修和小规模改建，位置一直未变。健身房北侧墙基是此次考古发掘区域所发现的唯一的东西向打破城墙的现代墙基，也因此成为此次界碑考证的重要地标。

效实中学健身房东侧围墙应当建于1948年以前。从1950年6月第十九届效实高中毕业生合影照片中可以看出，操场东侧已有南北向围墙接于集思舍南部中段，而围墙位置恰好是界碑所界定的效实操场东界（图七）。但该段围墙究竟是敌伪在日据期间所建，还是1945年效实复校以后由冯度、蔡箴等五人所建，目前还不可知（图八）。但是毫无疑问，围墙建立以后，界碑的功用消减不少。1948年9月，在冯度校长的主持下，效

图六：1946年10月25日，健身房曾作为校庆三十五周年纪念会会场【采自效实学生自治会学术部：《效实学生》（复刊号），1947年】

图七：1950年6月，第十九届效实高中毕业生合影（采自效实百年校庆文丛编委会：《宁波效实中学百年校庆纪念册》，2012年）

图八：1937—1949年间的健身房，东侧已砌围墙（叶鸿安先生提供）

实操场西、南两首计四十八丈（160米）的围墙建筑完成，替代了原有的竹篱笆。此时的效实校舍南侧操场格局一直保存至20世纪80年代初，其间没有较大变化。

1983年，宁波市政府动员尚书街、效实巷45户迁居，以扩建效实中学操场，原东侧围墙被拆除，界碑也因此被湮没于现代操场跑道内侧（图九、图十）。

图九：1985—1995 年间的健身房和操场（叶鸿安先生提供）

图十：1995—1999 年间的健身房和操场（叶鸿安先生提供）

四、界碑之作者

界碑设立于1927年秋至1929年之间，当时效实中学校长为冯度先生。1926—1927年春，陈夏常和何其枢分别因病因事，相继辞职。效实学会呈请浙江省政府委任冯度为校长。冯度擅长楷、隶二书，尤以楷书见长，经常为《效实学生》等刊物题字（图十一）。其字迹风格多变，但通过对比可以发现，其为1936年《效实学生季刊》第二、三期所题的"效实"二字与界碑上的字颇为类似。因此推断界碑的题字作者当为校长冯度。

附记：本文写作过程中得到宁波市效实中学叶鸿安先生、张悦女士、孙立先生、王伟江先生的大力帮助，特别是叶先生已届七十六岁高龄，还亲自前往校史馆帮忙查阅文献并提供大量珍贵资料和照片，其敬业精神令后辈高山仰止，特此说明并致谢忱！

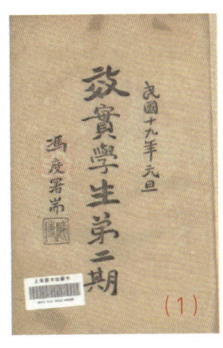 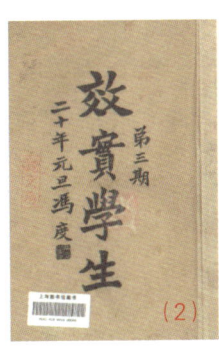 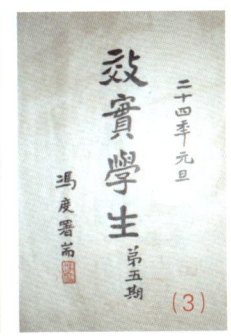 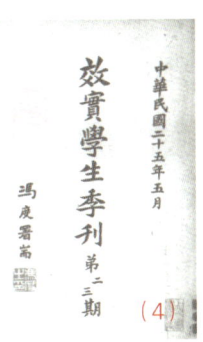

(1) (2) (3) (4)

图十一（1）：冯度1930年题名【采自效实学生会学术科：《效实学生》（第二期），1930年】

图十一（2）：冯度1931年题名【采自效实学生自治会学术部：《效实学生》（第三期），1931年】

图十一（3）：冯度1935年题名【采自效实学生自治会学术部：《效实学生》（第五期），1935年】

图十一（4）：冯度1936年题名【采自效实学生自治会学术部：《效实学生季刊》（第二、三期），1936年】

附录：效实中学老校舍变迁概况一览表

建筑物名称	建造年份	建造位置	用途	备注
育德舍（13间）	1912	西门盘结坊	课堂、办公、生活	13间，原校舍（旧育德农工小学堂）修葺扩充
民三舍	1914	育德舍南	课堂、办公	其中学生捐款千余元，会员募近五千元
铭三舍	1914	育德舍南	课堂、办公	学生捐款1000余元，会员募近5000元
习艺舍（3层楼）	1923	育德舍北操场基地	课堂、办公	堵民三舍正门，建平屋一；赁陈姓隙地作操场
益三舍（2层）	1924	购城外隙地基	楼上住宿，楼下膳厅	募款购地建（秋，毁城垣）
集思舍	1925	民三舍西	楼上住宿，楼下教室	募款购地建（秋，毁城垣）
懿录舍	1927	集思舍南	女生宿舍	购校南民屋一所，在集思舍南，命名懿录舍，作女生宿舍。并于集思、民三舍间辟小径通之。
中山厅（3层）	1928	城垣地基	办公、开会、演出	募款建，旁凿自流井，建积水台（秋，市府拨城垣地基）
日缉舍	1928	城垣地基	课堂、办公、生活、活动	募款建，旁凿自流井，建积水台（基地扩充操场建校舍）
日就舍	1930	位于中山厅北	膳厅（可容500人）	1929年春城垣拆毕，秋购陈、楼两姓隙地建
校门（朝南）	1931	效实巷（效实同学纪念路）	校门（效实巷校门）	春改建并移建厨房、浴室（学生自治会出资500元）
效实纪念路	1931	西门至老郎殿	简称效实巷、通道	毕业同学捐1500元修筑道路，称效实同学纪念路
纪念舍（2层）	1932		学生宿舍	二层洋房11幢
健身房	1933	原操场上建	学生运动场地	学生自治会捐款7000元建成，购高塘墩地20余亩，备作扩充操场

续　表

建筑物名称	建造年份	建造位置	用途	备注
日晷	1936	中山厅前庭院中	时间碑、人文景观	上海交大校友钱尚平等19人捐建、文革时期被毁
三乐舍（2层）	1947	纪念舍北厨房旧址	学生宿舍	二层洋房7幢，1946年在校左近处购基地两处建
厨房	1947	校左近处购地基	做餐、用膳	平屋7间，膳委会捐膳食谷7000斤
围墙	1948	操场西南两首	校园安全	计48方丈（533.28平方米）
图书馆	1951	老郎殿改建	藏书、借书、阅览	秋，拆除育德旧舍，移位改建两层楼1所（九间头）作宿舍
实验室	1951	老郎殿改建	理、化、生实验	商周信芳先生租赁，周同意无偿转让
厨房	1952	老郎殿东首	做餐、用膳	徐姓隙地扩建
扩充活动场	1956	老郎殿北施祥寺	学生活动场地	夏，拨入老郎殿北施祥寺（原尚书二小校舍）
扩充操场	1963	五奎巷菜地改	学生操场扩充	周忠良赠让五奎巷10号空地约10亩，给土地使用人安排工作
教学一楼	1973	老郎殿膳厅部分及近旁小屋	教室、办公室	1971年开始拆建，1973年建成，五奎巷操场转让机电局
教学二楼	1978	习艺舍，九间头原址	教室、办公室	1975年开始拆习艺舍九间头，1978年建成；姚江农场土地还掉
科学楼	1982	铭三舍原址	实验、电教、劳技、会议室	1979年开始拆铭三舍，1982年建成
教师宿舍（5层）	1982	施祥寺原址	教工住宿	1982年拆施祥寺建五楼1幢
膳厅重建（3层）	1982		一、二楼为膳厅、三楼为活动室	1983年4月落成
新校门（朝西）	1982	益三舍中间	望京路1号出入	新辟望京路1号校门，拆除老郎殿原实验室部分余屋

续　表

建筑物名称	建造年份	建造位置	用　途	备　注
扩建操场	1983	尚书街，效实巷民居	扩充运动场地	动员效实巷、尚书街45户居民迁居，加高围墙387公尺（129米）
辟操场通道	1984	集思舍下	通道	
喷泉大型假山	1985	科学楼边	人文景观	望京路校门内庭院中
扩建教学大楼	1987	拆部分教学二楼建	扩充教室	1986年开始拆，1987年8月竣工，2200平方米5层，上拨54万
建图书楼	1987	拆集思所	藏书、借书、阅览、报告厅、校史室	1986年10月开始拆，1987年10月竣工，陈廷骅先生捐资助建
改建食堂	1987		改善用膳场地	1993年三楼改为简易语音听力室
童第周铜像	1987	教学楼与科学楼之间草坪地	纪念碑像	75周年校庆举行铜像揭幕式
时间碑	1992	教学楼中间草坪地	人文景观	陈名馥校友赠建，80周年校庆日之前建成

（注：此表由效实中学原党委书记、副校长叶鸿安先生整理，谨致谢忱！）

钱公辅与月湖众乐亭

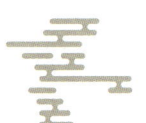

文 张亚红

钱公辅（1021—1072），字君倚，武进（今江苏常州）人，历开封府推官、户部判官、知明州、同修起居注、知制诰、知广德军、知谏院等，为"简谅""忠信笃实""抱然忠修礼义"之人。其为官，以"朝廷所为是"，以"民之忧为求，民之乐为度"，职事所及，不为苟且。北宋嘉祐年间（1056—1063），其以"我乐与众人之乐而申之"，于月湖一带修建以"众乐亭"为代表的园林建筑群，开启月湖作为古代州级城市公共园林，以供"寻娱""游观""共赏"的历史。

一

钱公辅于明州月湖修成"邦人娱游""与民同乐"的众乐亭，乃"天时""地利""人和"共同作用的结果，即宋廷之治、明城之势、钱君之志、明人之求、月湖之利等条件契合的结果。其中的宋廷之治，是指宋廷力践"与民同乐"的治国理念，且该理念已深入人心。从京城至地方州县，"许

民畅享四时之乐"蔚然成风。此为钱公辅修众乐亭的时政背景。据《宋史》《宋会要辑稿》等文献记载，北宋时期，宋廷曾多次下诏"纵民游乐"：雍熙元年（984），"集开封府诸县及诸军乐人列于御街，音乐杂发，观者溢道，纵士庶游观"；景德三年（1006），"诏许群臣、士庶选胜宴乐，御史台、皇城司毋得纠察"；大中祥符二年（1009），"诏金明池每岁为竞船之戏，纵民游观者一月"；大中祥符三年（1010），"增葺射堂为继照堂，设帟张乐，许士民游观三日"；钱公辅来守明州时，为宋仁宗嘉祐年间（1056—1063），宋仁宗亦深谙"与民同乐"之道："此因岁时与万姓同乐耳，非朕独肆游观也"，"朕非好游观，盖与民同乐也"。除帝王外，北宋时期的官僚士大夫多秉持有强烈的"乐乎乐，而不与人同乐，安在其为乐"的治世情怀，其中，倡导"与民同乐"并付诸实践者不在少数，自《岁华纪丽谱》《东京梦华录》《定州众春园记》等史料的记述中可见一斑。后者道："天下郡县，无远迩小大，位署之外，必有园池台榭观游之所，以通四时之乐"。与钱公辅同时代的官僚士大夫中，以"与众游娱""许民同游""修造园囿"等形式践行"与民同乐"理念的就有范仲淹、欧阳修、梅尧臣等，且影响深远。对于范仲淹，钱公辅"独高其义"，盛赞其"忠义满朝廷，事业满边隅，功名满天下"，对"公（范仲淹）余营花圃，为台榭之胜，许郡民游乐"的政治作为和"先天下之忧而忧，后天下之乐而乐"的政治抱负深以为然。耳濡目染之下，钱公辅"孜孜为民""乐人之乐"的为官之道更为牢固不可动摇，建"独乐不如众乐"的众乐亭以践行理念与情怀则是必然之举，而此举，正合当时明州所需。

二

明州，带江汇海，水陆并通，物货丰衍，风俗澄清，自古为"东南要会""海道重镇"。北宋时期，明州城因宋廷的重视而愈加殷阜繁华，丽彩驰骋，人烟辐辏。其时，"海外杂国，贾船交至""城池街市，聚货通商"为常事；海内外使臣、官商"浮鄞达吴""由两浙溯汴至都下"为常情；"梯航纷绝徼，冠盖错中州""城外千帆海舶风，城中居市苦憧憧"为常景。

明州城闲美的风物、繁华的市井、通达的运势，一可致州人有涵养之学、卓越之见，从而吐故纳新，安平恬愉；二可致忠志之士有沉潜之处、用武之地，从而大展经纶,体国安民。邵亢在《众乐亭记》中如是说："维时钱君，来守此邦。此邦之人，曰维政刑，毋枉于直。曰维教化，日迁于良。山樵水耘，济之皁安。陶然太和，岁以有年。邦人怡怡，并寻于娱。君曰从事，与是同好。"简言之，钱公辅来守明州，乃榫卯之遇、契合之至。知悉明州景况的钱公辅，以明人之愁为想，以明人之求为度，在"治明之日浅"时便以"昔赋吏租，削而捐之"的方式，疏浚月湖，"阓者辟之，窪者隆之"，修建以众乐亭为主体的桥、廊、亭、庑、室等园林建筑，"总桥三十丈；桥之东西有廊，总二十丈；廊之中有亭，曰众乐，其深广几十丈，其前后有庑，其左右有室"，"周为飞梁，于以往来。合为大屋，鳞舒翼开"。建成后的众乐亭，是一处"碧瓦朱甍，雕梁绣柱""风漪月浦，极目无尘""远岩近峰，烟矗雨青"且"近在城郭之内"却可比"方丈瀛洲"的胜景，为天下所稀。王安石、郑獬、吴充、冯浩、王益柔、司马光、邵必、邵亢、吴中复、陈汝义、张伯玉、陈舜俞、章望之、胡宗愈等名士皆作诗文以记名胜众乐亭，以诵贤候钱公辅。其中，王益柔的诗《遥题钱公辅众乐亭》最可得钱公辅浚湖修亭之全观：

> 四明旧说南湖好，岁久濒崖变涂潦。
> 建筑一日得贤侯，千里山川真再造。
> 偃月堤成车马道，湖光如截天好抱。
> 鸳鸯瓦影乱凫鹥，绿柳环堤花映岛。
> 珠宫贝阙竞来还，泉客鲛人争献宝。
> 春风浩荡波涛卢，彷佛仙人骑赤鲤。
> 金盘下箸饱鲈鱼，尘事茫茫隔烟水。
> 都人士女从如云，丝竹清音雨岸闻。
> 饮酣落笔歌绿水，烂漫天葩飘远芬。

钱公辅建成众乐亭，创造了"笙歌长与郡人听""都人士女从如云"

的众乐之景，成功地践行了其与民同乐的为官之道，对其本人而言，意义重大。而他的成功，对明州而言，影响直接、广泛且深远。其中的直接影响，了然于目，概括来说，主要有两点：

一是改变月湖主要用途，开创其作为古代州级城市公共园林的千年建设史。月湖，古时多记为西湖，"其经始之人与岁月，皆莫得而考"。有史可考之用处，为"以饮以灌""备旱之用"，是明州城内"清冽可食"的重要水源之湖。北宋舒亶的《西湖记》和《西湖引水记》皆有论及，后者曰："明为州，濒海枕江，水难蓄而善泄，岁小旱，则池井皆竭。而是湖所以南引它山之水，为旱岁备也。"至北宋天禧间（1017—1021），湖中"有桥二，绝湖而过，曰憧憧……然僻在一隅，初无游观，人迹往往不至"。直至四十年后，钱公辅择月湖之地，"始作而新之"，修众乐亭"屹乎中央，梁其东西，以通往来"，"又环亭以为岛屿，植花木于是"，使月湖由"备用水源之湖"正式转型为"风景园林之湖"，成为明州城内最佳的"游观之所""四明行乐之处"，为邦人与远方好游者所推崇——月湖的"游观"之用自此延续千年而不辍，为甬上民众所共享。

二是知民意，顺民心，释民性，开启甬上民众新的生活方式。钱公辅来守明州之前，明州之地倡导"政以治民，刑以正邪"，其来明州之后，改"维政刑"为"维教化"，以柔性的方式聚德善俗，予民乐事而能不费民力，倡导民乐而能不废民勤，高明贤良，贴合民心，让甬上民众初识游娱赏玩之真义、与民同乐之真谛。自众乐亭建成后，盛游之况屡见不鲜："民之游者，环观无穷而终日不厌"，"凡州之人，月维莫春。联航接舻，肴酒筵弦，来游其间。环堤彷徉，风于柳杨，夕以忘还"，"春夏时士女相属，鼓歌无虚日"。故有诗赞道："海边民物鲜欢娱，太守经营与众俱"，"从前未有吾民乐，此地欣逢刺史来"，"从此郡图添故事，岁时遗爱似甘棠"。

至于钱公辅与众乐亭对明州影响的深远之处，可容细品慢省，见仁见智。此处，只简单述为两点：一是以"众乐"之义启迪民智，滋养明州城市平民化之基础。"平民化是从唐到宋社会变迁的一个重要趋势"，而宋代开始，方有"纯粹的平民化社会"。明州城有纯粹的平民化趋势，当以钱公辅"与民同乐"理念的践行为记。钱公辅作为太守，修建园囿，纵民游乐，又与民同游共赏，于明人而言，是稀事；众乐亭为公宇，全然开放，许民畅想四时之景，于明人而言，是罕闻。这史无前例、前所未有之事，对甬上民众观念的冲击不可能不大，其直觉是信服、敬佩与欣慰，而潜移默化之中，则是对"众乐""与民同乐"的认可，对自身地位与权利的争取，从而推动城市空间更多地从"官"向"民"、从"私"向"公"转化，争取平民的地位，凸显平民的价值，推动城市平民化之进程。

二是以"众乐"之义启迪民智，滋养明州港城"商"之基础。明州之地，"自周以来已为海道运输之要口"，"唐代海外贸易渐兴，有市舶使之设置"。北宋淳化年间（990—994），创甬东舶司，明州之地舶务益重，通商益盛，市井益繁，从而使得明州商旅愈加壮大、商品经济愈加活跃，对外贸易愈加深入，港城特质愈加显著。"商"，在明州，早已成为生业、常业，是明州港城地位与城市经济发展的重要支撑。商者，必致力于平等与公正之待遇，自由与开放之氛围，惟有如此，方可令市舶往来，货利纷繁，民人奋勉，地方殷富。而这与文明前进的方向完全一致："文明的进程就是一部人类不断争取自由和平等的历史。"

钱公辅所奉行的"众乐"理念，所修建的众乐亭，所营造的众乐景，在主客观上皆启迪、引导着明州民众自由、平等、开放的思想与行为，滋养着明州"重商""重市舶"的社会基础和文化氛围。而这一点，自可助推明州港城商贸经济的繁荣昌盛和对外交流的广远持久，从而铸就千年港城的地位。

魂兮归去：祖关山墓葬群

文 丁风雅

祖关山位于宁波老城的西南边，即今火车站、市委党校和南郊公园一带。北宋乾德五年（967），此处建有焚化院，是僧人圆寂火化后安葬骸骨的地方。大中祥符三年（1010）赐名崇法院。仁宗天圣六年（1028），天台宗第十七祖智礼禅师圆寂。明道二年（1033），弟子于崇法院左边建塔奉安舍利。智礼禅师，世称"四明尊者"，宋真宗曾昭赐其袈裟及"法智大师"的称号，后来的僧人将这里称为"祖关山"。

一

历史上的祖关山是一处高岗，西塘河、南塘河之水入城汇于月湖，至城外则聚汇于此，形成双水汇流之势。全祖望在《先检讨府君丙舍记》中称："盖山峙而水流，水之所之，山脉潜附以行。是冈为二道山脉所注以镇水者，是以平壤之中，突然坟起……故虽不甚峻，而气象盘蜒磅礴，为城外之伟观。"可见祖关山为城外一处不可多得的风水宝地，所以历史上，明州城内的达官贵人、名流雅士大多择葬于此。传说东汉孝子董黯及董母均埋葬于此,后来在董母墓侧还建有董孝子庙,清李邺嗣有题诗云:"南郭巍然孝子祠,千年古木更添姿。东头即是慈亲冢,稍慰晨昏雨露思。"北宋王安石治鄞期间喜得爱女,然而不幸早夭,遂葬女于崇法院西北,后世称为鄞女墓。王荆公在离任前感怀于此,作下诗篇《别鄞女》:"行年三十已衰翁,满眼忧伤只自攻。今夜扁舟来诀汝,死生从此各西东。"诗文中寄托了一位父亲痛失爱女后的无限哀思。南宋孝宗子魏王赵恺判明州时,其妃卒,葬于鄞女墓旁。全祖望曾写下一篇《临鄞女墓》:"半山辞墓日,哀咏泪沾中。更有穿中柱,曾埋皇子妃。此地亦良怪,女郎长所依。至今风月夜,阴霾总霏微。"诗文中"皇子妃"即魏王赵恺之妃。而全祖望作为清代浙东学派的重要人物,他逝世后也葬在位于祖关山的家族墓地中。

二

新中国成立以来,随着城市的扩展,祖关山一带兴建了宁波火车站,成为对外交通的咽喉,考古工作也随之多次展开。对祖关山墓葬群的考古发掘,前后有五次。

1955年至1956年,浙江省文物管理委员会为配合萧穿铁路(现萧甬铁路)工程建设,在祖关山、老龙湾、钟家埭、青林渡等地开展古墓群的清理工作,共清理战国至唐代墓葬127座,计有战国、两汉的土坑竖穴墓、西汉木椁墓和东汉、六朝及唐代的砖室墓。这些墓葬出土的器物中,铜器有虎子、钟、镬斗、洗、灯、釜、甑、剑、镜及凤凰形的带钩(图一);陶器有鼎、豆、壶、敦、罍、罐、灶、镬斗、杯;铁器有刀、

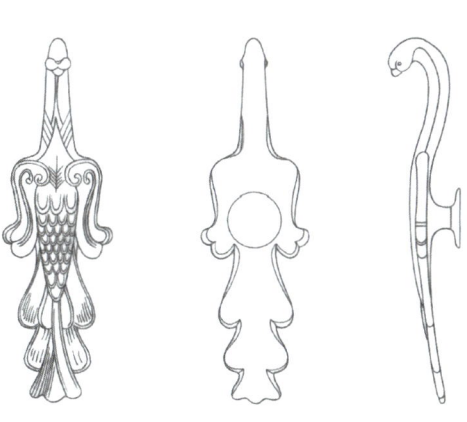

图一:铜带钩平面图

匕首、釜、带玉具和彩绘的铁剑；漆器有花纹精美的漆耳杯一对，杯内有隶书"宜酒"二字，还有漆盒、漆木梳、漆戒尺，都很珍贵。此外，还有玛瑙的装饰品、三彩陶罐、瓷器、丝麻织品、墓志和半两、五铢、货泉、开元通宝等钱币合计1200余件。这批发掘器物于1956年2月7日至16日，在公园路第一幼儿园进行了展出。这次发掘极大丰富了我们对浙江地区墓葬历史的认识。发掘成果表明，从战国晚期至汉六朝，三江口一带就有人类居住生活，形成了集中的墓葬区，并创造了丰富的物质文化。

1966年至1967年，宁波市文管会在平整海曙祖关山、大禹王庙，原江东道士堰、周宿渡、江北湾头、乌龟山等土地时，又发掘两汉墓葬65座。这是对祖关山墓葬群的第二次考古发掘。

1996年7月，宁波市文物考古研究所为配合南郊公园建设，对祖关山进行了考古调查与发掘。调查中发现有各时代的墓砖，有记寺院名的墓砖如"延庆坟砖""天宁坟砖"。根据墓地内残存的墓碑记载，副都纲中公质庵淳法师、南洲宏法师、月江印法师、僧纲司都纲兼本寺住持原清汾法师、文溪然法师、副都纲基公明庵诚法师、五岗庸法师、觉庵法师、陆江昂法师等僧人均葬于此。其中月江印法师曾任阿育王寺第五十八代住持，元至正年间（1341—1370）奉旨于金山建水陆大会，升座说法。日本僧人月山友桂、大朴玄素等均拜访过他。

这次考古发掘了13座唐代至明代墓葬，其中M11为双耳室船形砖室墓，由甬道和墓室组成，墓内通长3.7米。墓葬甬道处置壸门，墓室前半部墓壁设置壁龛和耳室，墓室后半部墓壁和后壁设置有壸门和直棂窗。墓室内见有由整块木板做成的棺床，平面近梯形（图二）。M11出土了墓志一方（图三），通过对志文的释读可知，墓主人为浙江东道都团练押衙罗府君夫人徐氏，卒于唐大中四年（850）。M12形制与M11近似，只是不置耳室，墓室内也见有梯形棺板（图四），并随葬木俑（图五）。比较这一时期江浙地区发现的墓葬，可知墓葬平面呈船形是当时的主流形式。在随葬器物上，体现墓主人社会等级的陶俑逐渐被木俑所代替，并影响至五代。而墓室内置梯形棺板，或与宁波地区特殊的丧葬习俗有关。

2010年11月至2011年1月，为配合铁路宁波南站改造工程周边配套

图二：1996 年祖关山 M11

图四：1996 年祖关山 M12

图三：1996 年祖关山 M11 出土的墓志

图五：1996 年祖关山 M12 随葬木俑

项目建设，宁波市文物考古研究所对南郊盆景园区域进行了抢救性考古勘探与发掘。此次考古工作共发掘13座唐代至明清时期墓葬。其中M6为明代双室砖墓，墓底铺杂宝图案砖和星象图案砖（图六）。杂宝砖图纹包括"方胜""万字""宝瓶""银锭""法螺"和"钱币"，皆为镂空砖雕；星象砖图案为三台北斗图，暗合"头顶三台，身披北斗"的堪舆术理念。这些图案表达了墓主人希望死后能够升天和保佑子孙后代富贵平安的美好愿望。这种墓底铺吉祥纹饰砖的现象在宁波尚属首次发现，为研究明代宁波

图六：2010年宁波火车南站M6

地区的墓葬习俗提供了宝贵的资料。

2012年底，为配合宁波南站区域建设，宁波市文物考古研究所在市委党校东侧的三层楼下一带再次展开了抢救性考古发掘工作。这次考古工作共发掘明清至民国时期砖室、石室和砖石混合类墓葬20座，大多形制简陋且无随葬品，应为当时平民墓葬。其中的M12为一座双穴并立的骨灰坟，双室长仅1.5米，宽不足1米，形制尤为简易（图七）。

图七：2012年宁波火车南站 M12

三

全祖望在《临鄞女墓》中曾感叹："此地亦良怪，女郎长所依。"似乎在奇怪：这里缘何常眠女性？除了前文提及的王安石爱女和南宋魏王赵恺之妃，考古发掘中还见有两方唐代女性墓志。20世纪50年代的考古发掘中曾出土一方《唐故济阳丁夫人墓志》（图八），这方墓志志文简略且多有泐失。通过释读，仅知墓主人为济阳丁氏，丁氏婚后十八年，于长庆元年（821）十一月卒于私第，时年四十有余，有子女各一人。次年，丁氏葬于鄞县唐昌乡。1996年发掘所获的《唐故浙江东道都团练押衙试左威卫长史罗府君徐氏夫人墓志》，志文直排楷书，共456字。经释读可知，墓主徐氏出自东海，其夫君罗氏为浙江东道都团练押衙，是地方上

图八：丁夫人墓志盖

207

的实力派武官,罗氏试左威卫长史,官品从六品上。志文中没有重点介绍罗氏和徐氏的祖上,看来他们的家族并不显赫,应该都出身平民。徐氏卒于大中四年(850)三月,终年四十一岁,有四子二女。同年十一月,徐氏葬于鄮县唐昌乡沿江里。丁氏、徐氏墓志中均称葬于唐昌乡,可补史志中唐代明州乡里之阙。丁氏、徐氏中年殒命,可为一叹!

祖关山在新中国成立后历经了多次市政建设,今日早已不复"平壤之中,突然坟起……气象盘蜒磅礴,为城外之伟观"的气象。然而,从历次开展的考古工作成果来看,这里不仅记录了从战国秦汉以至明清的墓葬变迁,也安放了古代宁波三教九流的灵魂,映射出城市社会发展史中的众生百态,见证了三江口一带由聚落向港城发展的历程。

附记:本文插图中图一为浙江省文物考古研究所发掘资料,图八采自《宁波历代碑碣墓志汇编》,其他图片承蒙丁友甫先生、罗鹏先生、林国聪先生提供,特此说明并致谢忱!

宁波塘河的历史演变与人文景观

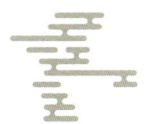
文 张亮

"塘"是一个后起字,在中国历史早期只有"唐"字。五代时,徐铉在《说文解字》里面补充了"塘"字,释义:"隄也,从土,唐声。"《康熙字典》中释:"筑土遏水曰塘。"所以,塘的本义是挡水的土堤。

"塘"的引申义至少有三种:第一种,挖土形成的水塘。如朱熹《观书有感》:"半亩方塘一鉴开,天光云影共徘徊。"第二种,抵抗海潮的堤坝。如《水经注》:"三国吴募筑塘御海潮,致一斛土,与钱一千,因名钱塘。"第三种,人工筑成的河道。在修筑抵抗海水或者潮汐江水的陂塘的过程中,利用天然水源,配合堰、碶、闸等水利设施,出现了具备阻咸蓄淡、灌溉通航功能的人工河道,这就是塘河。

塘河是我国东南沿海冲积平原地区所特有的人工改造自然的现象,中国古代堤塘和护岸技术的历史演进大抵经历了三个发展阶段:

五代之前的土塘阶段。比如钱镠在梁开平四年(910)八月,"筑捍海塘",相传大海"怒瀬急湍,昼夜冲击,版筑不就"(《吴越备史·杂考》),版筑就是类似夯土墙的土塘做法。

五代时期的竹笼石塘阶段。吴越国土塘失效之后,改用竹笼石塘,在预制的竹笼里面填满石头,层层垒起,用木桩固定后再往塘内填土夯实。

北宋时期的柴塘和石塘阶段。柴、土相间叠压形成堤塘的称为柴塘,土塘迎水面上用条石护坡的就是石塘。1047—1051年,王安石任鄞县知县时,改直立式石塘为斜砌式,创建了"坡陀塘",有效提高了石塘的抗潮能力。

一、宁波塘河的历史演变

唐宋以来,宁波的塘河系统的历史演变也主要经历了三个发展阶段(图一)。

1. 前城市时期至唐代:源头治水与塘河成型

宁波平原早期是一个咸潮肆意横流的斥卤之地,清周镐《永镇塘记》

图一:宁波的三江六塘河

总结道:"鄞,泽国也。潮江贯其中,分东西两戒。潮水咸,不利,灌溉必取资于山泉。地势中高外卑,一泻立罄。故鄞之言水利者,堤防之力居多……蓄淡御咸,惟塘是赖。"因此,宁波地区在秦汉时期的三个县治都在山前台地(句章县治在今慈城王家坝村和乍山翻水站一带,鄞县治在今奉化西坞的白杜,郧县治在今鄞州五乡镇同岙),因为这些地区既可以防止咸潮侵袭,又易于获得稳定的淡水资源。

唐代后期,中原移民增多后,宁波地区深度开发的需求加大。在这一阶段,首先开展了一系列引水、蓄水的基础工程。其中,最主要的是筑造鄞西平原的它山堰、治理广德湖以及治理鄞东平原的东钱湖。

广德湖,应该是鄞西平原最早出现的水源地,原为潟湖,因湖面形如酒器罂脰,所以又称"罂脰湖"。唐广德元年至大历八年(763—773),鄞县县令储仙舟对其进行了治理。后来广德湖的灌溉区从唐代的20多平方千米扩大到南宋前期的近200平方千米,是当时与鉴湖齐名的平原水库。南宋时,废湖为田。清代《四明谈助》评价其后果:"鄞西七乡之田无岁不旱,异时膏腴,今为下田。"

它山堰(图二),大概在完成广德湖治理的60年之后修筑。筑堰前,

图二:它山堰

海潮可沿奉化江上溯到章溪。唐大和七年（833），县令王元暐"相地之宜，所历襟喉之处规而作堰，截断咸汐"（魏岘《它山水利备览》），阻断咸潮上溯，山洪溢堰入江，分流引入内河。一路灌溉鄞西腹地；一路入宁波城南门，蓄潴日、月二湖及城内诸河，为城市供水。南宋，广德湖被废后，它山堰成为鄞西平原和城市供水的主水源。宋代魏岘这样评价它山堰水利工程："一朝堰此水，千载粒吾民。只仰溪为雨，何劳旱望云。"

东钱湖，也是潟湖，东晋时已经基本成型。唐天宝三年（744），鄞县县令陆南金利用地形将湖区西北部几个山间缺口筑堤连接，形成了规模更大的湖泊。1000多年来，东钱湖实际上是整个鄞东南平原水网灌溉、市民用水的主水源。东钱湖美景也为历代文人所赞叹，《三字经》作者王应麟曾经这样称赞东钱湖："月波夜静银浮镜，霞屿春深锦作屏。"

这三个大型的蓄水引水工程都在唐代完成，宁波的塘河系统也随之开始成型，这为宋代塘河干流的治理，乃至宁波平原中心区域的开发奠定了基本前提。

广德湖治理48年、东钱湖治理77年之后，唐长庆元年（821），明州州治移至三江口，建子城。

它山堰工程完成65年之后，唐乾宁五年（898），明州建设罗城。

2. 两宋时期：塘河干流整治

当淡水水源问题得以初步解决之后，随着两宋尤其是南宋时期浙东人口的爆发性增长和城市、港口功能的不断完善，一方面需要将淡水资源更广泛地引流到下游区域，另一方面水运的需求也在不断增长，因此塘河干流的整治成为亟须解决的问题。这一时期，在鄞东和鄞西两个流域，各出现了三条较大的塘河干流（图三）。

（1）西乡西塘河。始于高桥，在望春桥与中塘河汇合，由西门口注入护城河，是广德湖北塘遗迹。遗留下高桥、新桥、望春桥、接官亭、大卿桥等遗迹与古地名。

（2）西乡中塘河。起于横街，往东北方向在望春桥汇入西塘河，为广德湖遗存河道。横贯鄞西平原中部，在灌溉、航运方面有较大作用。横街

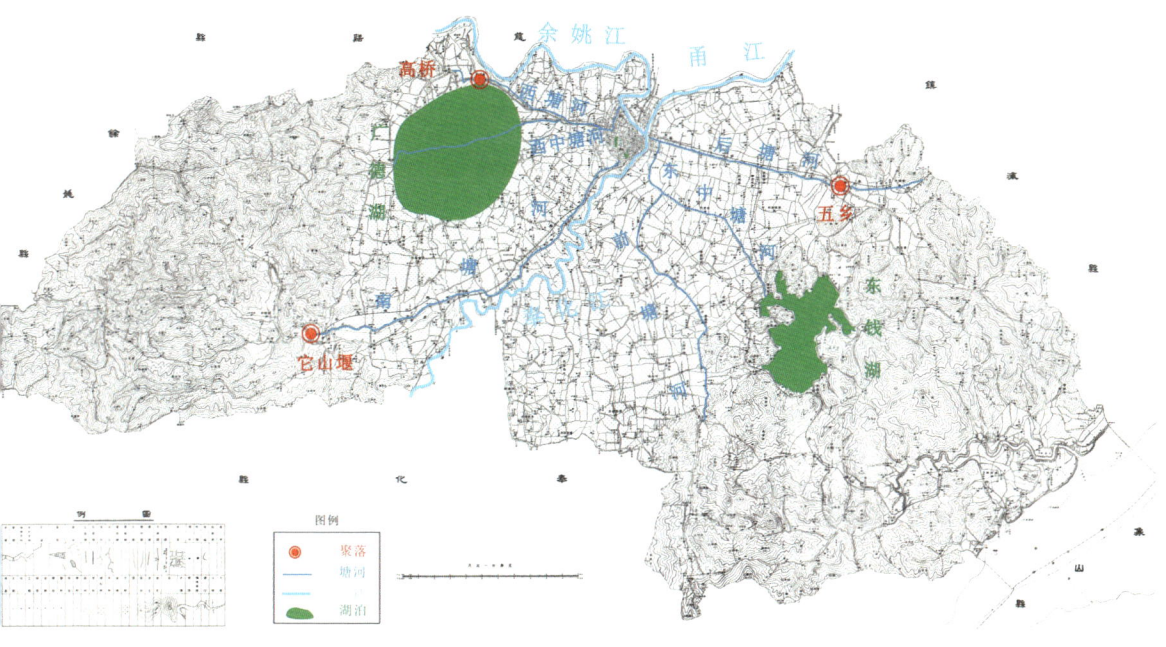

图三：六塘河示意（作者自绘，底图为民国《鄞县通志》总图）

古称桃源乡，有桃源书院等古迹。

在广德湖被废后，以上两条塘河的供水作用退化，尤其是西塘河，主要意义在于作为姚江自然河道的复线接入浙东运河系统。

（3）西乡南塘河。自它山堰引河口至洪水湾段称光溪，洪水湾下游称南塘河，流经鄞江、石碶、段塘后自南水门入老城。南塘河临近奉化江，是引樟溪水入鄞西河网和行洪、灌溉、航运的骨干河道，在广德湖被废后，是引水入甬城最主要的河渠。沿岸有星光村、南塘老街、鄞江古镇等。

（4）东乡后塘河。起自东钱湖流域的三溪浦溪流，一路向西至大河头，是鄞东行洪、引流、蓄水、灌溉、航运的主要河道。唐代日本僧侣从三江口登陆，前往天童寺、阿育王寺走的主要也是这条水道。

（5）东乡中塘河。起自东钱湖莫枝堰下注溪流，西流至横石桥与前塘河汇合，也是鄞东地区干流之一。

（6）东乡前塘河。起自横溪镇，汇东钱湖大堰下泄湖流，于横石桥与中塘河汇合后,分别从道士堰碶、大石碶进入奉化江。

这里,需要特别说明的有三点:

第一,塘河是一个水网系统。六塘河除了干流本身,每条河流又有支流,实际上是一个河道系统。同时,在六塘河之外,还有许多河道,如江北的颜公渠、慈江、中大河,宁波城内的日、月双湖及城河系统也已经基本成型。

第二,塘河是一个干预系统。因为塘河的淡水是人们利用地形强制存蓄下来的,所以往往会"中高外卑,一泻立罄",为了最大程度控制淡水系统,水则和碶闸起了很大作用。

水则就是测量水位的标尺。南宋时,宁波地区具有代表性的水则有:淳祐年间(1241—1252)陈恺建立的城东大石桥碶水则、它山堰回砂闸的则水尺以及开庆元年(1259)年建造的平桥头平字水则碑。吴潜在考察了西乡的中塘河、南塘河之后,设立了后世最为有名的平字碑,将城西、城南水位统一换算成平桥头的水位,据此操作各闸的启闭。

碶、闸是咸淡水交汇处、不同水位河段交界处,用于控制水流的水闸系统,比如保丰碶闸。碶、闸往往配套堰、坝等拦水、蓄水工程,形成一个完整的"控水+交通"系统。如东钱湖的莫枝堰、高桥的大西坝,既有控制水位的堰坝,又有排水的碶闸,更有将舟船在不同水位河道之间"挽"过去的工具。

第三,塘河是一个多功能系统。水道从其诞生之日起就具备灌溉、饮用、排涝、行洪、运输等多种功能。这里强调一下运输功能。因为塘河之水最终是要汇入大海的,六条塘河均向三江口汇聚,这就使得塘河不仅是平原地区的"快速路",更成为江海联运的桥梁。

而最具浙东运河特色的是,许多塘河成为潮汐江的复线、备线,形成了天然河道与人工河道因势取舍、复线运行的特色。其原因就在于,塘河是伴随着对潮汐江的隔离和控制而产生的,所以许多塘河在形态上往往平行于潮汐江,空间上也很接近。比如:广德湖北塘萎缩成的西塘河,平行于余姚江的最后一段;它山堰引出的南塘河,基本与奉化江并行;与东钱湖水系相连的贯穿鄞东平原的后塘河,则与三江口以东的甬江并行。

同样,从丈亭三江口往宁波三江口,南宋陆游说:"姚江乘潮潮始生,长亭却趁落潮行"(《发丈亭二首》其一),说明他当时走的是姚江天然航道。而明代张得中在《北京水路歌》中却说:"四明古称文献邦,望京门外西渡江",说明张得中去北京是先走与余姚江平行的西塘河,在大西坝进入姚江天然河道。

3. 明清时期:小流域的精细治理

进入明清之后,宁波城的内河系统已经非常完备,形成"南塘供水、三喉泄水、日月承水、水则控水"的基本格局。随着人口的不断增加和经济规模的逐渐扩大,一方面,塘河的维护、控制技术更加成熟,另一方面,人、水、地三者之间的矛盾也日益紧张起来。于是湖面面积与水田面积、河道与居住空间的矛盾达到了新的高峰。尤其是到了19世纪初,城河系统的情况相当糟糕:河道淤塞、水喉不畅、水则失踪。因此,进一步深挖塘河系统的内在潜力,保持水网系统的相对稳定,成为当时地方政府的一项重要工作。宁波天一阁博物馆收藏有一通《浚复城河三喉碑记》,详细记录了1819年宁绍台道陈中孚所主持的一次宁波府城内河道整治工程。

进入民国之后,由于新的市政建设理念的引入,宁波古典城市的形态开始变化,最为典型的就是毁桥填河。1928—1942年,宁波城区桥梁从227座锐减至117座。1925—1936年,宁波老城内有18条河道被填塞建成道路或公共建筑。民国时期,老城内八成以上的河道消失,老城区主要道路框架基本成型,而其代价就是城内水系的快速衰亡。

二、宁波塘河的人文景观

宁波的城市景观兼具海港风情和江南秀美,而江南秀美之景则主要源于塘河系统对城市人文地理空间的影响。今天,尽管很多景致已经离我们远去,但是依然有一些特有的人文景观在部分区域残存下来。

1. 街河

宁波的街道往往随河道的走向,实际上是河道的配套。宁波城里街河

的配套有多种形式,比如前街后河,典型的如南塘老街区域;比如两街一河,典型的如天一阁马眼漕两岸;又如街河并行,典型的如中山西路与西塘河。尽管民国之后填河为路,许多道路依然保留了河道的走向,典型的如伏跗室永寿街历史街区棋盘式的街巷格局,依然保留了《宁郡城河丈尺图志》中天宁寺西河、观音寺前河、文昌阁西河的基本肌理。

2. 市镇

塘河的交通节点或者重要水利工程的所在区域,往往会发展成为市镇。而重要的交通节点如高桥,作为浙东运河进入宁波城的最后一个自然河道与人工河道的转换节点,宋代以来一直是交通要道。大西坝是江河连通的活化石,西塘河沿线排布有石塘老街、高桥、新桥、望春老街等系列遗迹。五乡镇则因为当年鄞东七乡中的"老界、翔凤、手界、丰乐、阳堂"五乡之水都要通过五乡碶经小浃江入海而兴盛,因此五乡也是一座依后塘河发展的古镇。希望能继续保持这种线性遗产中的节点区域,维护"鱼虾衣角裹,鹅鸭担头鸣。白酒喧茅店,红装纳竹篱。亲朋大都在,街口竞呼名"的江南景象。

3. 湖居

目前,城内的月湖已经看不到湖居生活的遗迹了,但是城外还有部分保留。东钱湖周边山水之间的古村落,是鄞奉平原传统水乡环境的重要群居类型之一。比如殷湾村,其建筑的排布方式就是沿湖展开,即"依山就势、枕水而居",建设成本不高,方便开展渔业活动,而且大格局上处于"山南水北",阳气足、光照佳。又比如韩岭村,处于南岸,占不到向阳的位置,那就借助山间谷地,沿溪流河道排布展开,依然能够得到具有相对优势的生活环境,而且在交通上更为便捷。

4. 湿地

今天讲起宁波湿地,往往会联想到海岸湿地(杭州湾湿地等)。实际上在平原水网地带,依然存在许多河流湿地。历史上广德湖、东钱湖周边都有大量过渡性湿地,尤其是广德湖区域。今天,在海曙中心区域恢复大湖自然不具备可行性,但是利用残留的中塘河、西塘河水系,恢复当年的湿地环境,无论在景观、行洪,还是存蓄、灌溉上都是十分有帮助的。

宁波平原地区在距今约7000年前由海潮退成陆地,具有阻咸蓄淡功能的塘河系统对宁波地区开发进程有着重大的意义。宁波延续至今的"三江六塘河、一湖居城中"格局,深刻地影响着城市交通系统、市镇分布乃至人们的生活方式,可以说是宁波城最为鲜明的人文地理景观。

甬城千年

西塘河与石拱桥

文 梅术文

一

从某种意义上讲,古代宁波的发展史,就是一部水利开拓史。

宁波,位居中国海岸线中点,地处杭州湾南岸平原地带,西部和南部分别背靠四明、天台诸山,东临茫茫大海,区域内西北的余姚江、西南的奉化江在市中心汇聚成甬江,向东北涌入东海,形成了"山高于平原、平原高于江、江高于海"的地形风貌。为最大限度地利用宝贵的淡水资源,宋代时,宁波在西乡开挖西塘河、中塘河、南塘河,在东乡开挖前塘河、中塘河、后塘河,旱时储水灌溉,涝时泄洪排涝,海水倒灌时则阻挡卤水咸潮,与余姚江、奉化江、甬江共同承担起航运、交通等功能。

水是生命之源,逐水而居是人类的本能。六塘河因水而立,因水而发,自形成之后,两岸埠头林立,桥梁高架,碶闸密布,舟舸云集,商贸繁荣,依水聚居成村落,临河设街成市镇,形成了独特的宁波塘河文化。三江六塘河，不仅构建了宁波水利系统的骨架，也为宁波古往今来的发展疏通了地理经脉，居功至伟！

二

北宋政和七年（1117），楼异知明州，废广德湖为田。为弥补由此造成的对水利系统的破坏，在原广德湖西边修西塘河，并连接废湖之前的两段塘河，从而形成了完整的西塘河。

《鄞县水利志》载：

> （西塘河）始于石塘，上接上游河，源出大隐。经岐阳、高桥、望春与中塘河会合后入宁波市西门口，总长13.18公里，阔处46.3米，狭处21.6米，均宽32米左右，均深3.12米，河面积0.42平方公里。是引流、灌溉、航运主要河道。

从慈溪刹子港南端小西坝摆渡过姚江，通过南岸的大西坝，过高桥镇后，进入西塘河，经水路可直达宁波城西望京门。继而，西塘河并入护城河及鄞西平原的南塘河、中塘河等水系，完成了浙东运河从西往东到达明州府城的最后一段运河航程。西塘河成为避开姚江咸潮进入宁波古城的一条重要航道，也是经由水路离开宁波城前往省城、京城等地的起始点。古代，往来宁波的官员、学子、商旅、僧道等，或自望京门坐船，沿西塘河至高桥大西坝，进入姚江，再沿大运河北上；或沿着西塘河浙东官道陆行前往余姚、上虞，直至绍兴、杭州。西塘河成为古代宁波的官道，故又称官塘河。

明弘治元年（1488），一位名叫崔溥的朝鲜文官返乡奔丧，因遭遇海上风暴，从今韩国济州岛一路漂流到现浙江省三门县登陆，在经历海难、海盗及被误认为倭寇、澄清身份之后，继而一路沿着京杭大运河北上，并以日记的形式记录了沿途所见所闻，著书称《漂海录》。崔溥途径当时宁波府西塘河，记录如下：

自府城至此十余里间,江之两岸市肆舸舰坌集如云。过此后松篁橙橘夹岸成林。又过茶亭、景安铺、继锦乡、俞氏贞节门,至西镇桥,桥高大。所过又有二大桥。至西坝厅。坝之两岸筑堤,以石断流为堰,使与外江不得相通。两旁设机械,以竹绚为缆,挽舟而过。

由此可见,当时西塘河两岸埠头林立,舟舸云集,商贸繁华,水利设施完备。

2011年1月,作为浙东运河河道的重要组成部分(图一),西塘河被公布为第六批浙江省文物保护单位。

图一:大运河(宁波段)申遗点段位置(宁波市文化遗产管理研究院供图)

三

因西塘河是古时宁波与省城、京城的水路交通要道,舟船往来多而急,所以,横跨在西塘河上的桥梁是清一色高拱如虹的石桥,拱高孔大,过往船只可"风帆不落"穿桥而过,着实惬意,十分便利。

西塘河上曾有许多古桥。"十里九口桥，一路盖高桥"，就是说当时西塘河上的高拱桥梁多。自东向西，依次有望京桥、大卿桥、万安桥、西成桥、望春桥、三眼桥、新桥、上升永济桥、高桥、镇西横桥、解袂汇桥、三眼桥、新桥、栲湖桥、湖泊桥、十三洞桥、职湖桥、文彰桥。随着岁月流逝、历史变迁，旧时西塘河上高拱如虹的石桥，如今仅存四座，自东向西依次为望春桥、新桥、上升永济桥、高桥，均为单孔石拱桥。

1. 望春桥

望春桥位于海曙区望春街道望春桥街中段南侧，南北向架设在西塘河上。桥西是西塘河与中塘河的汇合处，桥北是宁波西出北上的水陆咽喉之地。

望春桥始建于北宋元符元年（1098）。南宋建炎三年（1129），望春桥在宋金高桥之战中被毁。绍兴年间（1131—1162）重建。宝庆年间（1225—1227）曾更名为"宝庆桥"。此后又屡经毁修。据桥额记载，清代乾隆庚辰年（1760）曾重修，光绪丁酉年（1897）再修。后，又逐渐成危桥。2005年，出生并幼年生活在望春桥边的港胞钟宝昌先生，捐资23万余元人民币修葺望春桥。

望春桥选用规整的梅园石建造，桥洞拱券，纵联砌筑。桥体全长28米，桥拱高6米，拱洞跨度9.1米，桥堍（即桥头）宽5米，桥顶宽4米。南北各有32级登桥台阶，长条石铺砌。桥面正中镶嵌一块定心石，上刻圆形"轮回"图案。桥两侧有18块石栏板浮雕荷叶，间以望柱20根，望柱头雕刻仰莲。桥堍置有祥云纹抱鼓石。拱顶栏板外侧浮雕石匾，上有阴线双钩行书"望春桥"三字题额（图二）。

桥北堍东侧建有一座路亭，可供旅人歇足、纳凉、赏景、避雨。该亭为清代建筑，坐西朝东，三柱五檩。亭子东面两旁石柱有楹联一副："出城约十里而遥，足力疲馀于时处处。观水坐一桥之侧，眼光洗后对此茫茫。"亭内有一通《重修望春桥碑记》石碑，2005年春由陈联飞撰文、曹厚德篆额。此外，桥北堍修有1米宽的石板纤道。

2010年12月，望春桥被公布为第五批海曙区文物保护单位。

图二：望春桥

2. 新桥

新桥位于高桥镇芦港村，南北走向，横跨于西塘河两岸（图三）。

该桥全长30.6米，桥面宽4.6米，拱洞跨度10.44米。南北两桥堍呈"八"字形，北堍宽5.7米，南堍宽6.77米，各设踏桥台阶32级。桥面两侧均设浮雕荷叶纹栏板，损毁比较严重，其中4块栏板为素面，疑为后补。栏板间置双覆莲望柱。桥堍尚存云纹抱鼓石一对。桥额镌刻"新桥"两字（图四），桥名两侧书："洪武丙寅始建，万历己未重建。"可见，此桥始建于明洪武十九年（1386），万历四十七年（1619）重建。桥体两侧面没有常见的鳌头的楹联。桥拱北边置有纤道，道宽1.46米，现上覆水泥。

新桥风格古朴，纪年明确，重建迄今已逾四百载，是宁波地区难得的明代古桥梁之一。2005年5月，新桥被公布为鄞州区文物保护点。2016年9月，因宁波市行政区划调整，原鄞州区高桥镇划归海曙区管辖。因此，2018年8月，新桥又被公布为海曙区文物保护点。

图三：新桥远眺

图四：新桥桥额

3. 上升永济桥

上升永济桥位于高桥镇芦港村半路庵自然村，南北走向，横跨于西塘河两岸（图五）。清乾隆元年（1736）始建，当地人陈尔康因"是处旧以舟渡，常虞风波之险"，出资"迭石固堤、结洞为桥"。桥南有普静庵，桥北有永济庵，故称永济桥，当地人也称其为"半路庵桥"。同时，该桥位于新桥的上游，故又称"上新桥"，"上新"在宁波方言中为"上升"，最

图五：上升永济桥远眺

终合称"上升永济桥"。光绪八年（1882），当地人王英泰、张贞德等人重修上升永济桥，并请张家骧撰写碑文以记录重建始末。碑有二通，现存于桥东北岸的土神祠内：其一为《重建上升永济桥碑》；其二为《收支碑》，记建桥募捐名录和支出总登。《重建上升永济桥碑》碑文如下：

> 鄞西十五里上升永济桥，又称半路庵桥，因桥之北有庵曰普静，其南有庵曰永济，故桥即以上升永济名也。北距慈溪，南达奉邑，四明西南诸山村多取道于此，为鄞西要津。桥建于乾隆初，里人陈尔康因是处旧以舟渡，常虞风波之险，出己资迭石固堤、结洞为桥。其地西则承大雷诸山溪水，又南汇它山下流，合于桥下，直入府治西关，河流奔驶，石泐址坏，历久未修。光绪八年壬午仲夏，上舍王君英泰、上舍张君贞德倡议重建。陆封君学显及家骧四叔父善仿方重葺高桥。工将竣，王上舍遂继请董其事。乃白诸郡县官，邀里绅包茂才涣章、王茂才绍祺、蒲上舍贵行、严明

经济宽、徐上舍鸿福等，分立二十二柱，集资五千三百有奇，庀材鸠工。仍旧制，高三丈二尺，阔一十八丈，而址视旧加深六尺，下植长木，上盘巨石，更以龙筋联贯之，而覆圈洞板柱之余，又有称明柱者互其中、称吓（下）水者饰于外，较旧址益坚致。壬午冬十月经始，越癸未秋八月落成，旁筑土神祠，并建玉皇殿，重修半路庵亭，共费洋四千九百零，以余赀浚河捍塘，又购桥之西北畔余地壹埭毋，俾后人筑枱于其间，所以固桥址也。事速工良，非第为观美焉。封君与叔父以诸君子竭蹶从事，宣力居多，且输将者咸乐踊跃，因驰书属家骧为之记。家骧闻而喜其功之成也。以为久坏之虹梁一旦而覆若康庄，斯固由贤守令恺悌爱人、勤于民事，而诸君子不惜材力，以赞其成，宅心尚厚，洵足为吾乡之庆已。爰备叙始末，并凡襄事者例得书其姓氏于石，而率公钱者别载诸匾额焉。光绪十年甲申九月，县人吏部右侍郎毓庆宫行走张家骧撰文，县学生王绍祺书丹。

现桥全长27.34米，桥面宽4.05米，桥拱高6.15米，拱洞跨度8.64米。桥面正中是一块方形整石，其上雕刻着精美的莲花图案。两侧有栏板、望柱，柱上雕石狮，栏板前端各有抱鼓石，桥南、北两端各设踏桥台阶32级。桥额镌"上升永济桥"，桥名南侧刻"光绪癸未岁募捐重建，里人□□□"，北侧刻"大清乾隆丙辰岁陈尔康建"。桥东西两面拱洞旁刻有藏头诗楹联，东面为"上跨长虹路通两岸，升看朝旭彩映中流"。西面为"永古津梁基安磐石，济人功德惠胜乘舆"。两副楹联每句第一个字连起来读，就是桥名"上升永济"。每句桥联上方各伸出一个鳌头雕饰。桥东北岸有一间坐西朝东的土神祠，桥北堍起向东有一排桥亭屋，名为"半路庵亭"，据说原有两排，另一排因20世纪70年代建造供销社而被拆除。

2010年9月，上升永济桥被公布为第九批鄞州区文物保护单位。2016年9月，因宁波市行政区划调整，原鄞州区高桥镇划归海曙区管辖。因此，2018年12月，上升永济桥又被公布为第七批海曙区文物保护单位。

4.高桥

高桥位于高桥镇高桥村上街自然村,大西坝与西塘河的汇合处,东西走向,横跨于西塘河两岸。

高桥始建时间不详,根据南宋宝祐五年(1257)袁商撰写的《重建高桥记》记载:高桥在南宋绍兴年间(1131—1162)重建,宝祐四年(1256)由大制使判府事吴潜重修。现桥为清朝光绪八年(1882)重修。

高桥全长 28.64 米,桥面宽 4.68 米,东堍宽 5.7 米,西堍宽 6.14 米,桥拱高 6.8 米,拱洞跨度 10.3 米。桥栏间置双覆莲望柱,其顶端设云纹抱鼓石。桥洞上方两侧各有石匾一方,南刻"文星高照",北刻"指日高升",道出了赴京赶考的学子们心底的美好期盼。桥南北面拱洞旁都镌有楹联,南面为"巨浪长风想见群公得意,方壶圆桥都从此处问津"。北面为"水涨春江双桨移来天上,明月夜渚一珠点到波心"。每句桥联上方各伸出一个鳌头雕饰。整座桥体中心窄,两头宽,呈菱形透视,给人以稳重雄伟之感(图六),曾入选"宁波市十大名桥"。此外,桥旁筑有 1 米宽的纤道。

图六:高 桥

高桥历史悠久，文化底蕴深厚。靖康之变后，建炎三年（1129），金兵追击宋高宗至明州，宋军在高桥河道边拉开战场，"以重席覆于路，金骑践席上，皆足滑而仆，因急击之，暂获甚众"，由此大败金兵。明州盛产的草席也随高桥捷报而闻名。相传，为了纪念高桥大捷，宋高宗降旨建庙立祠，以纪念阵亡将士。当地乡民发起"高桥会"，每年农历三月初举行，历时三至四天，主要活动有大令、抬阁、旗牌、旗锣、船鼓、九莲灯、踏高跷、甩彩瓶、大小龙灯、马灯等。据载，高桥会队伍长达数里，从高桥出发，先至望春桥石将军庙，行至城区望京桥折回，至凤岙，过横街头返回。高桥会历宋、元、明、清而不衰，最后一次"高桥会"在1947年举行。

1982年6月，高桥被公布为第一批鄞州区文物保护单位。2016年9月，因宁波市行政区划调整，原鄞州区高桥镇划归海曙区管辖。因此，2018年12月，高桥又被公布为第七批海曙区文物保护单位。

四

昔日，"西出望京门，河塘多高桥"。如今，历经沧桑，塘河依旧，跨河拱桥却已屈指可数。然而，无论历史如何变迁，岁月怎样磨砺，流动的西塘河水微波荡漾，仿佛呢喃吟唱着传奇的历史。古朴的高拱石桥默默矗立，似乎无声诉说着曾经的故事。江南水乡的韵味，因这塘、这河、这桥而别具一格，深深地烙印在世世代代宁波人的心田里……

> 附记：本文写作过程中，承蒙孙国玲女士、莫意达先生提供帮助，特此说明并致谢忱！

甬城千年

大西坝：浙东运河上的甬城门户

文 金蔷薇

"南则闽广，东则倭人，北则高句丽，商舶往来，物货丰衍。"（《乾道四明图经》卷一）宁波是"海上丝绸之路"的重要始发港，同时也是大运河南端唯一的出海通道。在河与海双重维度的交汇下，独特的地理位置造就了宁波"东出大洋、西连江淮、转运南北、港通天下"的重要历史地位，并辉煌至今。

"清波一脉通古今"，宁波的城市发展从古至今都有着大运河的身影。2014年6月22日，中国大运河成功申报成为世界历史文化遗产，浙东运河宁波段名列其中，大西坝等水利设施也一同被囊括。大西坝作为工程与河流和谐运作的典范，有着"浙东运河上的甬城门户"之称，如同一颗璀璨的明珠，正在中国大运河的最南端熠熠生辉。

一、建造缘起

大西坝的建造历史可以追溯至南宋时期，当时宁波水利治理的关键在于阻咸蓄淡，阻止海水倒灌，积蓄淡水进行灌溉生产。大西坝的选址在西塘河和姚江交界、运河和海丝交汇的位置，其中除了便于蓄灌，还有引渡船舶、沟通水路的目的，也正是这双重功用造就了大坝的特殊地位（图一）。

图一：大西坝旧址区位

姚江与甬江、奉化江相接于三江口，东连通于海，受到海潮影响，每天有两度潮汐变化，船舶航运至此多受制于江水变化。王安石《泊姚江》载"轧轧橹声急，苍苍江日低。吾行有定止，潮汐自东西"，描写姚江江水随着海潮起落涨退，航行于姚江之上的商贾、旅人于渡口等待航行时机。相比姚江因自然原因不便行船，姚江两岸的内河水流常年平稳，且内河水网密布，四通八达，更便于航运。船只若由姚江经西塘河，可直达宁波府城的西门望京门，由此也可与南塘河连接，沿路可达台州等地。北可经刹子港连通慈江，直达慈城、余姚、上虞。但由于姚江与西塘河的水位差，航船无法直接安全地由姚江改道内河，于是在两水交界处，沟通航运的大西坝应运而生。大西坝利用人力过坝，使船只进入内河，避开潮汐，从此改变了浙东运河最南段的航运线路，连接起与姚江搭配的复线河道，为航运提供了便利。

宁波府城临海，且多条河流连接入海，每当海水涨潮之时，海水便会倒逆入河。而宁绍平原的主要农作物为水稻，水稻不耐咸卤，故阻咸蓄淡成为宁波水利工程的主要作用。姚江江水受潮汐影响较大，如若遭遇雨季，连日阴雨，又逢海潮托顶，沿岸往往会受到海水浸泡。如果连续晴20—30天，海水逆河而上可抵丈亭，连续晴40天，海水可抵上虞。无论晴雨，姚江常年受困于江水盐度变高、沿岸土地盐渍化的问题。大西坝的设立，一定程度上是为了改变这种状况。"得淡水，迎而用之；得咸水，腷坝遏之，以留上源之淡水"，大西坝顺应自然，涨潮时拦截海水倒灌入平原，退潮时积蓄淡水。阻咸蓄淡，改变了西塘河内部分水质，农田灌溉、工业用水、生活用水得到改善（图二）。

图二：浙东大运河大西坝外姚江

二、兴废沿革

大西坝历史悠久，建造时间可以追溯至南宋。

《鄞县通志》载：

> 西渡堰，县西北高桥乡大西坝，阻咸蓄淡兼通舟楫。宋宝祐元年，大使吴潜修。

不过，吴潜是宝祐四年（1256）才授沿海制置使、判庆元府的，而且编撰于1226—1228年的《宝庆四明志》就已经有西渡堰的记载：

> 西渡，望京门西二十里即西坝，往慈溪路。管堰洪子，原管一十八名，每名月支和雇钱二贯文。牛畜原额八头，每头月支草料钱一贯文。索缆月支三贯文……宝庆三年，洪子存者一十三名，牛存者一头，身上下甚艰。守丞架买牛增人，收丞厅役钱入板帐（账），按月支给。

由此可知，大西坝在宝庆三年（1227）前已经建成使用。当时，大西坝称作"西渡"，坝体由泥浆修筑而成，船只由人和牛用绳缆牵引过坝，由政府运营管理并承担费用。由于西渡是当时的水运要塞，是行船姚江的必经之所。随着运河水运逐渐繁忙，过坝船只接连不断，坝堰几乎没有空闲之时，人员和牛的数量也随之增加。同时，泥坝也因高负荷运作受到损坏，进行过多次维修。

《开庆四明续志》载：

> 西渡堰，堰东距望京门二十里。西入慈溪江，舳舻相衔，上下堰无虚日，盖明、越往来者必经由之地。淳祐间，稍加葺治，未几，堰复坏。宝祐六年八月，大使、丞相吴公给钱五千七百三十九贯五百文，委司法赵良坦同副使许枢监莅修筑，伐石輂材，费一出于公所，所济博矣。

可见，大西坝于南宋淳祐年间（1241—1252）有过修葺，但没多久再次损坏。于是，宝祐六年（1258）八月，政府出资再次维修大西坝。此次修葺，为求坚实耐用，采用石料作为筑坝材料，修筑为石质堰坝，故又称"石堰"（图三）。

图三：大西坝坝头遗址痕迹

元代，大西坝几易其名。延祐年间（1314—1320），西渡称"西江渡"。至正年间（1341—1368）改称"西渡关"，又称"西渡"，别称"西津"。

明代，朝鲜人崔溥的《漂海录》一书详细记载了浙东运河的航运情况，其中对大西坝描写如下：

> 坝之两岸筑堤，以石断流为堰，使之与外江不得相通。两旁设机械，以竹绹为缆，挽舟而过。

从中可知，明代的大西坝大体与宋代相似，仍然是姚江与西塘河之间的交通节点，坝体依旧为石质，但坝上已设有人力车坝器械，以竹绹为缆，牵引船越过堰坝以通航，续通江河。

民国时,《鄞县通志》载:

石堰今名西坝,《钱志》谓在四十九都二图。

石堰改名为"西坝",又因其高大坚固,也称大西坝。

如今,现存的大西坝建于20世纪60年代,将人力过坝设施改建为有轨电动过坝,现仍有迹可循。南侧改成碶闸,可蓄可排,又可与西侧碶闸形成放水船闸。西侧设施由碶闸、桥及管理用房三部分组成,闸为螺杆式起动闸,上是架空阁楼,便于人员管理使用,内有起杆盘,为砖混结构,下置碶闸,两道闸槽亦为水泥浇制,其两侧石坎为条石错缝砌筑而成。东侧呈喇叭口状,通往姚江,闸与坝之间由混凝土浇成鱼嘴状。经过此次改造,大西坝嬗变为具有水闸、船坝、排灌水站等组成的完整的现代水利工程(图四)。

时移世易,大西坝的水利功能已逐渐退化,闸口和船坝也已变为内河的辅助排涝设施,昔日"水利重器"的风采不再,但尚存的痕迹无不印证着大西坝是工程与河流和谐结合的典范,它为研究我国古代水利工程提供了实物例证,也是宁波的世界级文化名片之一。

图四:大西坝现状

三、价值内涵

大西坝在建成后的 700 余年里,一直是浙东运河上重要的交通枢纽。大西坝顺应天时地势,利用姚江与西塘河交汇的地势,采用自然江河与人工河道复线运行的方式,解决潮汐对航运的影响,使各类船舶避开潮汐涌动的姚江,上溯进京,下流入海,航行安全有了保障,效率得到提高,成就了浙东运河宁波段独有的水利特点,其中蕴含的古人智慧和技术价值可见一斑。

大西坝联结起中国大运河最南端与海上丝绸之路的始发港,无论是北上对内的商贸交流,还是南下出海对外贸易,都有大西坝的助力。如慈溪上林湖、鄞州东钱湖出产的越窑青瓷,正是通过大运河与海丝之路的连通贸易,闻名全国,走向世界。

此外,众多先贤英烈、文人墨客沿着水路途经大西坝,留下了不少典故佳话、传世诗篇,为大西坝平添了些许英雄气概、诗意文化。

当年张苍水抗清失败,由宁波被押解至杭州,途径大西坝,一位和尚从桥上掷下一瓦,意为守住气节。明代张煌言所撰《张苍水集》中载:"舟次西渡。有和尚特掷诗瓦于前,疾行而去。其外有纸裹之,纸上有诗。今仅传其二句云:此行莫作黄冠想,静听文山正气歌。冰槎笑曰:此王炎午之后身也。然此和尚究莫知为何人。吾乡遗民争物色之,不可得。亦异人也。"张苍水威武不能屈的风骨定格在了大西坝,世世代代激励着后人。

宋代陈著《入京到西渡》道:"昨宵北渡今西渡,系是离家第二宵。"明代张得中《南京水路歌》提道:"长风吹帆过西渡,赭山大隐黄公墓。"明代余寅的《自西渡至姚江作》说:"夕发西关津,薄烟幕洄渚。安漫延其波,无冒刚涛怒。"明代章载道在《之姚江西津夜泊》中写道:"夕阳辞古渡,潮落且停艘。"

大西坝作为浙东运河上的重要节点,商旅出入频繁,航运往来繁忙,官府在坝上配备了负责瞭望、牵引等的专职工作人员。久而久之,这些专职人员由于长期居住和历代繁衍,慢慢聚拢形成了大西坝村,成为运河记忆的物质载体。大西坝村的聚落空间呈船型,并形成独特的"大西坝河+临河长街+长弄"的街巷水系格局(图五),以临河长街为龙骨,垂直延伸出五条长

图五：大西坝村聚落街巷水系格局

弄，并与多条支弄形成网状结构，将村子划分成一个个小单元。村庄内街巷和空间形态保存完好，于2016年荣列为浙江省第五批省级历史文化名村。这座独具特色的古村落因运河和大西坝而生，在历史长河中孕育了老宅、坝房、车坝设施、接官亭、官厅、普渡庵、雷祖殿、三圣殿、蓝公渡等众多运河古迹。时至今日，有些已经消失，有些其影尚存。透过这些珍贵的运河"活化石"，我们似乎可以看到：昔日，古人立于船头，尽收江南春日美景，芦苇吐绿，江中微波漪涟，百舸争流。船只进坝，坝上劳工忙忙碌碌，引船过坝。普渡庵内，来往女眷焚香礼佛，祈求好运。

宁波处于河海交汇的黄金区位，承载着千年文明的大运河和连通世界的"海上丝绸之路"在这里碰撞交汇。大运河和"海上丝绸之路"共同孕育了浙东运河宁波段的水利文化、航运文化和聚落文化，大西坝就是其中的"金名片"之一。

时光流转，岁月更迭，这些流动的文化、灿烂的文明并没有远去，它们承载着浙东运河的过往与记忆，继续随着大运河的波涛奔向下一个千年。

甬城千年

旧时甬城水网

文 金昌卿

一

宁波平原地区早期是一方咸潮肆意横流的斥卤之地，在距今7000年前海退成陆。因西边为山区，西高东低的地势构成了许多大小河流和一些湖泊。日月山川，江河湖海，自古及今，渐变更迭。经长期的自然演变和人类活动改造，宁波大地上主要的江为奉化江、余姚江，并汇流成甬江；主要的湖自西向东有广德湖（北宋末年废）、小江湖（缩为后来的日湖和月湖）、东钱湖等自然潟湖；河流分布在甬城东西两侧，主要有六大河道（塘河）水网体系。

甬城周围水系以三江和六塘河为大动脉（图一）。两侧的六条塘河指的是：西乡西塘河（图二），始于高桥，在望春桥与中塘河汇合，由西门口注入护城河，是广德湖北塘部分遗迹。西乡中塘河，起于横街，往东北方向在望春桥汇入西塘河，为广德湖遗存河道。西乡南塘河，自它山堰引河口至洪水湾段称光溪，洪水湾以下称南塘

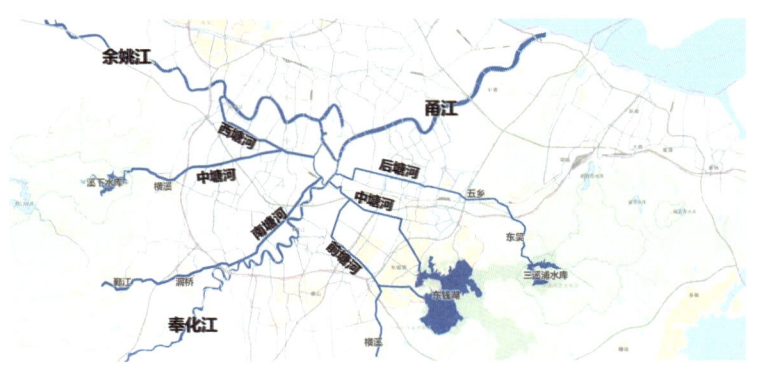

图一：甬城周边三江六塘河水系

图二：西塘河

河,流经鄞江、石碶、段塘后,自南水门入老城。东乡后塘河,起自东钱湖流域的三溪浦溪流,一路向西至大河头,是东乡行洪、引流、蓄水、灌溉、航运的主要河道。唐代日本僧侣从三江口登陆,前往天童寺、阿育王寺,主要走的也是这条水道。东乡中塘河,起自东钱湖莫枝堰下注溪流,西流至横石桥与前塘河汇合。东乡前塘河,起自横溪镇,汇东钱湖大坝下泄湖流,于横石桥与中塘河汇合后,分别从道士堰碶、大石碶进入奉化江。

六塘河除了干流本身,每条河流又有支流,实际上是一个河道水网。河道水网是东南沿海冲积平原地区所特有的人工改造自然的现象。利用天然水源,配合堰、碶、闸等水利设施,出现了具备阻咸蓄淡、灌溉通航功能的人工河道,这就是塘河。因为塘河之水最终流向大海,六条塘河均向三江口(老城区)汇聚,这就使得塘河不仅是平原地区的"快速路",而且还成为江海联运的桥梁。

甬城周边水系,深刻地影响着百姓的集居、交通、农业乃至生活方式,是甬城最为鲜明的水乡地理人文景观。

二

唐贞观十年(636)开始,明州府在三江口南面修治小江湖(日湖和月湖),东面治理东钱湖,西面治理广德湖(图三)等,并兴修了大量水利工程,提高了蓄淡、抗旱、防咸潮的能力,解决了三江口一带日益加剧的居民生活和田地灌溉的淡水问题。唐长庆元年(821),明州已成立了83年,明州刺史韩察将州治从小溪(今鄞江镇)迁移到了三江口(图四),建了一座被后人称为"子城"的小城,作为衙署办公和州官居住地,而老百姓则散居在子城之外。12年后,唐太和七年(833),鄞县县令王元暐开展了一项大型的水利工程,将四明山的溪水经南塘河引入三江口子城南湖泊(图五)河道供人们生息使用。唐光化元年(898),明州刺史黄晟在子城外圈地,修筑罗城,周长约9千米。城墙的东、东南、北三个方向是依奉化江和姚江而建。西侧和西南面当时是大片湖泽,城墙在水面上筑起,圈在城墙以内的成为城内水系,围在外侧的成为如今沿长春路、望京路外边的护城河、北斗河的前身。

城内水系网,月湖与日湖水系是两大主体。南塘河之水流入南门(唐至明代前期称甬水门,明代嘉靖年间后改称长春门)后,分两个支流:向东,沿着今灵桥路北侧流入,成为日湖水系(图六);向西,沿着今望湖桥市场一带流入,成为月湖水系。日、月两湖以城中镇明路为分界,路以东是日湖,以西则是月湖,形成"明"字形。晚明文学家、史学家张岱在《陶庵梦忆》中这样描述日月湖:"宁波府城内,近南门,有日、月湖。日湖圆,略小,故日之;月湖长,方广,故月之。两湖连络如环,中亘一堤,

图三：广德湖残湖

图四：20世纪70年代的三江口，前为江厦街

图五：今日月湖

图六：日湖旧影

小桥纽之。"

日湖水系，起自长春门，沿城墙（今灵桥路）到日湖桥（今长春大厦前）分汊，向东到灵桥门。往北到采莲桥前，沿着莲桥街向东延伸，入灵桥。过采莲桥，湖面较为开阔，呈葫芦状。此后开始缩小，再往北走，过普照桥（今大沙泥街与南大路交叉处）。普照桥与天封塔之间有一条路，近于如今的大沙泥街。再往北走，过县学（今宁波市第一医院）后，河道转弯。这转弯处，有一座芝兰桥。向西走，经过今第一医院前的柳汀街，与月湖贯通。往东走的河道，在今药行街一线。《民国鄞县志》记：日湖一名细湖，又名竞渡湖，昔有钟、黄二公竞渡于此，后人以名其处。亦名小江里，又称沿江里。关于日湖大小，《光绪志》中称：纵一百二十丈（400 米），横二十丈（约 66.67 米），周围二百五十丈（约 833.33 米）。如今日湖已堙废，在解放南路边近延庆、观宗寺处有一块遗址碑。

月湖水系，起自长春门，向西流经桃花堤至松岛（今宁波市第二中学）一带，湖面开始开阔，向北延伸至广生堤月湖桥（现有湖心西桥与湖心东桥），再向北过尚书桥、陆殿桥（今关帝庙左右），湖面更加开阔。偃月堤（今偃月街）上有虹桥（感圣桥）、衮绣桥（水仙桥）。往西南方向，经过青石桥、三板桥、马园桥，与护城河通。过醋务桥（今迎凤街与偃月街交叉口）、惠政桥、社坛桥（今菱池街与中山西路交界处），往西入西门北斗河。往北入今文昌街一带河流。月湖边镇明路高丽使馆遗址侧平桥河（此处有平桥故名，平桥又称四明桥）处有一水则碑（图七至图八），过去这是用来调蓄月湖水与宁波老城内河的重要水利设施。"则"是标准的意思，"水则"是水位标准。水则碑镌"平"字于石上，城外诸碶闸视"平"出没为启闭，水没"平"字当泄，出"平"字当蓄，启闭适宜，民无旱涝之忧。该碑由明州知府吴潜建于宋宝祐年间（1253—1258），明清两代续修。现大部分石亭建筑为清道光时（1821—1850）所建，保留了南宋的亭基和明代的重修平字碑。1999年，考古重现水则碑（亭）旧貌，经重修后，平桥河与月湖水系恢复相通。

图七：如今水则碑

图八：水则碑老照片

三

城内河道水网基本上与日、月湖相通，主要水源为南塘河和西塘河，形成"经河""支河"水系河道网。"经河"是指经水则碑东西向横贯宁波老城的主干河道，由西水关里河、县前河两段组成，对应今天的地理方位，约是中山路沿线。"支河"是指与经河相连，南、北两侧的二级河道。根据光绪年间编纂的《宁郡城河丈尺图志》（图九）记录，至19世纪末，城

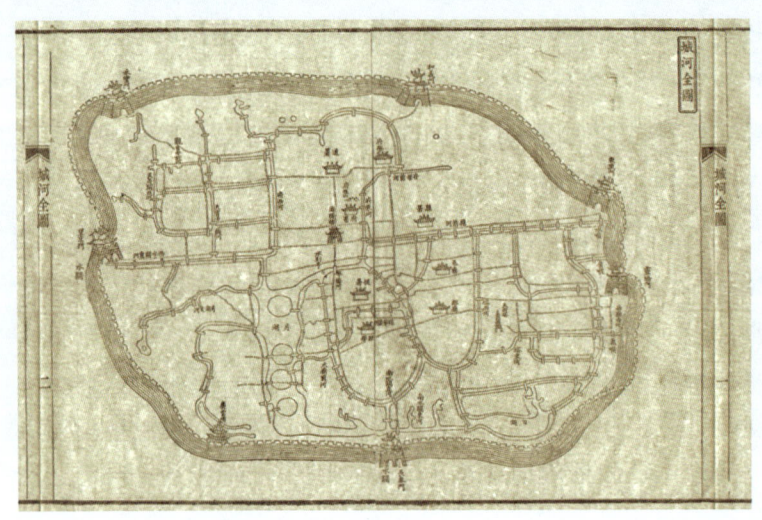

图九：宁郡城河丈尺图

内尚有主要河道 12 条（不包括小支流）。参照清道光年间（1821—1850）周道遵所撰《甬上水利志》的相关记载，这 12 条主要河道及其桥梁的简要情况，按城内从南水关始逆时针方向，依次为：

1. 南水门里河，即所谓甬水，源自它山，入南水门，东入清洞桥，东经淇桥，北经水月桥、采莲桥，即为日湖。而于清洞桥内北有藕花漕。一支自采莲桥边东入，经行香桥、塔儿桥，通岳庙西一带河，又自南水门直北经桂芳桥，西经灵应庙前经昼锦桥。北经尚书桥、县社坛桥、韩家桥、众乐桥，以上俱傍镇明岭右直北下，又北经柴家桥、九曲巷桥、后所营桥、宝奎庙侧桥，至平桥水侧左入月湖。又一支自桂芳桥直进入仓桥，经褚家桥、通普照桥一带河，又自褚家桥侧北入为前所河。

2. 岳庙西河，北经车桥，西入小江桥，为渠经迎春桥、霓桥，又北通咸塘汇河，南经皂荚庙桥、鄞江庙桥、石桥至明州桥，入于日湖，在延庆寺前。一支西入狮子桥，经兴教桥、戚家桥、大福桥、长石桥，西经塔前至王监桥入日湖，此为天封塔东河也。另一支西入青龙桥，经衰学士桥、行宫桥，又北折通沙泥街河于大福桥东。

3. 天封塔西河，北经天封桥、福明桥、洗马桥、新牌桥、泰和坊桥、隐仙桥，通县前河。其南至砖桥，过王监桥入日湖于龙舌侧。现今的路线，基本就是开明街。

4.平桥河，平桥旧名四明桥，其河西通月湖，东折南经竹行桥、章耆巷桥、曾家汇桥、永巷桥、广济桥、握兰桥、周家桥、普照桥，东经捧花桥、龙舌头入日湖。其支流有四：一是东入市心桥，北流为万寿寺西渠，经广慧桥、柴家庙桥，至萧家桥口通县前河；二是自握兰桥北侧东入渔栏桥；三是自章耆巷桥南侧西方入章耆巷南，南出解元桥，为县学后河，经傅家桥、均奢桥，入众乐桥河，西出建碑桥入月湖；四是自广济桥南西入通安桥与孙家桥一支合。现在大致的路线，是从迎凤街到解放南路，沿着解放路一直到三角地。

5.县前河，西经萧家桥、贯桥、饭巷桥，通府东河，东经黄封桥、回渡桥、开明桥、积善余庆二桥、琅琊桥、做絮桥、盐蛤桥、团桥至近东城断，未至团桥数丈南折入生姜桥，入葛家桥，于桥南东折入四港桥断，又自葛家桥经咸塘汇桥，南折入鞍鼓桥，又东南合车桥河，又自生姜桥西折入滑石桥，即俗所谓清水廿条桥直渠，入东寿昌寺桥，又南折达破石河头桥。

6.清澜池，在鼓楼前面，东通府东河于渡母桥北，西通府西河于行用库桥。北宋初年，节度使钱亿为了防火疏浚。太守李夷庚又疏浚后，用挖出来的土去培厚镇明岭。元代至治年间（1321—1323），帅府同知德哥、副使沙又重新疏浚，并修筑短墙闸护之，留水门，东边的叫清澜门，西边的叫碧漪门，方便老百姓汲水。今已不存，只剩下清澜桥可以为证。

7.府学前河，南通府后池，接府东河，东经鉴桥，过乾溪桥，抵乾碶头，西至贡院桥，北经钦飞庙前报德观桥，入簧河头为渠，由引仙桥、大桥、李衙桥达白衣寺前，通府西河。现在的路线，大致从苍水街转解放北路，穿横河街转大桥街桂芳巷到白衣巷、呼童街。

8.府东河，北通府后池。接府学前河。南经府东桥、渡母桥、迎凤桥，通平桥河。支流有两条：一由渡母桥里转西通董庙门内河，经清澜桥，通察院门内河，出行用库桥，入挽花汇大河；另一由渡母桥外转东，直通县前河。

9.府西河，即古子城之西濠，其北行西入祝都桥，为屠家横河，又自祝都桥直北行西入顶戴桥，为金家横河，又自顶戴桥侧直北行西入东上桥，至西上桥，俱西通天宁寺西河。又自东上桥侧直北入忠佑庙门桥，循道衙西入塌水桥，至李衙桥，西折至白衣寺西断，又北折入白衣寺西，小桥北行绕白衣寺后，其东过李衙桥，入大桥南折数十丈断，其北折入引仙桥，通簧河头河，其南经府西桥，过清澜池口，经行用库桥通西水门里河。

10. 天宁寺西河，其北行过乌龟潭，西入杨家桥，为横河，经章银桥，入乌黯桥，向北折西经大双桥。达西门界河与西水关来水会，又自杨家桥外侧北行入芳嘉桥，西入水浮桥，为横河入永安桥，数丈南折入都宪桥，与乌黯桥横河合，又自水浮桥外侧北入林鲚鱼桥、洞桥，至西上桥东侧合横河东则通东上桥，西经观音寺基西河营入许家桥，北折入魏家桥，近八图浦，东折细流至白衣寺西侧，又自西上桥东侧北入四港桥，经渡母桥，亦通白衣寺西侧俗称天字号河棚者，今塞矣。其许家桥东侧南入数丈断，其南行经河利市桥，通西水门里河。

11. 西水门里河，源自大雷林村，入城西水门，经迎恩桥、府社坛桥、虹桥、惠政桥，东至石灰埠折北通行用库桥，南经醋务桥，入月湖。一支自府社坛桥过经阁桥，通菱池头河。

12. 水仙桥河，水仙桥旧名"感圣"，一名"缓带"，又名"衮绣"，其河东通月湖，西经青石桥、锦里桥，为菱池头，本与西水门里河通，后人为断塞，水南流入天一阁内。

甬城的内河水网系统非常完备，总结起来就是"南塘供水、三喉泄水、日月承水、水则控水"。"三喉"通俗称水喉、食喉、气喉（图十），是宋代以后宁波老城沿奉化江开出的三个排水口。水喉，在东北隅东渡门下，以板为闸，潮涨则与板平，城河之水

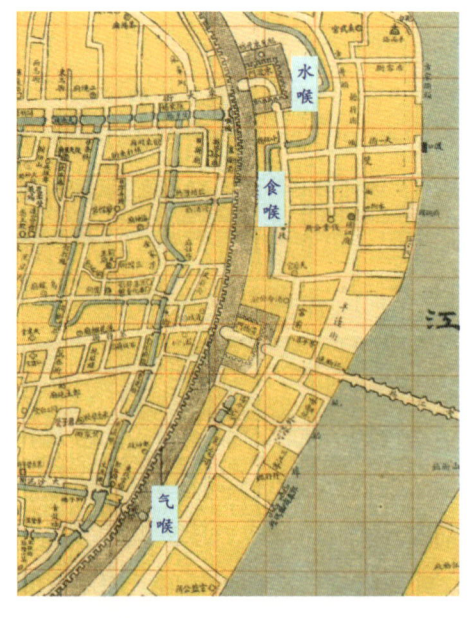

图十：三喉的具体位置

充溢，则启闸以泄于江。食喉，在东南隅市舶务南墙下，只用于泄水，却不通潮。气喉，在东南隅狮子桥东，旧鄞江庙侧。但到了19世纪初，城河系统的情况却相当糟糕，河道淤塞、水喉不畅、水则失踪。

四

民国之后，由于市政建设理念的改变，宁波古典水乡水城的形态开始变化。交通方式由水路向陆路转型，车越来越多，对马路的需求越来越大。于是，当年的河流被改造成马路。宁波城中的多条早期马路，都是由河道改造而来。关于填河，有关资料提供了如下数据：1928—1942年，宁波城区大小桥梁从227座减少到117座。1925—1936年，老城内有18条主支河道被填塞成道路或公共场所（如菜市场等）。民国时期，80%以上的道路都由当年的河道及其支流填塞而来，如大沙泥街、秀水街、永寿街、尚书街，甚至孝闻街等，原来都是河道，东路西河（东边路西旁河）、西路东河、南路北河、北路南河，统统被填成马路。至20世纪50年代，仍继续填河做路、填河建房，老城区主要道路框架基本成型，而代价就是城内河道水网体系基本消亡，桥梁基本拆毁。

山如骨骼，水似血脉。旧时甬城水网密布，犹如水城威尼斯，舟船不绝，桥梁、河埠头鳞次栉比。"摇啊摇，摇到外婆桥"，这是水乡亲情所系，热闹所至。这些，在如今的老城区无从得见，只留下遐想和悠悠乡愁！

宁波府《浚复城河三喉碑记》解读

文 张亮

古人将宁波三江口地区的地形概括为八个字——经原纬隰，枕山臂江。宁波市中心北、西、南三面被四明山脉和天台山脉包围，中心区域是冲积平原，姚江、奉化江、甬江三条潮汐江贯流其间，并从东北方向汇流入海。在宁波的前城市时代，海水随潮汐自三江倒灌而来，"土地盐卤，田不可稼，人渴于饮"，不要说开展大规模农业生产灌溉，连生存所需的淡水都无法保证。最初，先民只能在三江口外围丘陵地带的山前台地驻扎，如秦汉时集居于鄞县、鄮县、句章。当人们不再满足于山坡上狭小的区域，在821年将城市中心（州治）搬到咸潮泛滥的三江口之后，人与水的矛盾进一步加剧，阻咸潮、蓄淡水成为城市首先要解决的问题。宁波城之后的千年历史基本上是一部千年治水史，这个历史进程大致可以分为三个时段：唐代治源头，如治理广德湖、东钱湖，建设它山堰；宋代治干流，如整修六塘河、日月湖；明清治支流，在前人治水的基础上进行精细化维护。

千年以来，正是先人们持续不断地治水，才有了"塘外咸潮汹涌，城内秀水潆洄"的奇景，才有了这座海港风情与江南秀色兼具的美丽古城。

如今，天一阁东园北侧游廊中，有一块撰立于道光元年（1821）的石碑，镌有一篇《浚复城河三喉碑记》（图一），详细记录了宁绍台道陈中孚所主持的一次宁波府城内河整治工程，碑记全文如下：

予始至明州，览其地，大海环匝而噙吸，民生利害之所系，莫要于水利。城中旧有河，经支计四十五道，湮塞过半。稽诸志乘，宋吴丞相潜置水则于平桥之南，测诸水之高下，刊"平"字于石，视其出没以为启闭，则城河实众水之标极焉。水自四明诸山发源，从西南二水门入城。东北地隆起，流无所泄，自唐刺史黄公晟建

图一：浚复城河三喉碑

罗城，穿城为水道以通江，至宋而有水喉、食喉、气喉之名。古之称水者，或原也，或委也，向无三喉，则原委之义不备其始置之意乎？

乾隆十五年，邑令钱君维乔从绅士请，集资疏瀹，未得半而止。食、气二喉略复其旧，水喉惧（误）以灵桥门内小沟当之。盖因明以来，郡县志记载俱失其实，惟（唯）宋《宝庆志》图说甚明，郡城藏书之家，缺轶首卷，无可徵（征）信。邑绅黄君定文赴武林文澜阁抄得之，参诸高武部《敬止录》所载，始确知经东渡门南首，穴大城，穿瓮城，东出者为水喉。而吴丞相水则"平"字亦同时掘得。故道前人成迹，乃没于唐宋以来数千百年尘埃瓦砾之中，一旦轩豁呈露，其亦有数存与！

先是江右杨中丞捐廉三千金以备海疆不虞，适兴兹役，请于公，挈而助之，又自割俸千金为之倡。于是集夫匠，操畚锸，居民占盖河基者悉令迁还，狭者阔之，淤者浚之，断者通之。工始于月湖，提其要也；次经河，挈其纲也；次支河，理其绪也。河宽二三丈至一丈二三尺有差，深一丈五六尺有差。于阛阓湫隘之区，设水仓四十余处，俾两舟相值，交让而行。修改桥梁六十余座，撤而新之。食喉、气喉，导其壅遏而已。水喉适修城之便，伐木采石于城根，作背负之势，上横以梁，旁鐾以石，中蠱以阑。又近里为闸状，设板御潮，河溢则启放以时，流东北至四明驿会食喉水，过船厂，历羊府庙前入江，以达于海，皆循其旧，非创也。浚起污泥，运载城外，继增江海塘堤。又于甬东沿江筑涂地，愿售者听取其值充公用。经始于嘉庆二十四年四月，告竣于道光元年七月，度支三万缗有奇，民不知役，鼓舞欢颂之声不绝于耳。

何其淤之久而成之易与？抑本其兴举之由，而皆自于人与。是时郡守姚君令俞、县令孔君龙章、署县令郭君淳章董其役，首事黄君定文，张君烜、汤君桓、马君士龙、县书张永怀尤实力勤瘁其事，朝夕相度，不遑劳告，捐输各绅士，如急家事，皆当勒名于石以垂不朽。后人尚视兹哉！是为记。

这篇碑记作为清嘉庆年间宁波府内河整治工程的总结报告，即使在现在看来，也算得上是一篇颇有诚意、质量上乘的公文。下文，笔者将从当时治水的背景、准备、实施、总结等四个方面，将碑文略作翻译、整理、分享，或许我们能够从中一窥古人治水的智慧。

一、背景

陈中孚（1766—1826），字心畬，武昌（今湖北鄂城）人，清嘉庆六年（1801）进士，1817—1821年间在宁波任分巡宁绍台道。在1819年后的三年任期里，他将大部分精力投入宁波府城河道的治理中。当时宁波城的河道系统，可以用一句话来概括——格局已定，运行不畅。

所谓"格局已定"，就是指在唐宋时已经解决了源头和干流问题，整个城市的水道系统基本成型，具体体现在供水、排水、承水、控水四方面。

供水系统。主要是唐代它山堰水引大溪淡水（章水），自南塘河流入长春门水关入城（今南苑饭店西侧）。南宋之前，还有广德湖的淡水经西塘河，由望京门水关入城（今西门口），后来广德湖被填为田，这段水道的供水功能就弱化了。

排水系统。宁波城西高东低，迟至宋代，城内沿奉化江设置了三个排水口，东渡门旁（今影都附近）的排水口为水喉，咸塘汇（今咸塘街）旁的为食喉，鄞江门故道（今大沙泥街灵桥路口）旁的为气喉。城外还有保丰碶、澄浪堰等，城外碶闸既可排水，又可"挽舟"让船只在淡水内河与咸水外江间通行。

承水系统。主要是日、月双湖和城内河道。月湖在城西，周围"七百三十丈有奇"（2400多米）；日湖在城南，周围"二百五十丈有奇"（830多米）。陈中孚生活的19世纪初，官方统计城中大小河道计45条，支流港汊不计其数，城中一河一街，户户前街后河，百姓出则舟楫，入则饮浣，是一座超级经典的"海绵城市"！

控水系统。宁波内河淡水、外江咸水，碶闸平时关闭。为防内涝，南宋开庆元年（1259），观文殿大学士、沿海制置使、判庆元府吴潜在宁波工作时,命人实测碶闸与农田的水位高程关系,将四周河流水位统一换算为平桥处水位,在平桥头设水则碑,刻"平"字。"平"字第一笔为洪水临界值,城外碶闸视"平"字是否露出水面而启闭,水没"平"字当泄(图二)。

图二:月湖水则碑

所谓"运行不畅",则是指当时城内水道糟糕的维护状态。

一是河道淤塞。城内45条水道有将近一半因为违章搭建、无人维护处于淤塞状态,大量河岸被侵占,甚至有一些变成断头河道,水质恶化。

二是治水不当。在陈中孚治理宁波府城河道之前七十年的乾隆十五年(1750),鄞县县令钱维乔曾筹集资金疏浚河道,这次虎头蛇尾的工程留下许多"后遗症",比如排水系统中食喉、气喉虽得以恢复,但工程人员却误将灵桥门内的一条小水沟当成了水喉进行整修,结果事倍功半,效果不佳。

三是设备失修。控水系统的关键设备——水则碑,从明末至重回世人视线,中间竟然"失踪"多年!

二、准备

陈中孚治水的念头实际上在其上任之初就已经确立,"予始至明州,览其地,大海环匝而噏吸,民生利害之所系,莫要于水利"。但是有想法不等于一定能实施,在此之前,他主要做了两方面的准备。

首先,寻求上级资金支持。陈中孚先向浙江巡抚杨护汇报了他的思路,当即得到了杨巡抚的支持。这位巡抚大人原来有一笔"养廉银"用于浙江海防,同意拿出其中的三千两支持宁波府的治水工作,上级领导都掏腰包了,陈中孚也自割俸禄一千两。四千两的资金对这次耗资几万两的工程来说还远远不够,但巡抚和分巡道台自割俸禄用于治水,献出的绝非单纯的资金,更显示了领导的姿态和决心,这对于促进工作的开展是最关键的。

其次,搞清城市河道系统。或许是因为做过翰林院散馆编修,陈中孚在工程实施之前十分重视历史资料的收集和研判。他翻阅了大量地方文献,尤其是方志,并结合实地勘察,搞清楚了宁波城市河道系统的基本情况。实际上,乾隆年间(1736—1795)修错水喉的原因之一,就是当时的施工者没有弄清楚三喉的准确位置。陈中孚命人去杭州文澜阁抄得宋本《宝庆四明志》的有关内容,再与《敬止录》内容互为参考,终于搞清了水喉的确切位置(图三)。

图三:三喉示意图

三、实施

在所有准备工作完成之后,嘉庆二十四年(1819)四月,陈中孚调集民夫和工程设备,正式开展内河整治工作。

从城市水肺——月湖的清淤开始,接下来是经河,再接下来是支河,有序推进。所谓经河,特指起于水则碑,终于东渡门,东西向横贯宁波老城的主干河道,由平桥河、府东河、县前河三段组成,对应今天的地理方位,就是起自水则碑,沿迎凤路、水仓巷、中山路到达宁波影都的河道。所谓支河,特指由经河向南、北两侧发散开来的二级河道,根据光绪年间编纂的《宁郡城河丈尺图志》记载,至19世纪末,尚有主要支流12条,今海曙老城区域内80%以上的道路都由当年的支河及其支流填塞而来。

对于占据城市河道的民居,官府要求业主在限定时间内自行拆除、迁离,确保狭小的河道得以拓宽,淤塞的河道得以疏浚,截断的河道得以重新打通。整治后的河道宽度基本达到一丈二(4米)、三尺至二(1.06米)、三丈(10米),深度为一丈五六尺左右(约5.6米),中型货运船可航行通过。在整治河道的同时,开展了一系列配套工作,如沿河设置防火水仓四十余处,派遣船只专门开展巡逻值守,维修桥梁六十一座,城内主要桥梁基本焕然一新。

陈中孚依据历史记载,命人在平桥头的废墟中发掘并修复了17世纪以后"消失"了的水则碑,这为内河水利系统完整功能的发挥奠定了坚实基础。

陈中孚进一步疏通食喉、气喉两个排水口,重新找到水喉并整修、加固,增设闸门,使之具备开启和关闭的功能,并根据《宝庆四明志》记载的路线,引导水喉、食喉的水流向北从羊府庙(今万豪酒店附近)排入姚江。

河道疏浚过程中所产生的淤泥渣土,一部分运出城外,用于建设沿海、沿江的堤塘,另一部分运至舟山,填海开辟滩涂,公开租售,所得款项用于日后的市政建设。

四、总结

本次治水工程开始于嘉庆二十四年（1819），竣工于道光元年（1821），总投资三万缗（约为三万两银子），工程既达到了整治目标，又实现了较小程度的扰民，受到了社会各界的赞誉。这位陈大人倒是十分谦虚，在碑文里主要提了宁波知府姚令俞和鄞县县令孔龙章等人的功劳，自己的付出只字未提。不过仔细想来，陈中孚的一些工作方法和思路或许才是这项大工程成功的关键。

首先，注重调查研究。陈中孚并非第一次主持治水，他到浙江之前曾任山西河南盐运使，主持疏浚过姚暹渠。但他在宁波治水并没有机械照搬之前的经验，而是从最基本的地方文献收集、整理、研究开始，先扎扎实实地了解这座城市的水环境，了解七十年前那次治水的成败得失，最后形成了一个十分符合宁波实际的工作思路。

其次，注重工作联动。内河整治是一项大工程，一旦开工就会耗费大量成本，并对城市运行造成严重影响，如能将一系列相关工作联动完成，则可提升效益，并减少扰民。这次治水就体现了这种思路，比如河道整治并不拘泥于清淤和沟通，更是连带着完成了拆除沿岸违章建筑、提升通航标准、设置消防水仓、完善巡查机制、开展桥梁整修等一系列工作。

最后，是最重要的系统思维。水道是连通的，水流是运动的，水环境是一个整体系统，所以必须使用系统性思维。陈中孚的这次治水工程就是着眼于给水排水、水位控制、河道管理、水质净化等一整套解决方案来实施的，施工重点不局限于月湖，也不局限于重要河道，而是从月湖到经河再到支河的逐层推进，清淤、扩宽、沟通、维护，多管齐下，从系统上提升全城的水环境质量，不得不让人感叹——相当给力！

甬城千年

水则碑与长春塘

文 丁风雅

宁波地区西傍四明，东陲濒海，主要河流如余姚江、奉化江、鄞江都是发源于西部或西南山区，汇流于三江口后，于东北向入海。宁波地区地处北半球中纬地带，濒临西太平洋，受大气南北环流交替影响，夏秋季节台风频袭。而四明山区迎风面多高山，台风气流因高山的抬升作用而导致雨量特大，极易形成洪涝灾害。在夏秋季节，太平洋副热带高压气流控制上空，天气晴热少雨，又极易发生旱灾。历史上，宁波平原虽然湖泊众多，但这些湖泊多为潟湖演变而成的海迹湖，其形态特点是湖盆浅平，岸坡平缓，因此蓄水能力有限，遇旱则竭，多雨必涝。因而，宋舒亶在《西湖引水记》中称："明为州，濒海枕江，水难蓄而善泄，岁小旱则池井皆竭。"甬江水系多是感潮河段，涨潮时受咸潮顶托，江水无法灌溉引用。因此，宋杨蒙在《重修它山堰引水记》中说："盖湖独用以溉旁湖之田，江又潮汐上下，卤恶而不适用。"概况而言，涝、旱与咸潮，是宁波地区先民生产生活必须要面临的三个主要自然困难。

一

文献记载,东汉时期宁波地区已经开展了水利兴修事业,如光武年间筑杜湖、白洋湖。但宁波地区水利建设的大规模开展要迟至唐代:

贞观十年(636),鄞县县令王君照在县南1公里修小江湖。

开元年间(713—741),慈溪县令房琯在县东北0.5公里建慈湖。

天宝三年(744),鄞县县令陆南金开广东钱湖。

大历八年(773),鄞县县令储仙舟在县城西6公里修罂脰湖,并更名为广德湖。

贞元元年(785),明州刺史任侗重浚广德湖。

贞元六年(790),明州刺史任侗重修杜湖、白洋湖。

元和三年(808),奉化县令陆允明率乡民在县江中建资国堰(今龙潭堰),并开凿市河。

元和十二年(817),奉化县令赵察率乡民在县北12公里开赵河。

元和十四年(819),奉化县令赵察在县北5公里浚挖白杜河。

太和六年(832),明州刺史于季友在州治西南20公里修建仲夏堰于四明山下,引水灌田数千顷。

太和七年(833),鄞县县令王元暐于小溪(今鄞江镇)筑它山堰,横截樟溪,以阻咸、引淡、泄洪。虑及鄞西暴流无所泄,后又修建行春、乌金、积渎三碶。

乾宁年间(894—898),奉化县城建成铜山前后二闸。

唐代宁波地区水利事业的大规模兴修,显然与明州的设立分不开。入宋以来,贤守名令更是无不潜心于水利建设。今天我们在市区靠近宝奎巷东北角看到的水则碑(图一),就是这一时期治水事业的成果。

二

南宋开庆元年(1259),沿海置制大使、庆元知府吴潜组织民力,在

图一：水则碑亭今貌

府衙南的平桥下修筑了水则碑。在《平桥水则记》中，吴潜详述了他立碑的始末：

> 四明郡阻山控海，海派于江，其势卑；山达于湖，其势高。水自高而卑，复纳于海，则田无所乎灌注，于是限以碶闸，水溢则启，涸则闭。是故碶闸者，四明水利之命脉，而时其启闭者，四明碶闸之精神。异时加意于碶者，至今犹有遗论，此未暇问也。

吴潜首先指出了四明水利的命脉在于碶闸的启闭：

> 而考其为启闭之水则曰平水尺，往往以入水三尺为平。夫地形在水之下者，不能皆平。水面在地之上者，未尝不平。执三尺以平水，嗟乎异哉！余三年积劳于诸碶，至洪水湾一役，大略尽矣。己未劝农翠山，自林村由西门泛舟以归。暇日，又自月湖沿竹洲舣城南，遍度水势，其平于田塍下者，刻篾志之，归而验诸平桥下，

  伐石为准，榜曰"水则"，而大书"平"字于下方。

  紧接着，吴潜记述了他在四明治水的经历，自宝祐四年（1256）吴潜主政宁波，三年间他积劳于诸碶。所谓"洪水湾一役"，当指其在洪水湾置坝一事。洪水湾位于今鄞江镇，"去它山堰一里许，介于江河之间，外易崩而内易泻……（吴潜）就其地置三坝，一濒江，一濒河，一介其中，功与王侯置堰同"，完成对宁波诸碶堰的整治后，吴潜又于府城择址伐石，立水则碑。

  暴雨急涨，水没"平"字，戒吏卒，请于郡，亟启钥。若四泽适均，水露"平"，钥如故。平桥距郡治，巷语可达也。都鄙旱涝之宜，求其平于此而已矣。余数祈归老，行且得请，然于此郡之丰欸不能忘，故置水则于平桥下，而以"平"字准之，后之来者，勿替兹哉。

最后吴潜说明了水则碑的使用方法，并诫于后人。

吴潜立水则后，又清空附近，使人车马过时可见，以便及时观察水文。明嘉靖十三年（1534），知府郑威建社学于附近空旷处，后百有余年，社学久废不存，而水则碑也随之埋入瓦砾。清顺治七年（1650），海道王尔禄开掘河道，又重获发现。

乾隆五十年（1785），于平桥下清淤，掘出"如臂大小瓶"无数，当时不解其故。其实这种"如臂大小瓶"，即宋元时期常见的韩瓶，是当时一种装酒的瓷瓶。1999年，为配合月湖历史文化景区建设，宁波市文物考古研究所在东自镇明路，西到月湖东岸，北起平桥街，南到天德巷的范围内进行了重点勘探和抢救性考古发掘工作，在都酒务作坊遗址中出土了数以万计的韩瓶残器，堆积厚度达0.6米以上。这些韩瓶产于慈溪上林湖越窑，制作规整，有些印有"8"字形符号。规格有两种，一种容量为2公升，数量很少。绝大多数容量为1公升。发掘过程中，还清理出宋代柱础、砖砌地坪等遗迹，揭露出明州都酒务建筑的部分面貌。

嘉庆二十四年（1819），宁绍台道陈中孚浚河，以平桥为水道要口，加倍开阔，在南岸发现老磡仍在，又于瓦砾中寻出水则碑的"平"字，仍立原处。道光二十六年（1846），慈溪国学生潘铉又重修。

自清代中期以来，我们在舆图与老旧照片上也常能发现水则碑。在收藏于美国大都会博物馆的《宁郡地舆图》上，我们可以看到在鼓楼南的平桥头南有平桥庙，平桥头西南侧、平桥庙西侧水中立有一座四角小亭（图二），图上该亭虽然未有注名，但从其所处方位来看，这座四角小亭应该就是水则碑亭。

图二：《宁郡地舆图》中的水则碑亭

20 世纪 20 年代，在美国社会学家白克令拍摄的一张照片上，也可以看到当时的水则碑（图三），照片上碑亭被乌篷船环绕，艄公坐在亭前休息，北岸民居前石磡踏步犹在，呈现出一幅水乡风貌。

在 1999 年配合月湖历史文化景区建设而进行的考古发掘中，宁波市文物考古研究所发掘清理了清代重修的水则碑亭遗址（图四）。考古清理发现的亭基呈方形，边长 4.6 米，高 1.5 米左右，底部用条石砌成。亭为四柱石构建筑，歇山顶，亭脊为龙首火焰珠。石柱方形委角，东西石柱面

图三：20 世纪 20 年代的水则碑亭

图四：1999 年发掘出土的水则碑亭

上题对："……测应枢星，……横通坎象。"额枋上分别刻有"恶盈流谦"和"以均平水"。亭中立水碑二方，一方书"明嘉靖十二年四月重修"，高1.77米，宽1.03米；另一方为"清道光二十六年五月重修"碑，高1.71米，宽0.92米，上有《重修水则亭记》铭文。二方石碑的正反两面镌"平"字，楷书，阴刻，字高0.53米，宽0.45米。经实测，该"平"字的笔画高度与现在的黄海海拔基本相符，"平"字第一横上为黄海海拔高度1.62米，第二横为海拔1.36米，最下端为海拔1.09米，与现在的常年水位1.33米基本符合。由此可以看出，水则碑的水位测量技术在当时已达到了相当高度，它的设立有效提高了防汛抗旱能力，为农业的生产丰收奠定了基础，是古代水利发展史上的实物例证。

三

位于海曙南塘老街甬水桥东岸的长春塘,是经过考古发掘揭露出的另一处水利设施。宁波城区内用水来源为两支,一支自它山堰经仲夏堰入南门,一支自大雷经广德湖而入西门。长春塘遗址介于南塘河与奉化江之间的拱卫南门长春门,因而位置十分重要,《鄞县通志》称其"当奉化江之冲,为南门外民田之外卫",所言甚是。长春塘的始筑年月文献失载,《四明谈助》里称"旧障塘以泥,不时崩圮。明万历戊午,邑令沈犹龙改筑石塘"。清雍正七年(1729),长春塘遭暴雨袭击毁坏,县令杨懿星夜督筑,不幸失足溺水,后心力交瘁而亡,临终手书"城工、河工未毕为憾"。翌年,宁绍道台孙诏重修,此次修筑后塘长四十五丈(150米),宽二丈五尺(约8.3米),又创修石碶,长一丈(3.3米),宽九尺(3米)。

2011年,为配合南塘河Ⅰ期工程建设,宁波市文物考古研究所发现并清理了长春塘遗址。遗址西起南塘河东岸,自西北向东南延伸。受制于发掘场地及周边交通限制,未予完全揭露。已揭露出的塘体部分长约16.5米,宽11.2—11.7米,残高0.20—1.89米(图五)。从勘探情况看,长春塘遗

图五:长春塘遗址局部

址起自南塘河岸，往东南穿过南郊路后，继续朝奉化江方向延伸了至少13米，其后因延伸入现代建筑与鄞奉路下，无法再实施勘探，故其具体保存长度不明。

长春塘遗址主要由塘体、木桩及古河道部分组成。塘体上层已遭扰乱和破坏。塘身底阔上窄，外侧弧出。塘体为石包土心结构，内部以夯土砌筑，周侧以条石封包。现存包土条石墙由至少八层长方形条石错缝垒砌而成，各层条石之间略有收分，以白灰勾缝黏合。所用条石长约11.5米，宽0.26—0.3米，厚0.2—0.3米，其外侧平整，内侧较粗糙。条石铺面均按照"T"字形横竖铺设，即一横一竖条石铺筑：铺面边缘一列条石南北向顺铺，首尾衔接，衔接处嵌入一方东西向的石条；铺面中间区域的条石采用南北向或东西向对缝顺铺。每层条石除边缘条石为南北向顺铺，内侧条石均为横竖相互叠压。这种铺设方式利用条石之间的作用力，可以起到相互牵制的作用，从而使塘体更加牢固。同时，塘体外侧包土条石墙砌成弧形也可以有效地抵御潮水的冲击。

塘体内部土心系用黄色黏土夯筑而成，夯土层由南向北呈缓坡状分布，厚0.2—1.1米，局部已遭破坏。夯土土质细密、坚硬，可分为四层，每层厚约25厘米，夯层间以碎瓦砾夹隔，瓦砾层厚约4.5厘米。夯土层内出土有少量的越窑青瓷片等遗物，据此推测，其可能为始建于宋代的土塘遗迹。

塘体内外两侧均发现有大量的乱石和松木桩，松木桩沿塘体大致呈南北向分布，深插在青灰色的淤泥中，距离塘体0.2—2.5米不等（图六）。已发掘部分共发现松木桩59根，其中直径为20—32厘米的大木桩37根，近南北向成排分布，直径为10—12厘米的小木桩22根，近弧形排列，分布在大木桩的四周。塘体外侧（西侧）木桩分布较多，且有规律，大

图六：长春塘外侧条石与松木桩

的木桩之间间隔15—30厘米，小木桩分布无规律，但集中在近塘体中段；塘体内侧（东侧）木桩分布较少，以小木桩为主，主要分布在近塘体中段。俗语有云："千年水底松。"松木是古代加固堤防经常使用的材料之一。此次发现的松木桩，应该是修筑长春塘时为防止塘体下沉和移位所设，可以起到巩固石塘的作用。小木桩开口位置比大木桩开口位置更低，从中可初步判断小木桩年代更早，可能为早期加固土塘时所设，大木桩则应为后期所设。

此外，通过勘探，我们还发现长春塘塘体两侧的松木桩同样也穿过南郊路往东南奉化江方向延伸，且集中成排分布，据此推测长春塘外应为当年南塘河连接奉化江的古河道。

从文献记载看，长春塘初为土塘，明代万历四十六年（1618）鄞县县令沈犹龙始改筑为石塘，石塘建造的年代距今约400年。初建的土塘当为此次考古发现的石包土心，即条石墙包砌的夯土部分，其开始建造的年代，从地层叠压关系及夯土内出土遗物的特征分析，应不早于北宋时期。

长期以来，宁波先民不断兴修水利设施，诸如碶、闸、堰、塘河等，至今仍造福乡里。除了这些物质文化遗存，长期与自然界的斗争也产生了如《四明它山水利备览》《甬上水利志》等优秀的水利文献。水则碑、长春塘只是我们在市区经过考古发掘揭露的古代水利设施遗存中的幸存点，大量的古代水利文化遗产资源仍有待于我们去深入地探索发掘。

附记：本文插图中图三采自黄定福：《堰、碶、塘、水则碑——古代宁波的水利设施》（《宁波晚报》2013年9月1日A10版），其他照片承蒙张华琴女士、罗鹏先生提供，特此说明并致谢忱！

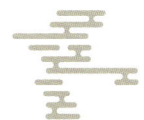

伏跗室永寿街历史文化街区

文 孙国玲

"云霞出海曙,梅柳渡江春""一湖居中,三江汇流"的海曙以"城"的姿态屹立已近1200年了(图一)。唐长庆元年(821),明州刺史韩察筑子城,海曙这块土地上开始有"城",今日海曙鼓楼即昔时子城南城门。此后,不管是明州,还是庆元府、庆元路,抑或明洪武十四年(1381)易名宁波,子城所在区域一直为历代衙署官府所在地。

1986年12月,宁波被公布为国家级历史文化名城。2005年,《宁波市城市紫线规划》划定了8处历史街区,除天主教堂外马路,其他7处都汇集在海曙古城内外,分别为:月湖、鼓楼公

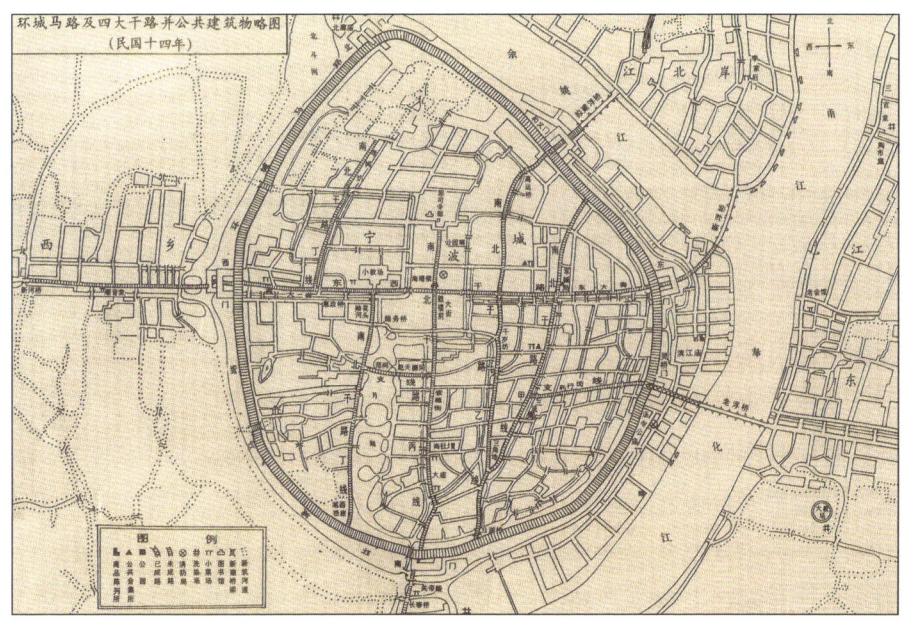

图一:环城马路及四大干路并公共建筑物略图(民国十四年即1925年)

园路、郡庙天封塔、秀水街、郁家巷、南塘河、伏跗室永寿街（图二）。2016年7月，浙江省人民政府公布第五批历史文化街区，海曙区的月湖、秀水街、郁家巷、南塘河、伏跗室永寿街名列其中。我们可以骄傲地说："名城宁波，核心海曙。"海曙是宁波历史文化名城的缩影和见证。

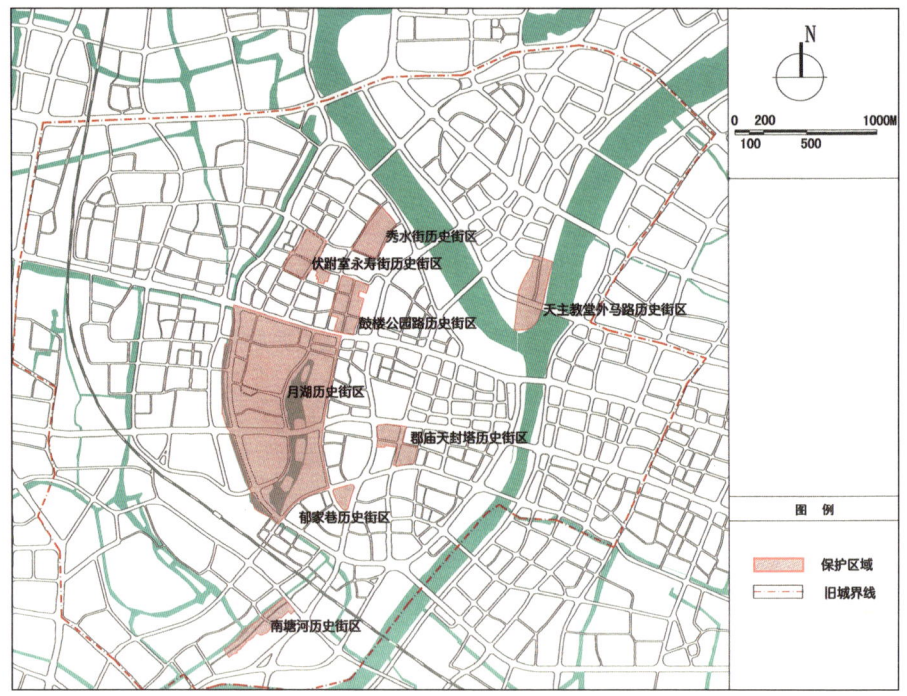

图二：海曙区历史街区分布

一

伏跗室永寿街历史街区位于海曙区鼓楼街道文昌社区东段，其东南侧为鼓楼公园路历史街区，东北侧为秀水街历史街区，南侧为月湖历史街区。街区范围东面包含屠滽故居、万氏别第及孝闻街传统建筑群，南至尚书街、尚书巷，西至文昌街，北至西河街，总面积7.8万平方米，是宁波老城内地方传统风貌保存最完整的街区之一，也是宁波老城内藏书文化和望族聚居的历史文化核心区域。

穿过熙熙攘攘的鼓楼步行街，经公园路进入伏跗室永寿街历史街区，街区内高墙、窄巷、宅院成片的历史格局基本保存完整，街、巷、弄仍保持着原有的空间尺度，以东西走向的永寿街为中轴线，连接着文昌街、孝闻街，宝兴巷、费家巷、尚书巷等诸多小巷，相互贯通。街区内明清、民国建筑错落分布，包括1处省级文物保护单位、8处文物保护点以及众多历史建筑。古建筑分布以永寿街两侧最为集中，大多坐北朝南，呈现出独特的历史风貌（图三、图四）。

图三：永寿街街景

图四：永寿街区风貌

历史上，宁波老城水乡格局完善，永寿街街区内的街巷与水系形成"一街一河"的双棋盘格局，在孝闻街、文昌街一侧都有河道与中山西路南侧的大河连通，而西河街、永寿街南侧也均有小河与孝闻街的河道相通，整个街区的水系脉络发达。在河街相交处，一座座古桥将区域交通连为一体，孝闻街上曾有河利市桥、芳嘉桥、水㐂桥等。孝闻街的名称源于"孝闻坊"。据《四明谈助》记载，宋有孝子杨庆居住此地，杨庆性至孝，父母病时，割己肌肤为其药，使病愈。宣和三年（1121），郡守楼异表其坊为"崇孝"。伴随着城市的发展变迁，街区内原有的河道、古桥已无踪迹可寻。幸运的是，当时的传统街巷名称保留了下来，保存延续了原有的街巷肌理。

二

从古城空间格局来看，伏跗室永寿街历史街区所在区域位于子城西北侧、罗城内，因东南临衙署官府，西南近宁波老城西门望京门，水系纵横，交通便利，自宋元时期，该区域成为甬上贵胄、世家、望族居住的首选之地。清代名臣沈瓒、叶机都曾建府于此，甬上望族林氏、屠氏、顾氏、万氏曾世居于此，近代冯孟颛、赵书孺等学者、文人、金石大师也曾荟萃于此。这些多为清代建筑，也有少量明代建筑。由于为官者众多，院落讲究礼仪规范，建筑群有明显的中轴线，布局严谨，占地面积大，气派的马头墙或观音兜彰显了宅院的气势与神韵。纵观宁波老城范围内的明清建筑，仅月湖区域的范宅、大方岳第、银台第等少数官宅可与之媲美。

街区内的尚书街因旧有尚书第而得名。明吏部尚书屠滽建第于城中祝都桥，原为面河而建的两组院落，现仅存尚书街51号屠滽故居一进院落。其西侧为清初著名史学家万斯同的府第，万斯同，字季野，号石园，以史学出名，尤熟知明朝史实，以布衣身份入京修明史，不署衔，不受俸。居京期间，屡开讲席，启导后学，被学者尊称"万先生"，自署"布衣万斯同"。

现永寿街上最为人熟知的是位于永寿街与孝闻街交叉口西南侧的伏跗室（浙江省文物保护单位）（图五），素有"宁波第二藏书楼"之称。伏跗室主体建筑坐西朝东，由两厢房、主楼等组成三合院式院落，曾是浙东著

图五：伏跗室

名藏书家、目录学家冯孟颛先生的藏书楼，现已开辟为纪念馆，免费对外开放。"伏跗"之名，源于《文选》中王延寿的《鲁灵光殿赋》"狡兔跧伏于柎侧"，意指"伏处乡里不求显而致力于学"。伏跗室主人冯孟颛，名贞群，字孟颛，一字曼孺，号伏跗居士等，原籍浙江慈溪，先祖迁居宁波市区水凫桥畔。1932年任鄞县文献委员会委员长，编纂《鄞范氏天一阁书目内编》等，曾组织重修天一阁、黄梨洲先生讲学处白云庄等。抗战时期，冯孟颛先生为保护藏书，专门在伏跗室内挖了一处防空洞。1962年，冯孟颛先生病逝，家人遵照其生前所立"皮藏十万卷，化私复为公"的遗愿，将伏跗室藏书楼及全部藏书碑刻捐献给国家。

紧邻伏跗室的是一代艺林泰斗、金石大师赵书孺故居，伏跗室原为赵宅前进。沿着宝兴巷，从窄窄的门洞走进赵书孺故居，院落隔墙上，还留着旧时的石窗，雕刻古朴精美，让人产生时空交错的感觉。赵书孺，字献忱，晚号二弩老人，精通金石、绘画和书法，素有"近代金石书画三绝"之誉。同时，赵先生还是一位卓越的教育家，现代艺坛上著名的书画篆刻家如陈巨来、叶潞渊、张鲁庵、徐邦达等都是他的学生。

永寿街北侧由东至西有几幢规模较大的宅第,依次为叶宅、林宅和元戎第。叶宅,原为清康熙二十年(1681)副贡、长乐知县陈明府宅。据《四明谈助》载,林氏宅左有陈明府宅,后陈家连宅带地一并卖给了上海县县令、定海人士叶机。叶宅西边是"林家墙门"。林氏为甬上望族,俗称"北郭林氏",乃宋代名臣林保之后,族内为官者众多,如南宋户部侍郎林祖洽、明吏部侍郎林栋隆。过林宅沿永寿街西行,不远处便是元戎第,其旧主人沈瑄乃清嘉庆间广东水师提督,武学生出身。此外,街区内还保存有众多内涵丰富、类型多样的历史建筑,成为历史文化名城不可或缺的重要组成部分。

每一座文物建筑都是古人留给我们的丰厚的物质文化遗产,承载着宁波的文化记忆,背后都有着许许多多动人的故事。伏跗室永寿街历史街区作为宁波传统风貌保存最完整的街区之一,见证了宁波这座历史文化名城的发展和变迁。

三

文化是城市的灵魂,建筑是城市的身体。城市历史文化遗存是前人智慧的积淀,是城市内涵、品质、特色的重要标志。习近平总书记深情指出:"要妥善处理好保护和发展的关系,注重延续城市历史文脉,像对待'老人'一样尊重和善待城市中的老建筑,保留城市历史文化记忆,让人们记得住历史、记得住乡愁,坚定文化自信,增强家国情怀。"

城市的发展是一个连续的过程,随着历史变迁,留存下来的古建筑不仅是历史的见证者,也是历史传承的无声载体。历史街区所在的老城区正是沉淀了城市记忆和精髓的地方,是城市中最具地域文化特色的区域。2017年,《伏跗室永寿街历史文化街区保护规划》正式公布,按规划要求:该历史街区将以"人文生活延续、文化底蕴彰显、历史文化街区价值重现"为目标,打造具有浓厚宁波传统文化氛围的宜居生活社区,保护中华优秀传统,延续城市文脉,实现传承发展。

秀水街区历史文化遗存考查

文／金昌卿

甬城历史文化街区中，以民居为主的秀水街历史文化街区，有待于全面保护改造。这个街区非成套房破败，危房较多；下水道堵塞，大雨受灾；电线杂乱老化，火灾隐患；卫生脏乱差，街面无序。有人说，"宁波大街像欧洲，秀水街区像非洲"，秀水街区是典型的"城中村"。多年来，许多居民盼望政府对这里进行征收改造，市、区两级政府几经调查规划，想保护利用，改变这里的落后面貌。2014年对秀水街区来说是个春天，居委会率先开始了改造前的居民搬迁工作。当初，笔者作为秀水街区改造项目工作组成员，走街串巷，排查情况，亲身经历，对秀水街区的历史文化遗存有了进一步的考查和熟悉，也有一些感慨和建议。

一、"名不副实"的街巷地名

走进秀水街区，我脑海里首先有个疑问，秀水街无水，为何为秀水街？就如大桥街无桥，横河街无河。经考查了解，目前的秀水街区现状与历史上碧水环绕的景致相比，确实是沧海桑田。

秀水街区以"水"为名，原本街区内水系发达，大桥街东侧、广仁街南侧、秀水街西侧均为河流。纵横的河流又与城内姚江、奉化江等水系相贯通，小船可行驶于此间。这里的河流同时又是划分街坊的界线，每一个街坊内又有若干小巷，与各个院落宅第串联沟通。街巷间往往依河设一条河道较宽的水仓，既备消防应急之用，又可方便过往船只在此交汇。河流之间小桥相连，"推窗见水江南居，小桥流水寻常家"是秀水这片人居生活群落的真实写照。大户人家宅院内更是水光潋滟，引泉凿池，叠山理水，好一派私家园林风光。可是，到了20世纪50年代，大规模填河造路的市政建设，使区域内的条条河流变成了条条马路，江南水乡的风貌不复存在。

这里举几个街巷"名不副实"的例子吧，它们因水起名，而现今没有了水。

秀水街位于街区西南侧。因曾流经此地的府西河上架有一座秀水桥而得名，东侧的吴宅山墙立面（图一）是这条街的主要历史元素，西侧绿地为府西河原址，现为公共活动空间。

大桥街位于街区东侧（图二）。说是街，其实是巷，这里的一侧有一条绿篱与富有现代气息的中山广场分隔，这一分隔，制造了一种两重天的感觉。据史料记载，府学前河流经大桥街东侧，府学前河与广仁街（图三）南侧河流交汇处架有一座名为"大桥"的桥，大桥街由此得名。沿街住宅入户前通常有小平台和踏步连接，有些院落还有门楼过渡到宅内庭园。

横河街位于街区北侧。据《鄞县通志》载："横河街，旧名双池头、横河头。"清咸丰、光绪《鄞县志》中作"黉河头巷"。因旧街南侧有黉河流经，故名。康熙《宁波府志》载："黉河，府治西北百步，四周学宫。"民国时，改"黉"为"横"，并将"双池东西一段并入之"。改"黉"为"横"，改变了本原含义。黉，指古时学习的场所。据考查，宋元明以来，该河四周有多家学舍，故该河流称为"黉河"。黉河被填永远不见，而今该处是一条宽约5米的马路。

图一：秀水街吴宅

图二：大桥街

图三：广仁街

二、"寓理人文"的院落宅名

纵观秀水街区,既有保留完整、建筑精美、风格多样的明清建筑和民国建筑,又有大量破败不堪的非成套房及违章建筑。白衣寺、桂花厅、鹤年坊、吴宅、陈宅、孙宅、徐宅、林宅、虞宅等传统建筑遗存,是街区保护的重点。走进街区,除了以姓氏命名的宅名,你会发现还有一些传统建筑的宅名,文化气息浓郁,蕴含着宅院主人的人文理念。

在桂芳巷17—18号,有一处不起眼的建筑,宅名叫"桂花厅"(图四)。它是秀水街区仅存的一处明代建筑,也是宁波老城区现存的五座明代建筑之一。据清代历史学家、地理学家徐兆昺所著《四明谈助》记载,桂花厅原为甬上望族倪氏介石园的花厅,为接待贵宾的场所。历经世事变迁后,倪家花园大部分已不复存在,但桂花厅仍然保存完好。桂花厅坐北朝南,面阔三开间,抬梁式砖木结构,整个厅堂无雕饰,显得古朴庄重,表现出典型的明代建筑风格。据老人所言,桂花厅正门原有一块御赐金匾,题有"孝德感天"四个字。传说明朝时倪家祖上在京城任高官,忽闻家母病危,

图四:明代桂花厅

日夜兼程赶回家时，母亲已奄奄一息，床前吐了一滩血。他见状后跪地祈天，将老人吐出之血舔入口中。他的孝德感动了上天，突然房中芳香四溢，一朵朵桂花从梁上飘落，母亲也奇迹般地恢复了健康。皇帝据此赐予金匾，桂花厅由此命名。

广仁街46号宁波第八中学（现与李兴贵中学合并）一带原是教会学校三一书院的旧址（图五）。何谓"三一书院"呢？早在清同治七年（1868），英国圣公会在宁波贯桥头地方设立小学义塾，学生甚少。至清光绪二年（1876），圣公会派英国传教士霍约瑟（英国剑桥大学出身）来宁波主持教学事务，始将义塾改为书院，起名为"三一书院"。"三一"意即基督教宣扬的"圣父、圣子、圣灵三位一体"。学生来源多系教会子弟，民众称为"洋学堂"。1881年，建新

图五：三一教会学校旧址

校舍于李衙桥（在今广仁街）。中华民国五年（1916），校名始由"三一书院"改名为"三一中学"，并开始招收少数非教会子弟。1952年，改为宁波市第三中学。三一书院是鸦片战争后宁波开放"五口通商"的产物，是英国教会渗透的铁证。

位于广仁街与孝闻街交接处的白衣寺（图六），富有传奇色彩。旧址在府治地，即中山公园一带，始建于五代后唐长兴元年（930），北宋建隆年间（960—963），是节度使钱亿的廨宇（官舍）。有一天，钱亿看到屋梁上显现白光，木纹有观音相，于是换了一根梁，把换下来的梁刻成观音像供在寺里。老百姓把供奉有观音像的寺称作白衣观音院。南宋建炎年间（1127—1130），该寺院毁于金人兵火，后来又重建。明洪武三年（1370）再次倒塌，它就被移建到现在的地址。这块地方是原来普宁、奉圣二尼寺的旧地基，因白衣观音院迁至此，从此定名为白衣寺。白衣寺几经兴衰，

图六：白衣寺

现存大殿系清光绪十八年（1892）重建，民国时又修，大殿为重檐歇山顶，通面阔五开间，进深三间，木梁架保存较完整。现正殿为扑克彩印厂仓库，偏房为民居。

三、"崇尚孝德"的豪门额文

秀水街区一些名门望族雄伟的大门门楣之上的额文，言简意赅、气势磅礴，体现宁波人的道德文化与慈孝文化。我们不仅要解读它们，更要了解宅第的人文历史信息。

位于秀水街区桂芳巷1号大桥街与桂芳巷交界处，有一大门上方嵌有"颍川望重"四字的民国建筑，老宁波称它"桂芳巷陈宅"或"陈禄房"（图七）。主人是当时和丰纱厂股东陈庆恒。"颍川望重"寓有"天下陈姓出颍川""颍川之人德高望重"之意，此宅祖上应是源于中原颍川（今河南禹州）陈氏望族，门额意在提醒不忘先祖。陈禄房占地面积较大，是保存较好、布局完整的传统民居，由前后两大院和偏屋及一座花园组成。陈宅主楼五间两弄，左右各两开间厢楼，高大宽敞，走廊、楼板、门框等构件随处可见精美雕刻。楼房顶端设有观景平台，四面水泥护栏，融合了西洋风格。陈家后花园，一池碧水，假山相叠，花木相伴，自成一方风景。

位于横河街38号的林宅，因主人是一位姓

图七：陈宅门上额文"颍川望重"

林的冷藏公司老板而得名。大门朝北紧挨街面，用水泥磨石子罗马柱，门楣之上饰有盛开的山花图案，虽无色彩，却炫丽依然。而门楼二层中央"德门重辉"四个汉字（图八）则告诉路人，在大门西洋风格的外表下，宅第主人不曾忘怀自己国家的文化传统。该宅主体建筑坐西朝东，由前后两进组成，旁有偏房，并且保存完好，气势宏大，为宁波中西合璧建筑之佳作。

在横河街44号、50号、56号，有一处类似七十二家房客式的出租房屋群落叫鹤年坊。"鹤年"是松鹤延年之意。这是外表相同的三幢砖木结构二层楼房，沿横河街每幢楼房大门上方分别用阳文雕嵌写有"鹤年坊"三个字的匾文（图九）。第一幢面阔六开间，第二幢面阔七开间，第三幢面阔八开间，都无檐廊。房子是由上海铁厂杨老板出资孝敬丈母娘建造，专门用作出租收益，房屋由他的小舅子监造，所用木料是台

图八：横河街林宅大门

图九："鹤年坊"三字残损，依稀可见

湾洋松。70多年前的老房子至今还比较完好地保存着。该房子结构独特，是现存较少的又较有特色的民国时期建筑。有专家建议日后建成青年旅社或客栈，倒是一个恢复其原有功能的好主意。

四、"灰飞烟灭"的地域古迹

历经千年风雨，沧海桑田。秀水街区的许多人文古迹、历史遗存都消失了。有的是在不同的历史阶段被人为毁坏，令人扼腕。在街区中，笔者认为，对宁波的建城及街区的人文历史沿革有过重大影响，已然消失但可重建以纪念的主要有两处。

横河街向东至现在中山广场一带，是饮飞庙的遗址所在地。饮飞庙供奉的是唐朝时宁波的最高长官——刺史黄晟。他组织军民修筑了宁波的罗城，是宁波建城史上最重要的功臣之一。他还有一个经常为人提及的故事，就是桃花渡（在姚江靠近三江口之处）斩蛟。蛟是现在所说的鳄鱼一类的动物。在唐代的时候，蛟在河涂边出没伤人性命，黄晟除之。老百姓为了纪念这位父母官，就造了饮飞庙。为何叫饮飞庙呢？传说饮飞为荆国（楚国）的勇士，力能斩蛟，据《吕氏春秋》载："荆有饮飞者，得宝剑于干遂，反涉江至于中流，有两蛟夹绕其舡，佽飞拔宝剑……赴江刺蛟，杀之。"到了汉代，佽飞变成了官名，是少府属下武官左弋。取勇士名为武官名，表示武官的英勇果敢。黄晟的品行类似春秋时楚国的勇士佽飞，后来朝廷给其"佽飞将军"的封号，老百姓供奉黄晟的庙就被叫作佽飞庙。佽飞庙始建于唐代，在元、明、清各朝都有修建或重建，可是到1998年建造中山广场时，这座被宁波人民顶礼膜拜了千年的精神庙宇被拆殆尽。虽然在黄晟的故乡鄞州区姜山镇井亭村建造了佽飞庙，但在桃花渡旁罗城之内重建佽飞将军庙来纪念黄晟，意义更加重大。

紧挨秀水街区的孝闻街非常有名，但许多人不知这街名从何而来。街以旧时的孝闻坊而得名。孝闻坊开宗明义，以孝为先，颂扬中华传统美德。据宋史《孝义传》记载：北宋徽宗末期，明州城有个叫杨庆的孝子，因父病无钱求医，"乃割股熬之，喂父疗愈。其后，母病不能食，又取己之右乳肉焚之，以此灰拌药进焉，入口遂瘥。久之，乳复生"。宣和三年（1121），明州太守楼异请命朝廷赐以"崇孝"石牌坊，以励后人。南宋绍兴七年（1137），太守仇悆又为之上奏朝廷，诏表其门庭。此后，明州宋孝子杨庆的美名远播四方，历代传扬。所以，在宁波的街巷定名时，就将孝闻坊的河街称为孝闻街。孝闻街至今尚存，而孝闻坊早就灰飞烟灭。为了弘扬杨庆的孝子文化，应该在孝闻街适当位置恢复一座宁波人引以为荣的孝闻坊。

秀水街区保存较好的经典古建筑在保护性修缮后，应多用作历史文化展览、民居人文展示、举行民俗活动等。其他建筑经过复古复原修建后，用作传统商业和民居，进而使街区的历史文化风貌得到展示，再现往日的风采和魅力。

再"见"效实巷

文 周昳恒

一、发现石板路

2019年5—11月，为配合明州罗城（望京门段）遗址公园规划建设，宁波市文物考古研究所联合厦门大学在2016—2017年发现的古城墙遗址东侧开展了补充抢救性考古发掘。

6月12日，考古队在发掘区中部表土层下完整地揭露出了一段长约48.7米、宽约3米的道路（图一）。该道路北低南高，方向北偏东27°，可见水泥路面、石板路面、渣土路面、排水沟、窨井等遗迹。从已揭露情况看，道路继续向南北两端延伸（图二）。

根据道路地层叠压情况，道路大致可以分为先后三期：

第一期，路面由渣土铺成，两侧为南北向长条状排水沟，排水沟宽窄不一，甚为简陋。据夹杂其间的瓦砾、碎石、青花瓷片、铜钱等遗物判断，此路面年代为晚清至民国时期。

第二期，路面为石板路，叠建于第一期渣土

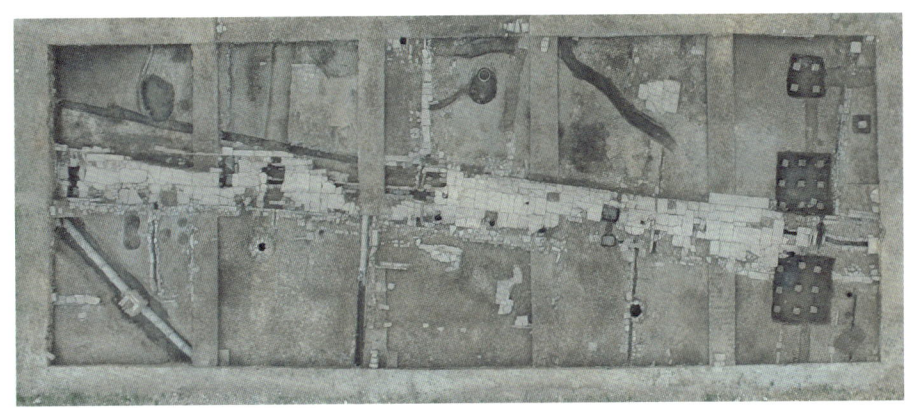

图一：效实巷石板路航拍

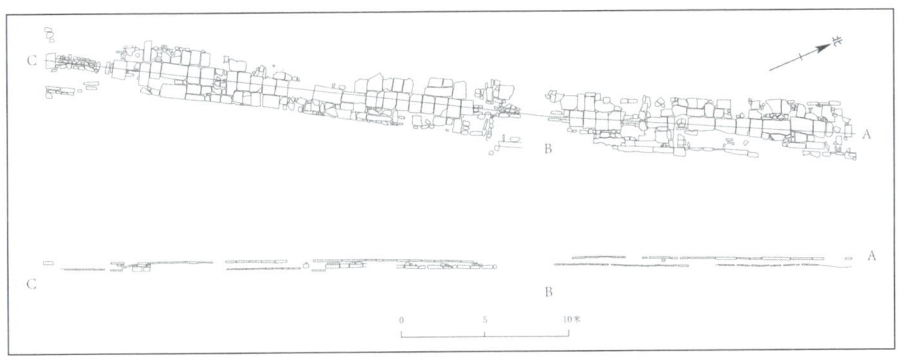

图二：效实巷平剖图

路面之上，局部进行了拓宽改造。路的中间有石砌排水沟。排水沟深约0.26—0.35米，宽约0.19—0.31米，平均沟宽0.26米。路面均用宁波鄞西的小溪石板铺成，石板呈暗红色，表面光滑平整，长度为1.25—1.7米，宽度为0.8—0.9米，厚度约0.05—0.13米（图三）。

第三期，路面为水泥路面，叠建于第二期石板路面之上，较石板路稍宽，每隔约10米有一口砖砌窨井，窨井与第二期的石板路排水沟相通，协同导水排污（图四）。

该段道路位于今效实巷和望京路之间，是自2016年以来联合考古队在该发掘区域内发现的唯一一条南北向街巷。查阅晚清民国以来的地图和相关文献，此区域内呈南北分布的街巷有三条，分别为效实巷、贵家巷、

图三：效实巷第一、二期路面

图四：效实巷第二、三期路面

饼店巷。那么，这段道路，尤其是第二期规整的石板路究竟是哪条巷呢？

二、确认效实巷

据1993年宁波市地名委员会编纂的《宁波市地名志》载：

> 效实巷：南起中山西路，东至施祥巷。长167米，宽3.5米，混凝土路面。巷侧为居民住宅。旧名口子巷，又称行止巷。民国

十八年因巷有效实中学,改名效实巷。"文革"中曾称东方红大街686弄。1981年复名效实巷,并称中山西路430弄。

贵家巷,南起中山西路,西至效实巷,北至巷底。全长190米,宽2米,混凝土路面。巷侧为居民住宅。《鄞县通志》载:"贵家巷,旧名贵家衖。"亦称乌舍桥下、杨家桥。旧时,其地居有"蒉"姓,家境富裕,"蒉"演化"贵",呼为"贵家",巷因是得名。1981年划饼店巷入巷区,并称为中山西路394弄。

《宁波市海曙区志》第四编《宁波古城》载:

> 饼店巷,旧名饼店衖。南至西大路,北不通。1981年并入贵家巷。

在民国初年的地图中,贵家巷位于望京门东侧,关帝殿与女学校之间(图五)。资料记载表明,效实巷位于贵家巷西侧,饼店巷与贵家巷相近,并最终被并入贵家巷区。如此看来,考古发现的石板巷极有可能是民国时期的效实巷。

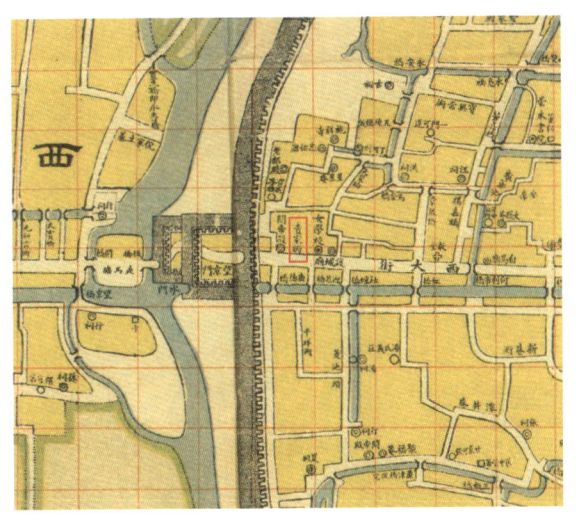

图五:《宁波城厢图》局部(民国三年即1923年)

晚清时期,效实巷所在街巷被称为口趾同。民国初年,始被称为盘诘坊道路(图六)。盘诘坊为鄞县堕民聚居之地,自成一区,不与平民为伍。聚居区内住房简陋,游离于四民之外。历来统治者均视堕民为贱民,世代只能从事最低下的职业。男性堕民多从事婚丧祭礼时唱戏、乐手、值堂及抬轿、屠户、剃头等杂役;女性堕民只能着青衣蓝裙,耳不饰环,从事绞面及新娘换装、梳发、拎篮等低等活。堕民不得与非堕民通婚,不得考取科举,不准捐官任职,堕民子弟亦不得入学。

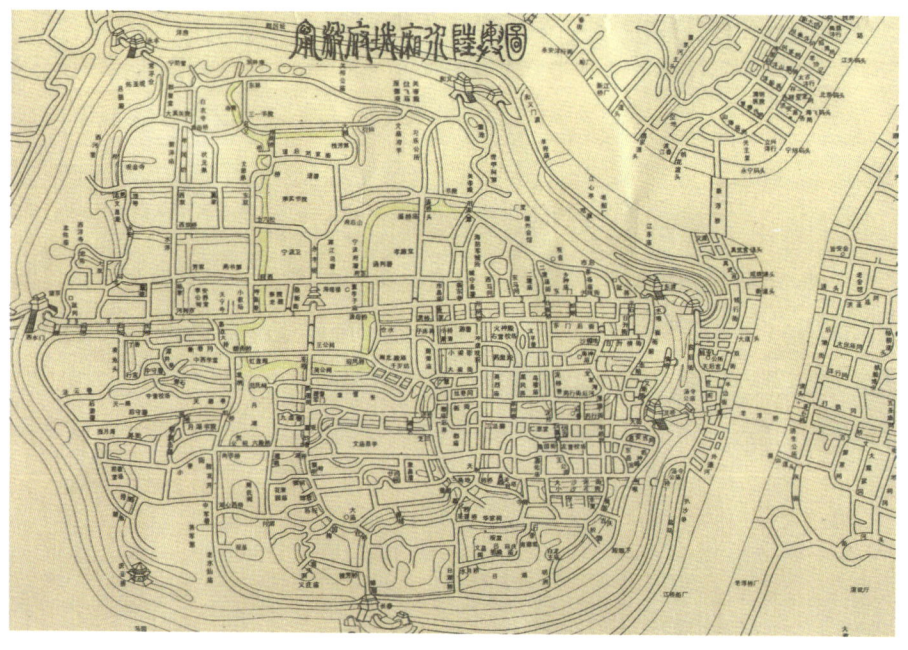

图六:清末《宁波府城乡水陆舆图》(丁友甫先生提供)

1904年,陈训正与卢洪昶偕同省内数十名名绅联名呈报朝廷,请求颁旨开放堕民。同年,光绪帝颁旨准奏。1905年,由卢洪昶出资,陈训正任校长,两人联合在西门盘诘坊创建了育德农工第一小学堂,专门招收脱籍堕民子弟入学。1911年冬,何育杰、叶秉良、陈训正、钱保杭等先生以"以私力之经营,施实川之教育,为民治导先路"为宗旨,创立效实学会。1912年2月,经联络本埠士绅李镜第,借得西门盘诘坊育德初等工业学校旧址，创办效实中学。

效实中学南侧的盘诘坊道路南接西大路（今中山西路），是效实师生出入学校的主要通道。但道路两旁恶劣的居住环境和居民不良的生活习惯，常常导致污水横流、臭气熏蒸，人们经此路段往往掩鼻疾走。《效实中学十五周年纪念册》载：

> 甬西盘诘坊，本平民窟，一般堕民亦聚族而居。环境恶劣，空气秽浊，于卫生实施上，颇不便利。本校唯有于校舍以内，努力清洁，以防止种种传染病之发生。校中凡教室及学生寄宿舍，皆由学生轮流洒扫，以养成勤劳洁清之习惯。其余则由庶务员督率校役扫除。

1931年，效实中学毕业同学为纪念建校20周年，捐款一千五百金，修建盘诘坊道路，自西门起至老郎殿止，定名为"效实同学纪念路"。至此，西门口原本默默无闻的盘诘坊道路因校而得名，是为效实巷（图七）。

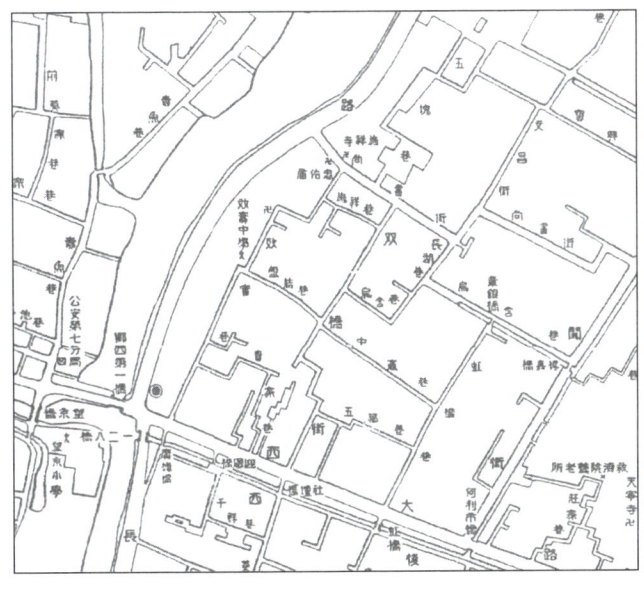

图七：1936年《鄞县通志·鄞县城厢图》局部（采自张传保、赵家荪修，陈训正、马瀛纂《鄞县通志》）

三、求学效实路

1931年建成的效实巷留下了莘莘学子步入校园求学的脚印,也走出了数十位斐名中外的院士和诺贝尔奖获得者。1933年《效实学生》第4期上刊登了王立强撰写的《星期六的效实路上》。让我们跟随作者的笔触,重温当年效实求学路的热闹情景:

> 一切贫民化的种种景象,终于在那星期六的效实路上隐没了。在平日,你如路过那条的效实路,定可使你饱尝那遍地堆着污秽的垃圾臭味。这或许是效实路旁居民们知识幼稚的缘故吧!平时那效实路上,是很静寂的,除了几个小孩子们的呼声,和一般瞎子们的箫声,以及各种糖果摊小贩的唤呼声外,几乎可说是再也没有别的声浪来送入你的耳膜了。但是,一到了星期六,那马路上真热闹极了,那蜂拥着的效实学生,谈笑,奔跑,或是畅舒地坐在那光辉夺目的包车上,脚儿不住地踏着那个车铃上"叮当"之声,不绝于耳。还有那个骑着自由车的学生,他们的手儿很敏捷地捏着那个车头上的喇叭。各个都现着快乐的面容,平滑似镜的皮鞋,光可鉴人的美发,整洁而贵族似的衣服,各个都抱着美少年的骚矜,去了,渐渐地一个复一个。

四、再"见"效实巷

效实巷因校而生,也因校而亡,其命运与效实中学休戚与共,密不可分。在1931—1982年期间,作为效实中学旧校门通往西大路(今中山西路)的主要通道,效实巷基本保持了原有格局。在此期间,虽也经历了由石板路面向水泥路面的转变,但具体年代已不可考。从1978—1979年《宁波五中平面图》中,我们可以看到效实巷北对效实中学老校门,西接盘诘巷,向北折而可达尚书街。此区域街巷结构与1936年《鄞县通志·鄞县城厢图》中的差别不大(图八)。

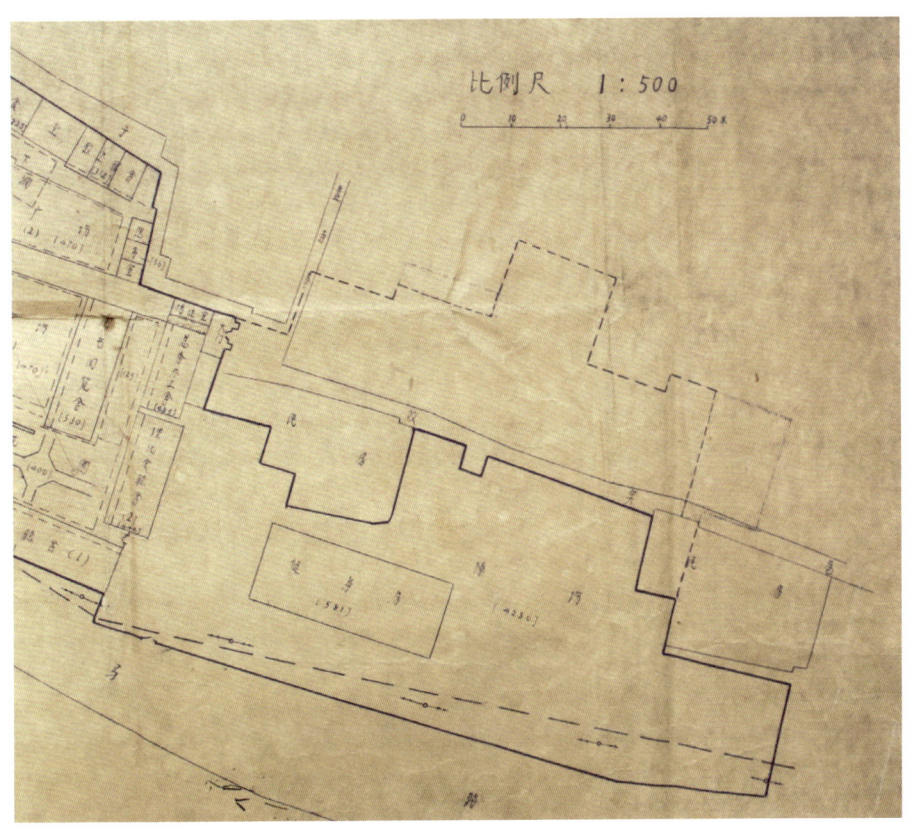

图八：1978—1979 年《宁波五中平面图》局部（叶鸿安先生提供）

  1982 年，效实中学在益三舍中间新辟大门，将校门开在了望京路上。效实巷的交通功能大为削弱。

  1983 年，宁波市政府动员尚书街、效实巷 45 户迁居以扩建效实中学操场，因此，原效实巷被掩埋于效实中学操场之下。从 1987 年 10 月的《宁波效实中学校舍平面图》可以反映出这一变迁。此时效实巷已经东移，原来正对旧校门的效实石板路已经被掩埋在学校操场之下了（图九）。1999 年 9 月，效实中学迁往白杨街新校舍，效实旧址被开发为银杏四季商品房。中宪巷、盘诘巷向西横穿原效实校园，衔接望京路，并以中宪巷统称，盘诘巷之名随之消失。随着旧城区改造，饼店巷、贵家巷也消失了，效实巷则不断东移，最终位于中国工商银行宁波市分行西侧。如今的效实巷实际

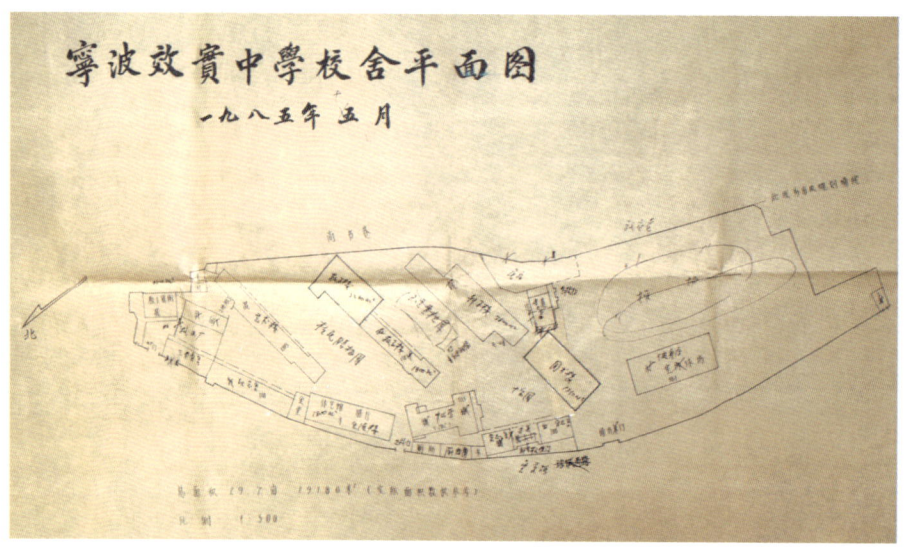

图九：1987年《宁波效实中学校舍平面图》（叶鸿安先生提供）

上是《鄞县通志·鄞县城厢图》中的贵家巷。

若不是2019年6月的考古发现，1931年始建的效实巷石板路及之后铺就的水泥路或许将一直淹没于历史尘埃之中。

历史因考古而趋近真实，历史因考古更加丰富。期待更多的考古发现，继续引领我们穿梭于过往与现实之间，探索古今之变，走向历史真实之道。

附记：本文写作过程中得到王新天先生、林国聪先生的热心指导，叶鸿安先生、丁友甫先生提供大量珍贵资料和照片，特此说明并致谢忱！

鄞江古镇：宁波城市之根

文 谢国旗

鄞江地处四明山麓，是海曙区山地与平原交接的半山区。四明山脉千峰竞秀，郁郁葱葱，群山环抱于其外，溪水迂回于其上，万壑千水涌汇向东，号称"四明首镇"。四明山东脉锡山亘其北，清秀山塞其南，中有如龟似蛇的小山，被人们定格为它山，其东有狮子山和凤凰山作屏障。四明山中集雨面积最大的淡水口直冲清秀山与它山间，入鄞江，出东海。潮汐穿凤凰山、狮子山两山间，紧逼它山之上，绕其北，沿锡山东麓进入城西平原，咸不能田，民不能饮。创大禹功绩的王元暐以其实绩，保障明州（宁波）城市的淡水供应，以供日、月两湖，以溉田。三江口（图一）的城市文明进程，由此飞速发展。

图一：三江口

一

周元王三年（前474），越王勾践建城勾余，即今江北区慈城镇王家坝村姚江边。东晋隆安四年（400）四月，孙恩寇大浃江之口（镇海口），攻余姚，入上虞，陷会稽，旬日聚众数十万，自号征东将军，掳男女二十余万入海。朝廷命谢琰为都督五郡军事，至千秋亭败绩，帐下都督张猛于后斫谢琰马而坠落，与二子俱被害。朝廷大震，又遣将军击之，孙恩复还于海。此年十一月，晋廷进号刘牢之镇北将军，都督会稽五郡。刘牢之筑城三江口（筱墙巷）。隆安五年（401），孙恩军再次围攻句章城，城破，改在小溪筑句章新城。当孙恩的军队围攻时，刘牢之派刘裕戍守句章，应战数次，城亦破败，刘裕觅得临水而城的更佳位置而迁治小溪（鄞江），筑句章新城。故姚江南岸，今海曙区民乐村留有刘裕戍守的戍溪山、戍溪、戍溪庙（图二）、马车桥等相关军事遗迹。刘将军带领人马穿越今民乐村、双峤岐湖村，至集士港镇深溪村鹭岭，经四明山村西岙岭、大岭，到横街镇应岙俞童岭，转凤岙村藤岭，然后沿锡山麓至鄞江。这条既隐蔽又近的山路由此成了最早的通道，直至1985年前后还较为繁华，被废弃后又启用，成为今天的古道，

图二：戍溪庙

如深溪村鹭岭古道（图三）便是著名景点。刘裕在姚江边平定孙恩以及在鄞江建设新句章的经历，为其后来人生奠定了基础。后又消灭桓楚、西蜀及卢循、刘毅、司马休之等割据势力，这些战略战术经验应得益于在姚江与鄞江的实践。

图三：鹭岭古道

二

历史车轮滚滚向前。鄞、鄮、句章三县分分合合，奠定置州的条件。唐武德四年（621），设鄞州治于三江口（今宁波老城区）。武德八年（625），废鄞州，恢复鄮县。开元二十六年（738），鄮县一分为四，属明州辖，鄮为郭下县，州、县合治于今鄞江镇，鄮县治遂成州级城市。大历六年（771），当时的决策者认为三江口有发展前途，故将鄮县试验性地迁到三江口，而明州城仍在鄞江，始为州、县分治。长庆元年（821），浙江观察使薛戎因明州治临鄞江，见其地形卑狭，奏准州、县两治对调，以促进对外贸易。后梁开平三年（909），为避后梁太祖曾祖朱茂琳名讳（鄮、茂同音），改鄮县为鄞县，并移县治至三江口明州城，鄞县又成附郭。鄞江镇因地位显要，而设军事机构光溪镇。拉锯式分治合治，源于淡水资源未能彻底解决。

唐大和七年(833),王元暐被唐文宗一道圣旨带到鄞县担任县令,他掌握了以前县、州拉锯式的分治、对调和撤回的原因,所以铺盖未落地就急急考察地形,找到了解决咸水之苦而为州城供水的方法——建它山堰(图四)。但是,之前刚上任明州一把手的刺史于季友,已引水从锡山南麓绕至东麓,转芝山向东,于湖汇山南麓开挖了河渠并建仲夏堰。他认为建它山堰困难虽大,但比仲夏堰的供水更有保障,可避免樟溪河直入鄞江浪费淡水资源。他苦苦冥想,决定不向于刺史汇报,毕竟于季友刚建仲夏堰,又要新造它山堰,能同意吗?于是,他勘察地形,以它山小岛作为天然渠首鱼嘴,分洪于小岛南面以阻隔鄞江筑堰,阻潮汐于堰东,设高程以"三七分成",洪期七分入江,三分入内河绕向仲夏堰;旱期相反,三分渗水,七分入内河,保障人民生命财产和生活、灌溉用水安全。工程包括乌金碶、积渎碶、行春碶的配套设施。至五代初期,鄞县治由此从鄞江迁治,并州、县合治于三江口,长达508年的古城鄞江宣告结束。仲夏堰由此只留下地名"仲夏桥"。

图四:它山堰

三

它山堰东端半里许的洪水湾,是南宋丞相吴潜再生它山堰的水利功绩。在担任明州军州事时,他默默为一方平安奉献。不说其沿海征船设防、江河分流、城西开挖西塘河、月湖立平水则等功绩,就说洪水湾塘工程。

《四明它山水利备览》中提道:洪水湾距它山堰半里,沙港南叫古城畈,有小港,再南为鄞江;时沙港淤积并相传置堨在此,屡经洪水、江流冲入,渐与港通,恐日后为江水冲开,宜作堤岸。吴潜决定在洪水湾建石塘。建成后,使内河水系的流向改道,于此打开沙港,水流直入惠明桥南侧进入南塘河,不再局限于王元晖引灌于小溪港绕仲夏堰出惠明桥才进入南塘河,解决了汛期上游洪流再次在洪水湾塘(图五)上分洪入鄞江的难题,在旱季也保障上游淡水既入小溪港又直入南塘河。《鄞县通志》载:"旧时曾于此置碶,宋淳祐三年秋在此筑堤,堤高二丈,阔一丈二尺、长十二丈、耗

图五:洪水湾塘

工三百七十二工，化钱八十七贯二百九十文。宝祐四年九月，制置使吴潜就其地置三坝，一濒江、一濒河、一介其中，后中、外二坝垫于江中，只存濒河一坝，称为'洪水湾塘'。"

四

宋淳祐二年（1242）八月，郡守陈恺发现它山堰上游水土流失，塘河淤积，故谋划在上游约 150 米处建三孔回沙闸，以阻沙入港，免受淤塞之患，方便淘沙清淤，同时保护并发挥了堰体的泄洪能力。工程于是年九月初八日动工，十一月七日竣工。现存三眼四柱石槽，其西首第二根石柱上镌"测水尺"，这是控制水位的标尺，第三柱上镌"迴（回）沙闸"三字。回沙闸（图六）可根据水位设闸高下，沙重沉而水仍可从闸上过，发挥了阻沙的作用。

明朝时，又在回沙闸下游原简易木桥的基础上，改为全石结构的北面

图六：回沙闸

单孔光溪桥（图七）与南引砌石堤塘坝，便于堤上行走、桥下通船，又可阻沙于洪水湾上游，俗称"官池塘"。

光溪桥与堤塘为角尺型石桥和石堤，桥南脚与堤立于急流中的大型石墩砌筑，又俗称"官池墩"，堤长达80米。电影《难忘的战斗》中还可看到光溪桥下风帆进出，运粮乡民在堤上肩挑车拉运送粮食。现桥建于明嘉

图七：光溪桥

靖三年（1524）。官池塘主要有四大作用：其一，在排洪期将水再次引向它山堰并提高其出水能力。其二，再次阻沙入港以免淤塞南塘河、小溪港。其三，将主流迫向北岸，利于小溪港引水于北。其四，沟通南北交通并设拱桥，可通船只。故它山堰既是全国重点文物保护单位，又是世界水利灌溉工程遗产。

五

有508年历史的鄞江古城，虽未找到鄞江城墙的考古学依据，但从鄞江古城地理环境、迁移目的、文献记载和上述治所变化的客观条件分析，呈现的特征符合鄞江曾是古城的历史事实。从世界共性来说，人类文明史

就是一部水利史,人追逐水、围绕水,人的生活改变水的方向。

三江口虽在城市迁徙前早有人文聚落,如刘牢之驻军于筱墙巷,又有后来至寺院避世之人等,但规模不大、人数不多,其饮用水和生活用水可依靠咫尺至望春桥西边的广德湖,以及房前屋后的水井。但在涸水期,连井水都咸质较重,因为堤防可阻三江的潮水而难堵地下的渗水通道。正因为咸水遍地,就试验性地将鄞县迁去三江口设治,否则州、县早就合治于三江口了,更不会出现分治、对调的局面。时广德湖水源不足,毕竟庄家溪水量远不如樟溪,且环土塘25千米的广德湖,如果半月不下雨就干涸,经不起人口猛增的用水消耗。于刺史筑仲夏堰,千方百计引流于四明山最大的淡水口资源,可以为证。鄞县县令王元暐考虑城市发展与淡水供应的关系,最终决定将州、县合治于三江口。依据鄞江古城的历史痕迹,可知每年两期的汛期犹如洪水猛兽。今洞桥镇沙港村因沙港口而得名,就因沙砾自光溪或它山堰村至沙港口一带形成冲积平原(图八)。沙港上游的洞

图八:宁波城西的农村与田野

桥村在新中国成立初期掀起农田基本建设浚河时,就有该村业余文保员徐水道,上交过于该河出土的各个时期的许多石器、瓷器、铜器和玉器。业余收藏爱好者邵宏国道:"在石碶街道星光村(栎社区块)发现星光新店后面一爿河,在搞河坎挖出泥中沙粒状灰泥,里面夹杂新石器时代陶片、灰烬,春秋战国印纹陶片。以前洗河时春秋战国的陶片不少,土层中还夹杂有六朝古砖。曾经有人捡到一把大石刀、纺轮。此地层历史久矣!"

六

千年之前,要拦截巨流分割江河,需两吨左右的石材。而如何开采大型石材、如何在潮汐中截流等问题并非寻常之事。选择在100多米的山口中修筑与大自然融为一体的它山堰,开凿石料绝非用筑都江堰时"火烤石裂"的开山决口之术,而需要不伤筋骨地将大石料用于阻巨流的砌筑功效,体现了工匠精神。

1995年,国家文物局决定全面整修它山堰并作适当解剖。华东勘察院物探队进行实探,证实堰体安如磐石。它山堰千年不毁的科学奥秘被著名水利工程专家、清华大学沈之良教授等人逐一解开:

一、与堰底水平情况相比,堰体向上作5°倾斜,使堰体水平抗滑能力提高一倍以上。在国内外的古水利工程上应用这一水利建筑物设计方法实属首创。

二、堰体中所筑的黏土夹砂层,有效地提高了防渗性,增加了土的抗剪强度。这一做法与20世纪20年代才奠基的现代土力学理论相一致。

三、堰体厚度不是传统的等厚布置,而是采用现代水利工程理论的变厚方式。堰体中央厚为3.85米,朝左右两侧逐渐减薄至2米左右。这一渐变设计,使堰体刚度提高七倍以上。

四、堰体平面略带向上游鼓出呈弧形,下游的出水处又有阶梯式护坦,可使水流向河床中心汇聚,减小向两岸冲刷力度。这与近代力学的分散消能原理相同,堪称奇迹!

这些科学理论,是20世纪才被发现的,然而在9世纪时已应用于它山堰建设，令中外学术界震惊和叹服。如果说它山堰是以阻咸、蓄淡、泄洪（图九）为目的而给城市带来了生命和魅力的话，那么石料的开采、切割和严丝合缝的技术应用，再次推动宁波城市追求美好生活，是对当时桥梁、道路、房屋建筑的一场技术革命。大批鄞江小溪石可以在宁波府城隍庙、天一阁、外滩和一些历史街区中觅得踪迹，在象山"小白礁Ⅰ号"沉船中也有发现。鄞江梅园石石雕成为宁波史氏"一门三宰相"墓葬群的典范，且早在当时便出口日本。如今东大寺门前梅园石狮还成为日本国宝。在今宁波东西乡河流村落中，桥梁连接成畅通的农耕文明，鄞江石功不可没，不仅仅是乡愁记忆，更传承了一段文明。

图九：它山堰泄洪现状

七

农民重视灌溉，他们会自觉地于农闲时节到回沙闸和沙港淤积之地淘沙，便于河流顺畅进入农田。早在宋朝，此地就建立了淘沙会，每年六月稻花扬粉的时节，村民拿起锄头、扁担、钉耙、簸箕到此淘沙。头脑活络者瞄准商机，将淘沙所需工具摆上地摊，商业发展，人员流动，人民追求美好生活,渴望精神娱乐,于是有了"六月六稻花会"。王元㬢上任后,下级巴结,择其生日举办庆贺礼,王县令以"廉"接纳并宣布"十月十"为它山堰开工祭奠之礼。下级讨个没趣,又灵机一动,在第二年择其妻生日再贺,王县令仍以"廉"接纳并宣布"三月三"为它山堰竣工之礼,理应与民共享而设宴。十月十、六月六、三月三为历代人民敬仰王元㬢遗德的它山庙会节日。今天"三节"合为鄞江庙会(图十)。

庙会是非物质文化遗产,并带有商贸性质。庙会临时商摊长达2千米,参会人群的队伍又长达1千米,人们穿村走巷,遇河过桥,社戏延续三天三夜。无论是庙会推动了商贸,还是现在的农贸菜市场推动了商贸,这里仍是"鄞江商埠"一绝。鄞江镇作为省级历史文化名镇,作为"宁波城市之根",当之无愧。

图十:鄞江庙会

新庄古村记忆

文 谢国旗

新庄其实是1118年中进士的薛朋龟退隐而建的"别墅",区别于其明州城冷静街的旧宅。《康熙鄞县志》载:"县西南十五里新庄。宋知衡州薛公朋龟归休林泉,有四明五老会,置别业于此,名'新庄'。"《延祐四明志》载:"薛朋龟,登政和八年进士,历官吏部侍郎,终左朝奉大夫、知衡州。"《四明谈助》载:浮石薛氏,"其旧宅在县东南张村,后迁于南城冷静街。此盖衡州致仕林下,与乡老结社之所,故称'浮石'"。这就是新庄的发展经过,也是"四明五老会"诗社的历史。新庄今有区级文物保护单位——浮石塘庙。

新庄由此拉开其宅田相依的文化底蕴,水系环绕着古村,那棵500岁的香樟树(图一)见证

图一:500年树龄的香樟树

着静立在机场高架与环城南路延伸高架包围之中的城中村——新庄,她温柔了旧时岁月,惊艳了时光隧道,令世人不忍惊扰,最终上榜省级历史文化名村名单。

一、"别业"成为浮石塘庙

《康熙鄞县志》中记载:"浮石庙……名新庄。适有石浮水而来,因肖像立祠,遂以'浮石'名。屡显灵异,水旱煌疫,祷之有应。元泰定间,裔孙薛观举进士,知丹阳。更新祠宇,瞻田一十三亩,撰文立石。今薛氏享乡人立祀它山善政王侯。"从以上可知"别业"——浮石塘庙的来历。虽未注明"肖像"是谁,但可知薛观的祖宗是朋龟公。薛观做官的时候,更新了祖祠,立碑文,拨田十三亩,保障了修缮经费。祠改庙,突出了王元暐"屡显灵异,水旱煌疫,祷之有应"的水神地位。至今还可查得水神王元暐相关遗迹30多处,如绍兴新昌的它山行宫(图二),宁波四明梁弄、观海卫、镇海、龙观、洞桥等地的它山庙。

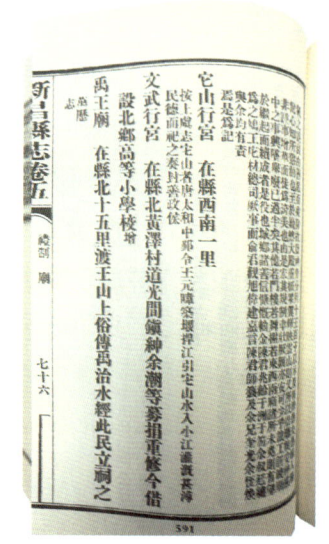

图二:《新昌县志》它山行宫

浮石塘庙,今地址为新庄村1号,较为完整地保留了明代的风格,殿内有崇祯元年(1628)奉政大夫、直隶苏州府同知致仕周应浙撰文的"新庄浮石塘庙灵异碑"以及崇祯壬午年(1642)的"重修新庄浮石塘庙碑",佐证了当年周氏开垦湖田、祈求农业丰收的历史。

二、薛周分村不分史

薛朋龟建别墅并非贪图享乐,毕竟城内冷静街有老家。薛朋龟中进士于北宋,为官时,宋廷只有南方的半边江山了,所以他是"感怀丧乱,为国而憔悴,忧虑于北边江山的覆灭,时刻激起对家国情怀的丧感"而找个僻静之地,即刚废湖而开垦湖田边上"林泉"显地高地,作为吟诗唱和的闲情逸致之地。《四明谈助》载:"在里门,与汪汝直诸公结社林下,后辈多从杖履相造请,时称'四明五老'焉。四明五老:宗正少卿王玶、朝仪蒋璇、郎中顾文、衡州薛朋龟、大府少卿汪思温,宦游略相上下,年俱七十余,最为盛事。"

他们为国操劳,已70多岁了,既然无法挽回国家时局,便在这林泉秀美的清净之地,结诗社解闷。北方江山犹如广德湖,在薛朋龟中进士前一年还是湖水滔滔,望见影影绰绰的船帆,如今却没了。在这片安静之地与志趣相投的朋友们结伴,吟诗唱和,歌颂秀美江山,这就是建庄目的。

薛朋龟死后,葬在南面约1000米外原广德湖东南岸的高地,今为古林镇薛家村。有"宋左朝奉大夫薛公配封王氏令人墓"的墓碑,惜墓毁。墓旁薛氏宗祠内,有迄今宁波最大的墓志,刻有《宋故左朝奉大夫薛公墓铭》,由南宋礼部侍郎、薛朋龟女婿高闶撰文并书,江州军州事吴秉信篆额,碑总高180厘米,宽94厘米。《宋故薛衡州妻令人王氏墓铭》由吏部尚书汪大猷撰文,奏湖为田的楼异太师的儿子右朝散郎楼璩书,华文阁直学士陈居仁篆额,皆以梅园石镌刻(现藏于东钱湖南宋石刻公园)。薛朋龟逝于南宋经济、政治才从战乱后刚刚开始恢复之时,所以墓葬俭朴。

随着浮石周氏的崛起,薛氏衰落,两大姓在方向相对的两个村落繁衍生息。薛氏渐离新庄,向南拓展并发族,虽官场衰落而子嗣兴旺,形成以姓命村的古林镇薛家村。今现代化的薛家南路和薛家高架交通正在此地不断延伸。

周氏从薛朋龟新庄那片土地向西开拓湖田,并以"新庄"命村,成为今高桥镇新庄村周氏大族。明詹事府詹事兼翰林院学士周弘宇墓(图三)亦选择显地外离薛朋龟墓西南约500米处下葬,今属薛家村辖地。虽其墓室和牌坊已毁,但羊、虎、文臣石刻仍列仪仗于田野中,为区级文保点。

图三：周弘宇墓

三、"浮石"遗风永传

薛朋龟成为高桥镇新庄村与古林镇薛家村的奠基者。当然，薛朋龟更是薛家村的鼻祖。而周氏的鼻祖恪守西湖（月湖）祖宗"以读书起家，致位显贵"的传统，没有忘记浮石薛氏忠心忧国的精神。周弘盛于洪武二十三年（1390）迁居新庄，成为浮石周氏的始迁祖，保持了一脉相承的学风，持续到明中叶才改变。由此可见，南宋绍兴到明洪武，薛氏聚落在这里向南发族。周弘盛之弟周弘善，眼光远大，决定向新庄显地开发湖地，"辟产城西十里曰新庄"，派其子周得延管理这块土地，"以耕稼为业，由是家用滋殖雄于一乡"。父子俩离开城市，与薛公当年一样。周弘善，自号云樵。四明山人乌斯道曾说："云樵之名，或者可得，而云樵之乐未可以穷。朝而作，暮而息，理乱不知，黜陟不闻以偃视世故，其云樵之乐也。"周弘善与其子得延保持耕读传家之作风，因庄稼需要风调雨顺，故时刻铭记浮石塘庙（图四）王元晖的保佑意识以及浮石薛氏的忧国精神。这成为

图四：浮石塘庙远处为河对岸的周氏宗祠

周氏耕读世家的开端。周得延有《莲芳堂诗》《耕隐斋诗》留世。周弘善还学习农用技术，"勤于治产，课僮仆稼圃，得种艺术，未尝逾时废事，是以日益富裕"，富裕后还投身善事和教育事业，这种大气的风度，可谓受读书和薛公诗社的熏陶。周得延的伯父、父亲是浮石周氏的开疆拓土者，而得延是实际的奠基人，为后来周氏家族出仕奠定了良好基础。周氏家族有许多文学著述，可见记载者约有五十种之多，如周应宾《普陀山志》《同姓名补录》《九经逸语》《考异》《游山志》《识小编》《月湖草》《旧京词林志》；周应治《分宜县治》《星轺玉笈》《证道编》《至道编》《山东壬午死事七忠传》《石窗副墨》《霞上草》《九经考异》《霞外尘谈》《明湖讲录》《圣学传心》《玉几山房文集》《广广文选》《霞外尘谈》；周昌时《韫公集》；周斯盛《证山堂集》；周志嘉《蜗庐集》；周应辰《采蓝集》；周元初抒写孤臣遗民黍离麦秀心曲的唱和诗集《霜声集》和寄托心志的《做鬼者传》；周元懋（人称"醉和尚"）的《历使草》《一枝轩集》；周元孚《霞屿山房集》《抚松阁遗草》；周嗣升《榖音集》，《续耆旧传》载其"先生少有诗名，中年止目瞖，口授不倦，兄弟、子女、姬媵至前者，皆令为书记，积诗至万余首，大都感怀丧乱之音。而王孙之故态，名士之风流，不以憔悴而减也"。

四、耕读传家,浮石周氏崛起

新庄村现有1400多人,今村民仍以周为大姓。1169亩(近78万平方米)的耕田,成为"乡村战略"的宝贵资源。自北进入新庄云锦河,又隔成南北两个区块,南侧大多为明清建筑,而北为民国以后建筑。村庄水系环绕,有义门漕嘴(图五)和张家漕嘴。张家虽于百年前迁入,但今已无张氏。义门漕嘴是周氏官宅专用漕,位于西岸。三开间义门是周氏大通道,形成了大族骨架院落进出体系。浮石塘庙西侧为周氏宗祠,往西就是义门,

图五(1):临河的义门漕嘴

图五(2):向内拍摄的义门,并有车辙

并有明初皇帝表彰周氏开仓济粮的匾额。沿通道西折而去,其北为周应宾尚书的官宅,义门也是周家大家族的荣耀,内仍保留着明代条石长凳,其建筑为单檐硬山顶三开间,俗称闾门,上悬有"冬官第""钦赐义门""大宗伯第"等匾。特别是明间地面平坦,与东西次间形成凹陷状,便于通车马,完整地保留了官式大宅院的历史特征,在宁波实属罕见。周氏族人的婚、丧喜事,至今仍然延续由此进出的风俗,以示对美好生活的祝愿。西壁有光绪十九年(1893)的"一石双碑"。东为"禁洋烟(鸦片)碑",略云:"开设烟摊,以致不肖之徒吸烟成瘾,失业荡产,身入下流,与匪为伍;日则吸洋烟,夜则肆意偷窃,窝聚烟摊……以凭捉究,不稍宽贷。其各凛遵毋违!"西镌《稻令规约》,即禁止偷盗秧苗,严禁攀折树木,禁摘观赏荷花,保护田埂、河漕等,如有违者罚馒头500只,分送各农友云云……如村规民约般要求大家守规矩、爱树木花草、尊重大自然。

周应宾(1554—1625),国子生,治《易经》,万历十一年(1583)进士,为二甲第一名,即传胪。官至南京礼部尚书,又改任北京礼部尚书,后赠少保。其致仕回乡后,为人谦恭宽和,村人称贤。为官四十余年,死后余财仅与中人相等,其高风亮节令人感慨。

随着车马行道于弄内左转右弯,又见明代建筑周微宅(图六)。周微

图六:周微宅

宅于20世纪七八十年代遭火灾，只剩面阔三间两弄的穿堂。高大宽敞的大厅用材粗大，金柱由梓、檀、杉、楠木等名贵木材制成。周薇，明正德十四年（1519）乡试举人，为官清廉，是浮石周氏耕读世家中通过读书走上仕途的第一人。在六合知县离任时，当地绘其像于城楼，岁时奉祀，表达敬仰之情。

周应治（1556—1621），万历八年（1580）进士三甲第八十二名，官至云南安抚使，因重伤在家，又趁家居修养，尽力侍奉祖母，直至去世。

周昌会，天启元年（1621）举人，学识丰富，下笔如流，治学严谨。其父周应浙为苏州同知时，家庭富裕，但性不喜敛财，他把家中资财尽散给乡里族人。

新庄古村中轴线穿过弄堂，其北面就是云锦河。清光绪丙午年（1906）重建云锦桥（图七），其对面就是沿河老街。街上西洋风格的民国建筑为新庄躬耕学堂，青砖门楼上的红砖夹色，以及门楣上精美的红色灰雕，显得豪华。民国时期的浮石周氏周茂兰在上海经商发迹后，回乡办校，让新庄村到了学龄的孩子在这里接受启蒙教育。这里是周氏重教的缩影，延续

图七：云锦桥，远处为修复后的躬耕学校

着耕读传统。

继浮石塘庙后的新庄村2号周氏宗祠（图八），为三进两厢二天井硬山顶建筑，占地面积684.42平方米。明间双扇大门两侧仍保留着梅园石雕刻的明代石狮子，石狮栩栩如生。明周保太公神位也是宁波独一无二的官宦神位原物，他的后裔们仍在正月初一、十五于祠堂和浮石塘庙中举行隆重的祭祀活动。全祖望《甬上族望表》中有"浮石周氏，自运使保、吏部尚书应宾，殉难知江都县志畏，知通城县昌会，知思南府元懋，知顺德县齐曾，诸生昌时，监军元初，监军元越，诸生志文，共九望"，这些是明鼎盛期周氏的代表。

图八：周氏宗祠

五、可歌可泣的爱国精神

明清之际，浮石周氏多节烈，以三和尚为典型。全祖望写道："浮石周氏批缁者三：通城佯狂以死，所谓癫和尚也；思南沉湎以死，所谓醉和尚也；顺德苦身持力，不入市城以死，所谓野和尚也。"由此，新庄有了吉祥寺（图九），这里成为超度"三和尚"的纪念场所。在宁波先民中，浮

图九：吉祥禅寺

石周氏族人多争求完节以不愧世人，浮石三和尚就是其中一例。颠和尚周昌会、醉和尚周元懋、野和尚周齐曾皆苦心孤诣，为保全气节而逃禅，体现爱国情怀。浮石周齐曾自幼寡言笑，喜读《南华经》《楞严经》二经，登崇祯十六年（1643）进士，除广州顺德令，政声极佳，百姓呼为"周青天"。人谓"新庄周孤胆，忠臣江都令"。周志畏（1616—1645），其祖周天觉，邓川知州，父周乃祚，府学生。《明殉节江都令雪松从侄传》中，把周志畏刚正的秉性，抗清斗争中宁折不弯的气节抒写得畅快淋漓。清军入关，对扬州的进攻甚为猛烈，志畏协同史可法亲上一线指挥作战。城破被俘，他饮刃自尽，年仅三十岁。家属十余人见志畏自尽，亦全部殉节。

周志畏的殉节事迹虽只是周氏家族的一个缩影，但却抒写了周氏可歌可泣、不畏强权斗争的精彩篇章，像一座丰碑，被人们永远铭记。

六、结语

周氏以耕读起家，攻坚克难，富以为善、为学，鼎盛于明代，彼时周氏可谓群星璀璨。明清间不屈斗争，甚至整个家族都付出了生命代价。今天，踏着青石板,穿梭在青砖黛瓦墙弄间(图十),让人不禁缅怀新庄千年史。窄巷高墙院落中的藤蔓越过门楣,爬进他家明堂雕花窗、天水缸,浸透着生命的延续。岁月巧妙连接了人们引以为豪的36条大弄堂和72条小弄堂,踏着光绪年间重修的云锦桥和古老的河埠头,探望西洋式的躬耕学堂,感受这处浙东传统家庭文化、建筑文化、习俗文化、红色文化的活化石——浙江省历史文化名村新庄村。

图十:长弄堂

主要参考文献

一、古籍

01 （西汉）司马迁撰，（南朝·宋）裴骃集解，（唐）司马贞索引、张守节正义：《史记》，中华书局，2011年。
02 （西汉）刘向编订，（唐）房玄龄注，（明）刘绩补注，刘晓艺校点：《管子》，上海古籍出版社，2015年。
03 （东汉）班固撰，（唐）颜师古注：《汉书》，中华书局，2011年。
04 （东汉）许慎撰，（北宋）徐铉校：《说文解字》，中华书局，1963年。
05 （西晋）陈寿：《三国志》，中华书局，1959年。
06 （南朝·梁）沈约：《宋书》，中华书局，1974年。
07 （北魏）郦道元撰，陈桥驿校证：《水经注校证》，中华书局，2007年。
08 （唐）房玄龄：《晋书》，中华书局，1974年。
09 （唐）杜佑撰：《通典》，中华书局，1988年。
10 （后晋）刘昫等：《旧唐书》，中华书局，1975年。
11 （北宋）李诫撰：《营造法式》，商务印书馆，1933年。
12 （北宋）王溥撰：《唐会要》，中华书局，1955年。
13 （北宋）欧阳修、宋祁：《新唐书》，中华书局，1975年。
14 （北宋）阮阅编撰：《诗话总龟》，人民文学出版社，1987年。
15 （北宋）欧阳忞撰，李勇先、王小红校注：《舆地广记》，四川大学出版社，2003年。
16 （北宋）乐史撰，王文楚等点校：《太平寰宇记》，中华书局，2007年。
17 （北宋）舒亶：《西湖引水记》，《舒懒堂诗文存》，《四明丛书》本。
18 （北宋）徐兢撰：《宣和奉使高丽图经》，《四库全书》本。
19 （南宋）王象之：《舆地纪胜》，中华书局，1992年。
20 （南宋）陆游撰：《渭南文集》，《四库全书》本。
21 （南宋）魏岘：《四明它山水利备览》，《四库全书》本。

22 （元）脱脱等撰：《宋史》，中华书局，2011年。

23 （元）陈澔注，金晓冬校点：《礼记》，上海古籍出版社，2016年。

24 （明）高宇泰撰：《敬止录》，烟屿楼校本。

25 （明）宋濂等撰：《元史》，中华书局，2011年。

26 （清）毕沅撰：《续资治通鉴》，中华书局，1957年。

27 （清）袁钧撰：《鄮北杂诗》，宁波诗社编：《宁波竹枝词》，宁波出版社，1999年。

28 （清）全祖望：《鲒埼亭集外编》，上海古籍出版社，2000年。

29 （清）全祖望撰：《全祖望集汇校集注》，上海古籍出版社，2000年。

30 （清）全祖望编纂，方祖猷、魏得良等点校，沈善洪审定：《续甬上耆旧诗》，杭州出版社，2003年。

31 （清）徐松辑，刘琳、刁忠民、舒大刚、尹波等校点：《宋会要辑稿》，上海古籍出版社，2004年。

32 （清）董沛、忻江明辑：《四明清诗略》，宁波出版社，2015年。

33 （民国）马廉：《鄞古砖目》，天一阁藏手稿。

二、地方志

01 （唐）李吉甫撰，贺次君点校：《元和郡县图志》，中华书局，1983年。

02 （南宋）方万里、罗濬纂：《宝庆四明志》，《宋元浙江方志集成》，杭州出版社，2009年。

03 （南宋）张津等纂：《乾道四明图经》，《宋元浙江方志集成》，杭州出版社，2009年。

04 （南宋）梅应发、刘锡纂：《开庆四明续志》，《宋元浙江方志集成》，杭州出版社，2009年。

05 （元）马泽修，袁桷纂：《延祐四明志》，《宋元浙江方志集成》，杭州出版社，2009年。

06 （元）王元恭等纂：《至正四明续志》，《宋元浙江方志集成》，杭州出版社，2009年。

07 （明）张瓒修，杨寔纂：《成化宁波郡志》，成化四年刊本。

08 （明）周希哲、曾镒修，张时彻等纂：《嘉靖宁波府志》，嘉靖三十九年张氏约园抄本。

09 （明）黄润玉：《宁波府简要志》，《四明丛书》约园刊本。

10 （清）钱维乔修，钱大昕纂：《乾隆鄞县志》，乾隆五十三年刊本。

11　（清）曹秉仁、万经等纂修：《雍正宁波府志》，道光二十六年刻本。
12　（清）徐兆昺纂，桂心仪、周冠明、卢学恕、何敏求点注：《四明谈助》，宁波出版社，2000年。
13　（清）董沛著，俞福海、方平点注：《明州系年录》，当代中国出版社，2001年。
14　（清）臧麟炳、杜璋吉著，龚烈沸点注：《桃源乡志》，方志出版社，2006年。
15　（清）姚燮：《四明它山图经》，《鄞州山水志选辑（一）》，宁波出版社，2009年。
16　（民国）张传保、赵家荪修，陈训正、马瀛纂：《鄞县通志》，鄞县通志馆，1935—1951年。

三、今人著作

01　陈寅恪：《金明馆丛稿（二编）》，古籍出版社，1981年。
02　喜仁龙：《北京的城墙和城门》，燕山出版社，1985年。
03　宁波市委员会文史资料研究委员会编：《宁波文史资料（第三辑）》，宁波市政协文史资料研究委员会，1985年。
04　中国人民政治协商会议浙江省委员会文史资料研究委员会编：《孙中山与浙江》，浙江人民出版社，1986年版。
05　林士民：《海上丝绸之路的著名海港——明州》，海洋出版社，1990年。
06　浙江省政协文史资料委员会编：《浙江文史资料（第四十五辑）》，浙江人民出版社，1991年。
07　宁波市地名委员会编纂：《宁波市地名志（市区部分·第一册）》，1993年第1版。
08　宁波市暨各县政协文史资料委员会编纂：《宁波文史资料（第十七辑）》，宁波出版社，1996年。
09　鄞县地方志编纂委员会编纂：《鄞县志》，中华书局，1996年。
10　周生春：《吴越春秋辑校汇考》，上海古籍出版社，1997年。
11　俞福海：《宁波市志外编》，中华书局，1998年。
12　胡允和主编：《甬江志》，中华书局，2000年。
13　〔美〕施坚雅主编，叶光庭等译：《中华帝国晚期的城市》，中华书局，2000年。
14　周绍良主编：《全唐文新编》，吉林文史出版社，2000年。
15　林士民：《三江变迁——宁波城市发展史话》，宁波出版社，2002年。
16　林士民、沈建国：《万里丝路——宁波与海上丝绸之路》，宁波出版社，2002年。
17　黄浙苏等编：《庆安会馆》，中国文联出版社，2002年。
18　杨天宇撰：《周礼译注》，上海古籍出版社，2004年。

19　林士民：《再现昔日的文明——东方大港宁波考古研究》，上海三联书店，2005年。

20　郑土有、刘巧林：《护城兴市：城隍信仰的人类学考察》，上海辞书出版社，2005年。

21　宁波市水利志编纂委员会：《宁波市水利志》，中华书局，2006年。

22　《宁波市鄞州区地名志》编纂委员会：《宁波市鄞州区地名志》，西安地图出版社，2006年。

23　钱茂伟：《宁波历史与传统文化》，宁波出版社，2007年。

24　宁波市文物考古研究所、宁波市文物保护管理所编著：《宁波文物考古研究文集》，科学出版社，2008年。

25　周时奋：《宁波老城》，宁波出版社，2008年。

26　杨新华主编：《但留形胜壮山河：城墙科学保护论坛论文集》，凤凰出版社，2008年。

27　傅璇琮主编：《宁波通史》，宁波出版社，2009年。

28　章国庆、裘燕萍：《甬城现存历代碑碣志》，宁波出版社，2009年。

29　张如安等：《鄞县望族表》，浙江古籍出版社，2009年。

30　宁波市鄞州区水利志编纂委员会编纂：《鄞州水利志》，中华书局，2009年。

31　苏利冕主编：《近代宁波城市变迁与发展》，宁波出版社，2010年。

32　万丽华、蓝旭译注：《孟子》，中华书局，2010年。

33　王力军：《宋代明州与高丽》，科学出版社，2011年。

34　黄浙苏：《信守与包容：浙东妈祖信俗研究》，浙江大学出版社，2011年。

35　〔日〕斯波义信：《宋代江南经济史研究》，江苏人民出版社，2011年。

36　宁波市文物考古研究所、宁波市文物保护管理所编著：《宁波文物考古研究文集（二）》，科学出版社，2012年。

37　林士民：《宁波造船史》，浙江大学出版社，2012年。

38　章国庆：《宁波历代碑碣墓志汇编》，上海古籍出版社，2012年。

39　宁波市文物考古研究所编著：《永丰库——元代仓储遗址发掘报告》，科学出版社，2013年。

40　宁波市第三次全国文物普查领导小组办公室／宁波市文物保护管理所：《品释七千年——宁波市第三次全国文物普查成果图录》，宁波出版社，2013年。

41　宁波市档案馆编：《〈申报〉宁波史料集》，宁波出版社，2013年。

42　谢国旗编著：《揭开尘封的记忆》，宁波出版社，2013年。

43　宁波市文物考古研究所编著：《句章故城——考古调查与勘探报告》，科学出

	版社，2014年。
44	宁波市海曙区地方志编纂委员会编纂：《宁波市海曙区志》，浙江人民出版社，2014年。
45	宁波市海曙区地方志编纂委员会编纂：《宁波市地名海曙区志》，浙江人民出版社，2014年。
46	鄞州区地方文献整理委员会编：《鄞州文史（第17辑）》，宁波精英制版彩印有限公司，2014年。
47	国家文物局水下文化遗产保护中心、宁波市文物考古研究所编著：《水下24米——浙江宁波象山"小白礁Ⅰ号"水下考古实录》，中国广播电视出版社，2014年。
48	宁波市文物考古研究所、象山县文物管理委员会、国家文物局水下文化遗产保护中心编著：《渔山遗珠——宁波象山"小白礁Ⅰ号"出水文物精品图录》，宁波出版社，2015年。
49	宁波市文物考古研究所、宁波中国港口博物馆、国家文物局水下文化遗产保护中心编著：《水下考古在中国专题陈列图录》，宁波出版社，2015年。
50	宁波市文物考古研究所、宁波中国港口博物馆、国家文物局水下文化遗产保护中心编著：《新技术·新方法·新思路——首届"水下考古·宁波论坛"文集》，科学出版社，2015年。
51	江沛、秦熠、刘晖、蒋竹山：《城市化进程研究》，张宪文、张玉法主编：《中华民国专题史》卷九，南京大学出版社，2015年。
52	宁波市文物考古研究所、国家水下文化遗产保护宁波基地编著：《发现——宁波地域重要考古成果图集》，宁波出版社，2016年。
53	宁波市政协文史委员会编：《近现代报刊上的宁波》，宁波出版社，2016年。
54	骆兆平：《天一阁杂识》，上海古籍出版社，2016年。
55	程俊英译注：《诗经译注》，上海古籍出版社，2016年。
56	［美］韩森著，包伟民译：《变迁之神——南宋时期的民间信仰》，中西书局，2016年。
57	王国宝主编：《大爱妈祖——妈祖信仰在宁波》，宁波出版社，2017年。
58	宁波市文物考古研究所、国家水下文化遗产保护宁波基地编著：《宁波考古六十年》，故宫出版社，2017年。
59	宁波市文物考古研究所、国家文物局水下文化遗产保护中心、象山县文物管理委员会办公室编著：《"小白礁Ⅰ号"——清代沉船遗址水下考古发掘报告》，科学出版社，2019年。

60 宁波市文物考古研究所编著：《丝路万里存此库——元代庆元路永丰库遗址图文集萃》，宁波出版社，2019 年。

61 谢国旗：《六塘古韵》，宁波出版社，2019 年。

62 楼稼平：《宁波唐宋水利史研究》，宁波出版社，2019 年。

63 宁波市文物管理委员会编著：《宁波东门口码头遗址发掘报告》，《浙江省文物考古研究所学刊》，文物出版社，1981 年。

64 宁波市文物考古研究所编著：《浙江宁波和义路遗址发掘报告》，《东方博物》创刊号，杭州大学出版社，1997 年。

65 林国聪：《浙江宁波象山"小白礁Ⅰ号"沉船的重要考古发现》，《海洋遗产与考古》，科学出版社，2012 年。

四、期刊论文

01 荷荷：《回拆城》，《四明日报》1921 年 8 月 27 日，第 4 版。

02 孙科：《调查：各省市政近况》，《道路月刊》1923 年第 6 卷第 1 期。

03 赵人俊：《宁波地区发掘的古墓葬和古文化遗址》，《文物参考资料》1956 年第 4 期。

04 虞兆华：《从效实中学的"墙角档案"说起》，《浙江档案工作》1983 年第 12 期。

05 陈桥驿、吕以春、乐祖谋：《论历史时期宁绍平原湖泊的演变》，载《地理研究》1984 年第 3 卷第 3 期。

06 姚仲源：《浙江汉、六朝古墓概述》，中国考古学会编：《中国考古学会第三次年会论文集》(1981)，文物出版社，1984 年。

07 林士民：《浙江宁波天封塔地宫发掘报告》，《文物》1991 年第 6 期。

08 宁波市文物考古研究所：《浙江宁波唐国宁寺东塔遗址发掘报告》，《考古学报》1997 年第 1 期。

09 宁波市文物考古研究所：《浙江宁波宋代孔庙遗址发掘简报》，《浙东文化》1998 年第 2 期。

10 闻一平：《宁波古城砖》，《宁波日报》1998 年 9 月 22 日第 9 版。

11 林士民、褚晓波：《浙江宁波月湖历史文化景区考古发掘获重要收获》，《浙东文化》1999 年第 1 期。

12 宁波市文物考古研究所：《浙江宁波市舶司遗址发掘简报》，《浙东文化》2000 年第 1 期。

13 宁波市文物考古研究所：《浙江宁波月湖历史文化景区考古发掘简报》，《浙东文化》2000年第2期。

14 宁波市文物考古研究所:《浙江宁波鼓楼西北隅考古发掘简报》,《浙东文化》2000年第2期。

15 虞逸仲:《从钱业会馆研究宁波金融业的风雨历程》,《宁波通讯》2001年第1期。

16 丁友甫:《浙江宁波市祖关山冢地的考古调查和发掘》,《考古》2001年第7期。

17 宁波市文物考古研究所:《浙江宁波市唐宋子城遗址》,《考古》2002年第3期。

18 杜正贞:《上海城墙的兴废:一个功能与象征的表达》,《历史研究》2004年第6期。

19 徐鸿钧:《陈屺怀的教育思想与实践初探》,《国家教育行政学院学报》2005年第11期。

20 王结华、褚晓波:《宁波地域考古二十年:回顾与展望》,《中国文物报》2007年11月30日。

21 陈丹正:《隋唐时期宁波地区州县城址沿革三题》,《中国历史文化论丛》第23卷第2辑,2008年。

22 张守广:《论宁绍帮商人经营的钱庄业》,《宁波大学学报》(人文科学版)2009年第4期。

23 宁波市文物考古研究所:《浙江宁波天封塔基址发掘报告》,《南方文物》2011年第1期。

24 胡发贵:《论儒家"与民同乐"的民生关切》,《江苏大学学报(社会学版)》2011年第2期。

25 王重光:《鼓楼的风格》,《宁波通讯》2011年8期。

26 中国国家博物馆水下考古研究中心、宁波市文物考古研究所:《浙江宁波渔山小白礁一号沉船遗址调查与试掘》,《中国国家博物馆馆刊》2011年第11期。

27 宁波市文物考古研究所:《浙江宁波南宋渔浦码头遗址发掘简报》,《南方文物》2013年第3期。

28 王结华、许超、张华琴:《句章故城若干问题之探讨》,《东南文化》2013年第2期。

29 毛华松:《宋代城市公园的形成分析》,《西部人居环境学刊》2013年第5期。

30 罗鹏、王力军:《浙江宁波海曙长春塘遗址发掘简报》,《南方文物》2014年第3期。

31 许超:《从〈宁郡地舆图〉看宁波城墙、河道与寺庙考古》,《大众考古》2014年第6期。

32 包柱红:《风烛飘摇的千年城墙》,《宁波通讯》2014年13期。

33 许超、张华琴、王结华:《浙江宁波鄞江古城考古的主要收获与初步认识》,《南

方文物》2015 年第 4 期。

34 宁波市文物考古研究所、国家文物局水下文化遗产保护中心：《浙江象山县"小白礁Ⅰ号"清代沉船遗址 2012 年发掘简报》，《考古》2015 年第 6 期。

35 吴华、高延丰：《民国时期宁波华美医院住院楼建造始末》，《浙江档案》2015 年 07 期。

36 冯乃嘉：《宁波沦陷时期效实中学遭劫经过述略》，《效实校友》2015 年第 1—2 期。

37 陈存瑶：《大运河（宁波段）节点的重要水利工程——鄞州大西坝水利工程历史遗址的研究》，《环球人文地理·评论版》2015 年第 01 期。

38 许超、张华琴、王结华：《唐代明州初治地望考辨》，《东南文化》2016 年第 1 期。

39 王结华、雷少：《新世纪·新发现·新成果——2001—2015 年宁波考古发现概览》，《中国文物报》2016 年 11 月 25 日。

40 张华琴：《句章古港新探》，《中国港口》2016 年增刊第 2 期。

41 敖运梅：《甬上自古多教诲——浙东宁波古代教育概览》，《宁波大学报》2017 年第 473 期第 06 版。

42 王结华：《从句章到明州——宁波早期港城发展的考古学观察》，《中国港口》2017 年增刊第 1 期。

43 王结华、林国聪：《宁波考古六十年：历程·成就·展望》，《中国文物报》2017 年 11 月 17 日。

44 许超：《地理信息系统在甬江流域考古研究中的应用》，《大众考古》2018 年第 6 期。

45 王结华：《北仑地区考古的回顾与思考北仑地区考古的回顾与思考》，《中国港口》2018 年增刊第 2 期。

46 龚缨晏、杨跃赟：《从千年府城到多核争辉》，《宁波大学学报（人文科学版）》2017 年 7 月第 30 卷第 4 期。

47 郑洪波等：《中国东部滨海平原新石器遗址的时空分布格局——海平面变化控制下的地貌演化与人地关系》，《中国科学：地球科学》2018 年第 2 期。

48 宁波市文物考古研究所、国家文物局水下文化遗产保护中心、象山县文物管理委员会办公室：《浙江象山县"小白礁Ⅰ号"清代沉船遗址 2014 年发掘简报》，《考古》2018 年第 11 期。

49 陈启流：《宁波城墙的变迁及历代规制》，《东方博物》2019 年 01 期。

50 戴文嘉：《试论宋代君臣"与民同乐"的治国理念》，《文山学院学报》2019 年第 5 期。

51 许维超等:《宋代城市园林的功能演进与空间环境探究——以金明池为例》,《建筑与文化》2019年第1期。

52 卞梁、连晨曦:《传教士慕雅德眼中的晚清浙江城市印象》,《宁波工程学院学报》2019年第31卷第1期。

五、其他

01 马涯民编纂:《效实中学十五周年纪念册》,1926年。
02 宁波市政府庶务股:《宁波市政月刊》,1927、1928、1929年。
03 效实中学校友会编印:《效实(校友会半年刊)》,1927、1928、1929年。
04 效实学生会学术科:《效实学生(第二期)》,宁波大华印书馆,1930年。
05 效实中学校友会编印:《效实校友录(民国二十年度第二学期)》,1931、1933、1934、1940、1946年。
06 效实学生自治会学术股:《效实学生(第三、四期)》,宁波钧和印刷公司,1931、1933年。
07 效实学生自治会学术股:《效实学生(第四期)》,宁波钧和印刷公司,1933年。
08 鄞县政府建设科:《鄞县建设(第一集)》,宁波印刷公司,1934年。
09 效实学生自治会学术股:《效实学生(第五期)》,宁波华升印刷局,1935年。
10 效实学生自治会学术股:《效实学生季刊(第二、三期)》,宁波华升印刷局,1936年。
11 效实学生自治会学术部:《效实学生季刊(第四、五期)》,1937年。
12 效实学生自治会学术部:《效实学生半月刊(第二、三期合刊)》,1938年。
13 效实学生自治会学术部:《效实学生半月刊(第四、五期合刊)》,昌明印务局,1938年。
14 效实学生自治会学术部:《效实学生月刊(第一期上、下册)》,1939年。
15 效实学生自治会学术部:《效实学生月刊(第二、三期)》,1939年。
16 校友会编辑:《效实中学三十五周年纪念特刊》,《宁波日报》1946年10月25日第六版。
17 效实学生自治会学术部:《效实学生(复刊号)》,宁波竞新书社印刷部,1947年。
18 效实学生自治会出版委员会:《效实学生(复刊二号)》,宁波工商印刷厂股份有限公司,1948年。
19 效实中学校友会编印:《效实中学校友录(中华民国三十七年度第一学期)》,宁波竞新书社,1948、1949年。

20 宁波市效实中学校庆编委会:《宁波效实中学八十五周年校庆专辑》,1997年。
21 蒋明:《江北发现一旧宅砌墙全用古城砖》,《宁波日报》1998年10月3日第2版。
22 宁波市效实中学校庆编委会:《宁波效实中学九十周年校庆专辑》,2002年。
23 邱枫:《基于GIS的宁波城市肌理研究》,同济大学博士学位论文,2006年。
24 宁波市效实中学校庆编委会:《宁波效实中学九十五周年校庆专辑》,2007年。
25 张文宁:《宁波近代城市规划历史研究(1844—1949)》,武汉理工大学硕士论文,2008年。
26 谢善实:《千年兴废话城垣》,《宁波日报》2011年7月9日第5版。
27 宁波效实中学:《百年回眸——宁波效实中学建校百年史料名录集(1912—2012)》,宁波效实中学,2012年。
28 效实百年校庆文丛编委会:《宁波效实中学百年校庆纪念册》,宁波效实中学,2012年。
29 梅薇:《宁波一工地挖出疑似永丰门遗址》,中国宁波网,2012年8月28日。
30 梅薇:《西门口发现疑似望京门瓮城遗址》,中国宁波网,2012年12月10日。
31 戴伟龙:《宁波西门口再次发现古城墙,或是望京门城门》,中国宁波网,2013年1月3日。
32 浙江省城乡规划设计研究院:《宁波鼓楼保护修缮工程》,2016年。
33 浙江省古建筑设计研究院:《大运河(宁波段)保护管理规划》,2017年。
34 龚缨晏:《宁波城市的演进,有地图为证——说说〈地图上的宁波〉》,《宁波日报》2018年8月21日第B02版。
35 周燕波、唐慧晔、邵斌伟:《宁波千年鼓楼展新颜》,《宁波日报》2018年11月20日。
36 许超:《宁波地区汉唐港城的考古学研究》,南京大学博士毕业论文,2018年。
37 宁波市文物保护管理所:《宁波江北天主教堂修缮工程报告》,2018年。
38 宁波市规划设计研究院:《宁波市海曙区大西坝历史文化名村保护规划》,2018年。
39 陈启流:《南宋庆元府城布局研究》,厦门大学硕士毕业论文,2019年。
40 孙亮:《水利社会影响下宁波城乡历史聚落形态研究》,华中科技大学博士论文,2019年。
41 钟祖霞:《中山路上读"地书"》,《宁波日报》,2020年8月25日。
42 宁波市规划局、华中科技大学:《宁波历史文化名城保护研究报告》。

后记

时光流逝，世事更迭，尘封的往事，因为考古发现与相关研究而真相大白。

本书作者组成以专家、学者为主，书中文章除第一手专业考古资料外，亦有作者的见闻与观想，是真实刻画与抒情遣怀的交融，今有幸结集出版发行，希望能够与读者产生更多美妙的共振。

海曙城区是宁波历史文化名城的核心区，是城市文化的根和魂。如今的海曙城区，存续千年之久，拥有众多文化遗存。这里作为宁波最多历史文化街区的集聚地，不仅物理空间大，其区域文化更是提升城市形象品质、打造城市良好品牌的关键节点。在不断发展与传承的过程中，为我们提供了更多的文明之源和大观之始，使人能够从中获得更多的智慧与涵养，不失为文化之渊承，一方之全史。欣赏、感受和体认其奥妙与大美，无异于古书之复印与良史之复书。

限于精力和篇幅，个别部分和有些内容，未能在书中同时出现或充分展开，有些记叙或将随着新的考古发现与研究成果而重新解读，但这并不影响当下的记载与表意。略呈青蓝相继，敬请读者谅解。由于编者并非考古学专业出身，缺乏相关的系统知识，不通之处在所难免，还请方家不吝赐教指正。

一份文化即一种情怀，文物作为不可再生的文化资源，是谱写在大地上的曾经辉煌，是传承和弘扬中华优秀传统文化的历史根脉，是加强社会主义精神文明建设的深厚滋养，其后来者亦然。

衷心感谢所有关心、支持和帮助本书编辑出版的同仁，感谢宁波市文化遗产管理研究院，感谢全体编写人员，你们为重现历史的真实和彰显文化的力量，寻检引用，数列家珍，为其捐需，为其增色，付出了大量辛勤的汗水和心血，虽不能力追，而尚能见到。感谢你们，感谢大家！

编　者
2020年冬月

图书在版编目（CIP）数据

甬城千年/宁波市海曙区政协文史委编.—宁波：宁波出版社,2020.12（2021.10重印）

ISBN 978-7-5526-4080-9

Ⅰ.①甬… Ⅱ.①宁… Ⅲ.①城市史–宁波–文集 Ⅳ.①K295.53-53

中国版本图书馆CIP数据核字（2020）第194506号

甬城千年

宁波市海曙区政协文史委　编

出版发行	宁波出版社
	宁波市甬江大道1号宁波书城8号楼6楼　315040
	http://www.nbcbs.com
责任编辑	孙秀秀　江一常
责任校对	金芳萍
装帧设计	马　力
开　本	710mm×1000mm　1/16
印　张	21.25
字　数	280千
印　刷	宁波白云印刷有限公司
版次印次	2020年12月第1版　2021年10月第2次印刷
标准书号	ISBN 978-7-5526-4080-9
定　价	78.00元

版权所有，翻版必究